名师名校名校长

凝聚名师共识
回应名师关怀
打造名师品牌
培育名师群体

顾明远题

“走心读写”红色经典

——以《青春之歌》为例

马文科◎著

中国文联出版社

图书在版编目（CIP）数据

“走心读写”红色经典：以《青春之歌》为例 / 马文科著. -- 北京：中国文联出版社, 2024. 6.
ISBN 978-7-5190-5537-0

Ⅰ. G633.332

中国国家版本馆CIP数据核字第2024BN0279号

著　　者　马文科
责任编辑　刘　旭
责任校对　秀点校对
装帧设计　刘贝贝　李　娜

出版发行　中国文联出版社有限公司
社　　址　北京市朝阳区农展馆南里10号　　邮编　100125
电　　话　010-85923025（发行部）　010-85923091（总编室）
经　　销　全国新华书店等
印　　刷　三河市龙大印装有限公司

开　　本　710毫米×1000毫米　　1/16
印　　张　16
字　　数　263千字
版　　次　2024年6月第1版第1次印刷
定　　价　58.00元

序言

走心：语文人的共同追求

马文科是“国培计划”中小学名师名校长“领航工程”中的名师，是浙江师范大学基地中的敦厚长者，内秀而低调，热情而理智，大家都亲切地叫他“老马”。马文科能够入选教育部“领航工程”学员，除了他是宁夏回族自治区的正高级教师外，还与他在教育领域第一个用论著的形式系统阐述“走心语文”是分不开的。

在北京第一次与我们基地的五位学员见面，我做的第一件事就是倾听每位教师阐述自己的教育思想与语文教学理念，因为我坚信，真正的语文教育家一定会拥有一面打上自己烙印、能够高高飘扬的旗帜。既然“领航工程”的目标就是要培养一批教育家型名师，那么我们基地的重要任务就是帮助每个学员总结好教育经验，凝练出教学思想，并用大家认可的概念加以高度概括。当我听到马文科提出“走心语文”这一概念的时候，我陷入了沉思。因为直觉告诉我，这是一个好的理念和实践，其背后有内涵深刻的“沉浸理论”做指导。

在我看来，“走心语文”的提出具有重要的价值。正如教育部“国培计划”中小学骨干教师培训项目执行办公室副主任罗容海的评价：“在马老师心里，走心的语文是情理交融的语文、有情有爱的语文，求真道理，发真感情。

马老师通过真切鲜活的表达，学习名家、审视本心，让语文成为自身正能量释放、创造力释放的得心应手的武器。”这一评价可谓切中肯綮，“情”与“真”确实是构成“走心语文”的两大关键要素。入情方能明理，求真才有深情。当学生进行语文学习时，如果游离于文本情感之外，他是无法深入文本内核的。而不能真正深入理解文本，把握文本所阐发的真理，又如何使学生与文本产生共情效应？换言之，“情”与“真”的获得是需要学生全身心投入的，也就是浸渍在文本中，当学生泡在文字的海洋里达到一定程度时，就自然能够对这些有温度的文字产生感觉，进而慢慢地爱上它们，同时步步深入文本的内核，直到与文本融为一体。

宁夏大学硕士生导师、宁夏教育厅教研室主任岳维鹏则从另一个角度评价了马文科及其教学主张：“马文科老师不仅是名师，更是位明师，他的语文教学通过‘用心’品读、‘经心’感悟、‘专心’研磨、‘恒心’积累、‘内心’生发、‘倾心’热爱，让语文不是走台，而是走心。”这段文字主要从实操层面对马文科“走心语文”的几个重要步骤做了概括提炼。“走心”怎么走，为何走，走向哪里，岳维鹏给出了明确答案。用心、经心、专心属于“走心”的方式，而恒心、内心、倾心属于“走心”的追求。在岳维鹏看来，马文科的“走心语文”就是教师引领学生“沉浸”在语文中，激发出他们对语文的深爱，让语文成为学生生命中的重要组成部分，或者说学生能时时刻刻将“心”交付给语文。

两位学者对马文科教学主张的深度解读，让我们深受启发。如今，有些学生会背诵精彩段落，却读不懂文本的真实内涵；会解答各种难题，却感受不到文本世界的真和美；大脑装满了文学常识，却不能通过文本与作者进行灵魂对话。“有语文课而无语文生活，有语文成绩而无语文素养”是当下的一大困扰。叶圣陶先生于20世纪三四十年代对教学的批判，仍然适合当下的教学现实。

马文科的“走心语文”教学主张恰恰从工具理性上升到教育哲学的高度，它不是教给教师一招一式，不是指导教师去解决语文教学中某个具体问题，而是从整体上给定语文教学的理想状态，形成语文人的一种共同追求。万流归宗、殊途同归，没有“沉浸”就没有教学，没有“走心”就没有语文。

我们期待像马文科这样的名师不断涌现，他们不仅在西北边陲如格桑花一样怒放，而且会影响一代代教师并带动、牵引他们一路向前。

蔡 伟

（本文原载《中国教师报》2019年10月30日第8版。蔡伟系浙江师范大学教授、教育博士生导师，教育部“领航工程”浙师大基地首席专家）

目录

上篇 “走心读写”综述

中篇 “走心读写”批注

下 篇
“走心读写”实践

上篇

『走心读写』

综述

亲爱的新老朋友们，在教育改革的浪潮中，我原本是沉睡在海底的一粒贝壳，在语文教学的土地上，我原本是蛰伏在泥土中的一只蚯蚓，但我以自己的方式感知到了大海的波动，以自己的方式感知到了春天的到来。终于有一天，我以“走心语文”的神态升上了海面，得以一睹大海的风采，以“‘走心语文’的说法与做法”的样态钻出了泥土，得以看到天地的广博。

新课标颁布以来，我想在“革命文化”这块语文教学的沃土上，以“走心语文”为犁铧进行一番深耕细耘，经过一番努力，收获了新的成果。今天，又以“走心读写”的样貌出现在教育教学改革的原野上，与坚持在这片沃土上开拓耕耘的同人一起接受新时代阳光雨露的滋润，从而茁壮成长。

2023年9月6日，宁夏回族自治区教育厅教研室举办了“普通高中‘三新’背景下‘革命文化’课程开发与教育教学研讨会”，我有幸在大会上做了主题报告——“革命传统作品整本书‘走心读写’实验报告——以《青春之歌》为例”。这个报告其实是对拙著《“走心读写”红色经典——以〈青春之歌〉为例》内容的提炼和概括，在这里以上篇“‘走心读写’综述”的形式呈现给大家。

“革命传统作品整本书‘走心读写’实验”课题介绍

一、课题名称与实验团队

“革命传统作品整本书‘走心读写’实验”是宁夏回族自治区第五届全区基础教育教学立项课题，2021年5月结题，课题编号为JXKT-ZW-05-012。

“革命传统作品整本书‘走心读写’实验”以我主持的“领航名师”工作室为依托，在全自治区范围内9所中学的18个教学班进行了实验。

参加实验的教师9名，他们分别是中卫一中李金涛、灵武一中黄敏、三沙源上游学校张习芳、银川二中李臻、银川九中周燕、贺兰一中李芸、银川一中刘鸿雁、银川六中黄彬艳、中卫中学章玉玲。

参加实验的学生942人，他们分别来自：中卫一中高三（6）班和高三（17）班（共114人），灵武一中高二（5）班和高二（21）班（共102人），三沙源上游学校高二（9）班和高二（10）班（共72人），银川二中高一（6）班和高一（9）班（共108人），银川九中高一（1）班和高一（6）班（共102人），贺兰一中高三（1）班和高三（3）班（共125人），银川一中高二（7）和高二（5）班（共110人），银川六中高一（7）班和高二（11）班（共88人），中卫中学高一（18）班和高一（19）班（共121人）。

二、“走心读写”内涵阐释

“走心读写”的概念源自“走心语文”教学理念。“‘走心语文’是一种以情感体验为主要路径实施语文教学的使学生在学习过程中产生浓厚的兴趣、发生热爱的感情、出现专注投入状态从而进行语言建构的语文教学理念。"（马文科：《"走心语文"的说法与做法》）"走心"一词在本课题实验语境中有四层基本含义。第一层含义，阅读者阅读时的专注、投入的状态。这是就一个人阅读时的外在状态而言的，如果一个人捧着一本书专注投入地阅读，展现出很着迷的样子，我们就说，这人读得很"走心"啊！第二层含义，阅读者采用的沉浸式的阅读方式。我的导师浙江师范大学蔡伟教授建议我用"沉浸理论"作"走心语文"的支撑理论，我采用了。所谓"初闻不知曲中意，再听已是曲中人"，拿起一本书，读着读着，不知不觉间就把自己读成了书中的一个人物，渐渐地就"生活"在书的世界里了，歇后语"看三国掉泪——替古人担忧"就是对沉浸式阅读最好的描述。这也是一种"走心"，这是就阅读方式而言的。第三层含义，阅读者走进文本，与作者发生了对话。阅读的时间长了就会越来越感觉到作者的存在，就能感觉到文字背后作者的喜怒哀乐，就会对作者的语言文字心领神会，就会对情节有推测和预判甚至有超感观知觉，而且往往这种预判、推测和知觉很准确。阅读的样子很"走心"，阅读的方式很"走心"，这阅读效果已经很不错了，如再能达到对话"走心"，那就达到了阅读的最高境界了。第四层含义，是指阅读者发自内心的真情实感的语言表达。在本课题实验的语境中就是"走心读写"中的"走心写"了。如果说前面的三个层次是"输入"的话，那么，这一层次就是"输出"了，这已经到了语言建构与运用的层面了。要注意的是，"走心读写"中的"写"依托"读"而存在，是附着在"读"上的书面表达现象，指的是伴随着阅读自然产生的批注、感言、心得、再创作等语言文字。这里的"读"和"写"是一体的。

三、"走心读写"的四个核心理念

第一，人走文心，文走人心。阅读者走进文本，与作者发生对话。同时，文本能动性地反作用于阅读者，对阅读者的情感态度价值观产生影响。

第二，师心、生心、文心，三心合一。这是全国著名特级教师，国家高层次人才特殊支持计划教学名师尤立增老师2019年在我的"教学思想研讨会上"提出来的。这句话的字面意思不难理解，可在教学实际中要达到"三心合一"的效果真不是一件容易的事情，但它是语文教学特别是阅读教学应该追求的理想境界，这里举一个例子来说明。在《青春之歌》整本书的"走心读写"中，有位同学说："杨沫用林道静视角，为我们展示出了……"这位同学不经意的一句话却强烈地碰触了我的心，因为在阅读中，我也常有"林道静视角"的感觉，我们师生之间此时此刻真是"心有灵犀"，这就是"师心"和"生心"的合一。再看"文心"如何，作者杨沫先生主观上用的是"全能视角"，但客观上，"自传体"的特征使她时不时就从字里行间"超脱"出来，呈现出鲜明的"林道静视角"，这样看来，作者杨沫先生就与教师和学生美丽邂逅了，于是"三心合一"就发生了。

第三，普通读者视角。我们倡导学生的阅读采用普通读者的视角，而不是专家学者的视角，要多用心灵触摸文字，少用专业术语肢解文本，主张享受阅读，滋养生命。我们旗帜鲜明地提出普通读者视角是对一直以来应试语文在阅读教学上采用专家学者视角的一种"颠覆"。

第四，平心而论。我们认同"性善论"，充分肯定阅读者的良知良念，将对是非美丑的评判权交给学生，倡导学生"平心而论"。同时，为了将独立、自由、求真的精神根植于学生的心灵，在所有表达交流与争鸣中，我们倡导学生"平心而论"。但仅有"平心而论"，在整本书阅读中是站不住脚的，后文就这一问题针对特定语境还有补充阐释。

四、课题实验的背景和政策依据

《普通高中语文课程标准（2017年版2020年修订）》第28页：学习任务群15"中国革命传统作品专题研讨"。

精读一部反映党领导人民进行革命、建设、改革伟大历程的长篇文学作品，参阅相关研究文献，理解作品的时代背景、思想内涵和艺术特点。结合具体作品，选择一两个角度，撰写文学评论，组织专题研讨会，深入理解革命志士以及广大群众为民族解放事业英勇奋斗、百折不挠的革命精神和革命人格，学习在中国特色社会主义建设过程中涌现的英雄事迹，感受其无私无畏的爱国精神。

"革命文化"的教学是语文课程完成立德树人根本任务的核心内容。《普通高中语文课程标准（2017年版2020年修订）》中关于"革命文化"的相关论述，全文不下10次，“革命文化”始终贯穿语文课程的必修、选择性必修、选修教材，专设“中国革命传统作品研习”第9学习任务群，0.5学分，9课时和“中国革命传统作品专题研讨”第15学习任务群，2学分，36课时。可以说，该版课标对“革命文化”的重视程度是前所未有的。

“革命传统作品”整本书阅读实践与研究一般都在初中进行，而且由于受中考的影响都是在初中低年级进行的。在普通高中阶段进行“革命传统作品”整本书阅读实践与研究的地区、学校和教师少之又少。

在进行《青春之歌》整本书阅读之前，我们进行了学情调查。调查中我们了解到：有的同学读了东野圭吾、太宰治、村上春树等日本作家的作品，有的同学喜欢读刘慈欣的科幻系列小说，有的同学几乎读完了《三毛全集》。但同学们对革命传统作品的阅读量几乎为零，而且他们中的一些人明确表示对革命传统作品“兴趣不浓”甚至“没有兴趣”。显然，面临这样的学情，要想完成新课标“学习任务群15”的教学任务是很困难的。学生兴趣不浓，阅读效果就要打折扣，学生没有兴趣，阅读教学就难以开展。如果仅凭任务驱动的策略带领学生进行阅读，或许可以勉强完成“撰写文学评论”的任务，但难以真正完成“深入理解革命志士以及广大群众为民族解放事业英勇奋斗、百折不挠的革命精神和革命人格”的教学任务。这里说是“真正完成”，是指整本书读完，且学生的情感态度价值观发生了变化。由于没法量化评价，没法通过考试直接检测，所以，在应试教育背景下，这一重要的教育教学任务是被虚化处理的。在“唯工具论”“唯语言论”和“唯分数论”的专家、学者和教师那里，这一任务成了虚设的，即使是革命传统作品，也可以用于制作供学生来“刷”的模拟题型，是不是革命传统作品，在他们那里区别其实是不大的。而我们的“走心读写”正是要在这个地方真实发力，力争有所作为。

让我们深受启发的是，学生对他们感兴趣的作品的阅读往往非常“走心”。“走心”是什么？在这里，“走心”就是指学生在阅读中处在一种沉浸体验的状态，通俗地说，就是指进入一种全神贯注的投入、忘情忘我的痴迷和深入灵魂的热爱状态。叶君健在《看戏》一文中描写观众观看梅兰芳表演时“像着了魔一样，忽然变得鸦雀无声。他们看得入了神。他们的思想感情和舞台上女主角的思想感情交融在一起”。曹雪芹在《红楼梦》中描写香菱学诗时"越性连房也不入，只在池边树下，或坐在山石上出神，或蹲在地下抠土……"最后竟然"精血诚聚，日间做不出，忽于梦中得了八句"。观看梅兰芳演唱的观众和学诗中的香菱所表现出的投入和着迷的状态就是"走心"的状态。但仔细分辨，观看梅兰芳演唱的观众投入和着迷只是单纯出于兴趣，而学诗中的香菱投入和着迷除因兴趣之外还出于学习的目标和任务；观看梅兰芳演唱的观众的反应处在"知情意行"四个心理阶段中"情"的阶段，用心理学的术语表述，就是无意识状态下的全身心投入的状态，而学诗中的香菱已经到达了"意"的心理阶段，用心理学的术语表述，就是有意识状态下的全身心投入的状态。以此理论来观照，学生对东野圭吾、太宰治、村上春树、刘慈欣、三毛等人的作品的阅读是一种以"纯兴趣"为前提的"走心"的阅读，阅读时学生处在一种无意识状态下的全身心投入的"走心"状态，但是，这种状态还不完全代表着语文学习的品质和价值。而学生只有达到了有意识状态下的全身心投入的"走心"状态，才真正具有了语文学习的品质和价值。对于《青春之歌》整本书的阅读，我们就是要促成学生进入有意识状态下的全身心投入的状态，进而让学生进入无意识状态下的全身心投入和有意识状态下的全身心投入相融合的理想境界。

五、课题实验的理论依据

1. 感悟《普通高中语文课程标准（实验）》"三维目标"

1963年，教育部颁布的《全日制中学语文教学大纲（草案）》将语文课程目标划分为基础知识，基本技能——"双基"目标。2003年版的高中语文课标将语文课程目标划分为知识和能力，过程和方法，情感态度和价值观——"三维目标"。从1963年的《全日制中学语文教学大纲（草案）》到2003年的《普通高中语文课程标准（实验）》，40年来第一次确认了"人"的目标——情感、态度、价值观。因此，可以把2003年版的《普通高中语文课程标准（实验）》称为"有人"的课标。

《普通高中语文课程标准（2017年版2020年修订）》将语文课程目标划分为语言建构与运用，思维发展与提升，审美鉴赏与创造，文化传承与理解——"核心素养"目标。该版课标第一次明明白白地把"审美"和"文化"列为语文课程目标。以冰山理论为喻，审美、文化加上思维就是“冰山”在水面以下的部分，而语言建构与运用就是“冰山之一角”了。因此，可以把《普通高中语文课程标准（2017年版2020年修订）》称为“有文化”的课标。

以前的语文教学在应试教育的加持下直接对准“冰山之一角”发力，而现在，就要更多地在“水面以下”的部分发力了。文化积淀与语言建构之间的关系，古人其实早说清楚了，所谓“读书破万卷，下笔如有神”，就是对二者关系的深刻阐述。一个人若有了读万卷书、行万里路的文化积淀，还愁语言建构的问题吗？还愁笔下生涩吗？这时他的写作不仅下笔如有神助，而且笔下如有神在。在特定语境中，有审美、有文化的语言建构和没审美、没文化的语言建构区别还是很明显的。

2. 感悟《普通高中语文课程标准（2017年版）》语文学习方式

《普通高中语文课程标准（2017年版）》中的“学习方式”在我的意识中是一只滚动的车轮。车轮只有在地上滚动那才叫真正的车轮，也就是说，新课标中的“学习方式”的灵魂就两个字——实践。

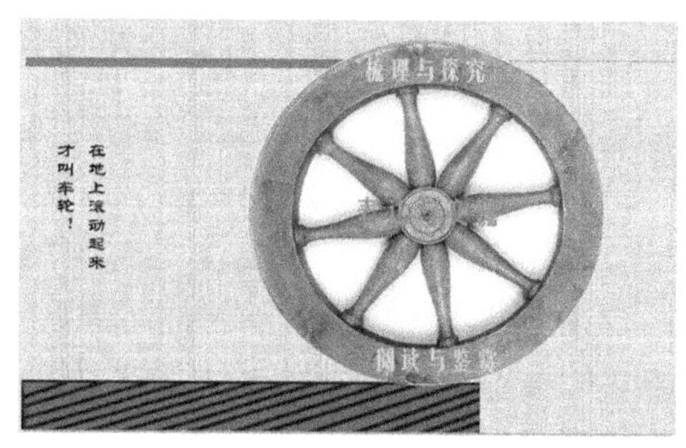

从学习方式的角度看：“阅读与鉴赏”是学生自主的，“表达与交流”是学生自觉的，“梳理与探究”是学生动手的。从学生主体的角度看：学生，学生，学生！实践，实践，实践！从教师主导的角度看：“从旁指点桃源路，引得渔郎来问津。”

3. 基于《普通高中语文课程标准（2017年版2020年修订）》理念的《青春之歌》整本书“走心读写”实验

这个实验的运行逻辑可用图示意如下。

这就是《青春之歌》整本书与《普通高中语文课程标准（2017年版2020年修订）》倡导的阅读方式以及“语文核心素养”之间的逻辑关系示意图。

4. 课题实验目标

课题研究的总目标：通过预设、验证、探索等实践活动，找到基于语文核心素养提升的革命传统作品“走心阅读”策略，在此基础上找到其语言建构的原理，探索出将“革命文化”传承和语文核心素养提升有机融合的语文教学之路。

在完成总目标的同时，完成相关性目标：①找到在普通高中语文教学实践中有效落实新课标中“继承和弘扬革命文化”要求的有效策略。②找到“革命传统作品阅读”和“名著阅读”“整本书的阅读”有机融合的有效策略。③解决教学实践中名著阅读和“革命传统作品”阅读割裂的问题，使“革命传统作品”阅读和名著阅读有机融合成为一个整体。

“革命传统作品整本书‘走心读写’实验”过程

一、选择“走心文本”

我们从两个维度对目标读物做了筛选，首先，要符合“反映党领导人民进行革命、建设、改革伟大历程的长篇文学作品”这一条要求，其次，要符合“走心文本”的要求。第一个要求，我们锁定了“十七年文学”中的长篇小说代表作——“三红一创，青山保林”，即吴强的《红日》，罗广斌、杨益言的《红岩》，梁斌的《红旗谱》，柳青的《创业史》和杨沫的《青春之歌》，周立波的《山乡巨变》，杜鹏程的《保卫延安》，曲波的《林海雪原》这八部红色经典。第二个要求，我们选择了杨沫的《青春之歌》。我们认为杨沫的《青春之歌》最适合高中生阅读，其“走心”因素可从三个方面进行考察论证。第一，书中洋溢着青春、爱情、理想、信念。第二，这是一部原生性的“自传体”长篇小说。第三，这本书当年深受广大工农商学兵普遍喜爱。

二、教师要在“先读”中做足功夫

面对学生对革命传统作品兴趣不浓甚至不感兴趣的学情，我们冷静地分析了客观原因。我们看到，第一，近年来从小学到高中的语文课本中革命传统作品的比例有所下降，相应的教学也自然受到了影响；第二，我们的学生都是在应试教育的大环境下成长起来的，有较强的功利心；第三，我们的教师大多数已经是“90后”“00后”的青年教师，他们本身对“革命文化”认识不深、感情不厚，他们所秉持的价值观也与革命传统作品中的价值观有较大的不同。

在这种情况下，我们既没有过多地去用"任务驱动"来高压学生，也没有"顺其自然"消极应付，而是尝试了一种"态度先行"的做法。

情感、态度、价值观是三维目标，其次序不是一个平面上的线性排列，既可以是情感、态度、价值观，也可以是态度、情感、价值观，所以，根据实际学情完全可以尝试态度先行的做法。在这方面，我们的古人有先例。"郁郁乎文哉！吾从周。""贤哉回也！""吾与点也！"等记录表明，被尊为至圣先师的孔子常常在弟子面前先亮明自己的态度，从而收到"从旁指点桃源路，引得渔郎来问津"的效果。教师的态度能对学生产生直接的影响，就连"铁如意，指挥倜傥，一座皆惊呢；金叵罗，颠倒淋漓噫，千杯未醉嗬……"这样晦涩难懂的句子，只因先生"读到这里，他总是微笑起来，而且将头仰起，摇着，向后面拗过去，拗过去"的神态就深深地吸引了原本很不感兴趣的孩子们，"疑心这是极好的文章"。（鲁迅：《从百草园到三味书屋》）可见，教师态度先行，对学生的感染、诱导、启迪、教育作用是巨大的。教师态度先行，也能够激发、感染学生态度先行。

我们在学生整本书阅读之前，自己做足了"先读者"的功夫，然后，真诚地跟学生分享自己的阅读体验和感受，从而激发了学生的阅读热情。教师尝试用态度先行的方法成功地达到了用"一棵树摇动另一棵树，一朵云推动另一朵云，一个灵魂唤醒另一个灵魂"的目的，收到了让学生对革命传统作品"未成曲调先有情"的理想效果。当然，这只是开端上的，更重要的价值和意义还在于整个实验过程中，教师都会以自己的感情潜移默化地影响着学生。

三、开发校本教材

我阅读《青春之歌》时的批注手稿，整理出了9万字。在9万字的基础上，我开发出了校本教材，创设了有"代入感"的任务群——"同步作业"。

我开发的《青春之歌》校本教材以小说的每3—6个章节为一组"群文"，每组"群文"设计一个学习任务群。设计都以"走心"为价值取向，引导学生用心灵触摸文字，然后引导学生情动而辞发，也就是让学生"掏心窝子"说话和写话。举以下三例。

1. 沉浸类

使学生沉浸在阅读中，沉浸在小说的特定情境中，感同身受。比如，有这样一个任务创设：说说你读到这里时的判断、猜测、担忧、牵挂、欣喜、释然等心理反应或情绪变化以及你的联想和思考等。

敬唐那方面不成问题，我父亲在村中很有威望——他在外面做过知县，现在告老还乡，敬唐还听他的话，而且鲍县长他也认识。我和父亲说说，也可以和敬唐说说，他们是不会怎么你的。对敬唐那一套把戏，你只管放心，他不过是痴人说梦。你表哥一走，小学校里还缺教员，我想你就留在这里教书。这样不是更妥善些吗？（见《青春之歌》第一部第五章）

一位同学写道：

余永泽这段话也让我感受到了从未有过的温暖，读到这，我替道静松了一口气，因为有人为她担忧、牵挂，很想帮助她解决当下的困难。余永泽是道静来到这人生地不熟的地方的第一个朋友，是道静黑暗人生中的一道光亮。但同时我又很担心，因为余永泽是一个什么样的人，谁都不知道，万一他在道静面前的样子是伪装的，那道静以后该怎么办呢？

余永泽所描绘的其实是一张灰色可怕的“蜘蛛网”，可是沉浸在阅读中的同学们和沉浸在初恋中的林道静一样，暂时还意识不到其中潜藏的危险。体现在他们的字里行间的只有那种善良的意愿和幼稚的幻想，这种情形跟书中的林道静几乎一个样。“判断、猜测、担忧、牵挂、欣喜、释然等心理反应”，只有读者“沉浸在阅读中，沉浸在小说的特定情境中”的时候才可能出现。据此判断，这位同学已经沉浸在阅读中了，产生了类似于“看三国掉泪”的情感反应。“看三国掉泪”本来指不必要的担心和忧愁，而在“走心读写”的语境里，这不但是必要的而且是必需的。

2. 介入类

把自己摆进去，介入主人公的生活里，与主人公一起思考面临的急迫问题。比如，有这样一个任务创设：伴随阅读的深入，我们会自然生发情思，我们有时会感慨万千，有时会思绪万千，这是一种很积极的阅读体验状态，阅读下面的语段，回答小括号里的提问。

层层的困难，好像层层的阴云紧紧包围着林道静。而且天气已经是寒冷的十一月，她又没有公开的职业，因此也就没有经济来源。原来希望晓燕能够帮她一下，现在这个希望也落空了。她就只能饥一顿、饱一顿，有时一天只吃几块烤白薯过日子。怎么办？（见《青春之歌》第二部第三十一章）

（“她又没有公开的职业，因此也就没有经济来源”，基本的生存都没法保障，实际困难怎么解决？让一个弱女子怎么开展工作？上级组织对林道静的工作与生活都没有做妥善的安排，却要她完成任务，这似乎既不负责任，也不近人情。请你联系相关情节和细节说说你的态度和看法。）

由于书中林道静所处的极其艰难的环境和书外学生所处的优裕环境反差巨大，所以学生只有真正走进那个特定的情境中才能产生“真实”思考。小括号里近似于反激的文字，以“任务驱动”的形式把学生带入了林道静所处的实际困境中，让学生跟林道静一起忧愁和焦虑，从而设身处地地替林道静出主意、想办法，帮助林道静尽快摆脱困境，而不是“袖手旁观”甚至发出“何不食肉糜？”式的反问。

3. 合一类

使学生在小说的世界里“真实生活”，和小说的主人公灵魂合一。比如，有这样一个任务创设：以第一部第八章为基本依据，写一则“林道静日记”，不要复述小说的内容，合理想象发挥，侧重心理描写。

一位同学在她的“林道静日记”中写道：

啊！我受不了了……余敬唐像一只苍蝇一样，整天在人身边飞，我要逃。我从北平仓皇逃到北戴河来，现在又要从北戴河逃回去，真是可笑啊！可是我回去又该去寻找谁呢？难道真的要去委身于那个胡局长吗？不，不，我什么都没有，有的只是这个不为世上任何污浊、物欲所熏染的纯洁的灵魂，我死都不会出卖灵魂的。

先逃离这个地方吧。现在，已经上了一趟开往北平的火车，但是我的心中却没有目的地。前途一片黑暗，唉，不如先去投靠王晓燕吧！可是这样的话会不会打扰到她呢？不想了，先去吧，现在只能走一步看一步了。

庆幸的是，晓燕一家收留了我。我一定要快快找到工作，不能太麻烦他们一家。

我看到了晓燕和他妈妈在客厅里聊天，我真的好羡慕！晓燕有家人啊，我的妈妈早走了，父亲对我没感情，我一直都处于孤独状态啊！为什么上天把所有的不幸都降临在我身上？现在工作也没有着落，弄得我好慌乱啊！这时永泽叫我去和他同居，我很生气。他说我在晓燕家寄人篱下，什么叫寄人篱下？但永泽说：“亲爱的，我会永远爱你，你是我的生命、灵魂，我才是为你而活……”我真的动心了，我要不要相信他呢？难道我的爱情就要来了吗？

从未如此心动过，我相信他！

“和小说的主人公灵魂合一”的设题目的就是让拿笔的“我”真实抒写阅读的“我”即林道静化了的“我”的喜怒哀乐、爱恨情仇。这位同学的“林道静日记”既是书中林道静的，又是书外林道静（“我”）的。“我”就是林道静，林道静就是“我”。在她的笔下，又鲜活了另一个版本的林道静，比原版的林道静更纠结、更悲情，更多愁善感。

只有深深地体察了林道静内心深处的缺失与伤痛，才能找到这种与人物灵魂合一的感觉，才能写出这样的与人物内心世界完全吻合的话语。

就这样，我们的阅读任务群设计以“走心”为价值取向，用“代入感”很强的任务群设计把学生“代入”《青春之歌》的特定世界里，与书里的人物一起品尝酸甜苦辣，一起经历爱恨情仇，一起努力奋斗求索。从而使学生跟小说主人公灵魂合一，在阅读与写作活动中始终处在“走心”的状态。

“革命传统作品整本书‘走心读写’实验”案例考察

一、“情感态度与价值观”维度

在“走心读写”中，作为阅读者的学生，其情感态度与价值观的呈现是怎样的呢？我们通过三个案例来“窥一斑而知全豹”吧！

【案例一】

同步作业：试对下面的细节做出你个人的评说。跟平时的答题不一样，本题没有标准答案，你可以完全忠实于你的内心，怎么想就怎么评说。

这旗帜那么鲜艳，那么火热地出现在她的眼前。……

“从今天起，我将把我整个的生命无条件地交给党，交给世界上最伟大崇高的事业……”她的低低的刚刚可以听到的声音说到这儿再也不能继续下去，眼泪终于掉了下来……世界上还有比这更高贵、更幸福的眼泪吗？（见《青春之歌》第二部第二十四章）

第一位同学的感言：这一刻的泪啊，不是伤心的泪，是甜蜜的泪，是幸福的泪！道静终于成了党员，这不是梦的结束，而是一个更加崇高的梦的开始。她就像升华一般，从此真正蜕变，这一刻，她的革命热血在沸腾。

教师评析：入党，就是精神境界的升华，就是一个普通的人破茧成蝶式的“蜕变”。一个十多岁的孩子，对入党能有这样的体认和领悟，真是难能可贵。

第二位同学的感言：经历了那么多磨难，林道静终于在鲜红的旗帜下宣誓，并且流下了幸福的眼泪，从此世界上又多了一个坚强的共产党员。我想，此刻她或许是最幸福的人了吧！一路走来，看着林道静一步一步成长，终于变成了一名合格的党员，我也感到非常欣慰。

教师评析：这位同学俨然历经沧桑的长者，是“看着林道静一步一步成长”的人，知道这一天对林道静来说意味着什么，见证了林道静人生最幸福的时刻，对林道静的幸福感同身受，“我想，此刻她或许是最幸福的人了吧”，这不仅是判断，更是这位同学的直接体验和感受。

“走心阅读”者，必然言为心声，从这位同学的文字中我能感觉到信仰的种子已经落入其心田了。

第三位同学的感言：得知道静入党后，我也跟着激动起来了，心里终于有了着落，道静有“家”了，还有许许多多的兄弟姐妹，道静将生命无条件地交给党，交给最崇高伟大的党，她对党的热爱我在这一刻都见证了，我希望道静可以一直勇敢正义地走下去！

教师评析：激动着道静的激动，幸福着道静的幸福，这就是“走心读写”。这位同学对道静在党旗下宣誓时的激动喜悦的心情和满满的幸福感感同身受，并发出由衷的赞美、庆贺、祝愿。

好一个“无条件”啊！感知到位，理解到位，语言自然到位！

【案例二】

同步作业：一个动荡不安的、急剧变动的、严酷的时代会让青年不得不面对抉择、痛苦、煎熬、追求、毁灭、成长、成熟、新生……从而让他们明白一些道理，快速地成长、成熟起来。在书中“生活”了这一段时间，你都产生了哪些想法？明白了哪些道理？请给你的一位知心朋友写一封信，聊一聊你最近阅读这本书的感触、感悟、心情、心得等。

学生书信示范

给知心朋友的一封信

亲爱的晓伟：

你好！好久不见，近来可好！我最近十分忙碌，我在读一本书——《青春之歌》。这本书讲述了1931年至1935年时期北平的一批青年革命者的感人故事。这本书与其他书截然不同，它在短时期内让我明白了许多道理，也让我产生了许多新的困惑。我一直在思索着林道静对卢嘉川的情感是什么样的？有时是朋友间的关心，有时又是恋人间的举动。她望向他时，眼神中流露出的炽热的爱，她投向他的是钦佩的目光，还在和余永泽一起生活的她已经移情别恋了吗？这使我困惑。不过随着阅读的深入，这几天我似乎得到了答案。她爱他，炽热的、钦佩的，不过她没有忘记革命，这一点使我十分开心。在读到卢嘉川将死时，我就想，革命对一个人的吸引力有这么大吗？大到可以让一个人心甘情愿地牺牲生命吗？特别是读到敌人折磨卢嘉川时，我的心里真的特别难受，一方面我非常气愤敌人的狠毒，另一方面特别敬佩卢嘉川的坚强。直到他牺牲了生命，我才明白，革命的成功是多少个卢嘉川似的革命者用鲜血和生命换来的呀！

赶快拿起这本书吧，你将获益匪浅！

教师评析：非常鲜明的爱憎情感与态度！包括对这本书的态度，对书中人物的态度，以及推荐好友阅读这本书的态度。

很多同学只看到书中主人公之间的爱情，剥离了“革命性”是他们相爱的坚实基础这一点，而这位同学特别地注意到了这一点——“她爱他，炽热的、钦佩的，不过她没有忘记革命，这一点使我十分开心”。真是一个有心的孩子，这是难能可贵的。

【案例三】

同步作业：革命有大道理，实际斗争中又有很多具体道理。阅读中你悟出了哪些具体的革命道理？请以“革命的道理”为题，写一段不少于200字的阅读心得。

学生心得：读《青春之歌》，我感知到了林道静对党像对母亲一样的那种真挚的情感，感知到了林道静的像火山一样喷发的爱国之情，感知到了无数热血青年站出来轰轰烈烈救国救民的那个时代的精神。

《青春之歌》中，在中国共产党的领导下，无数人为了祖国、为了人民抛洒满腔热血与反动派做斗争。在他们心中党的事业、革命的理想是至高无上的，他们能舍弃一切，但不能舍弃党，不能舍弃革命事业。他们用行动告诉我们，生命的意义在于对信念的坚持、在于对信仰的追求。

这本书在我迷茫、彷徨、想要放弃的时候，唤起了我的激情和活力，让我看到了青春的热情和革命者的激情，让我看到了最美的青春该有的样子。

教师评析：这位同学并没有写出“革命的道理”，仅从答题的角度看，似乎答非所问，跑题了。但换个角度看，他在书中看到了青春应有的价值和意义，也把阅读红色经典的价值和意义说得清清楚楚、明明白白。不是故作姿态，不是为了获得高分，不是为了迎合什么，而是真正的“我手写我心”。

小结：案例一是阅读感言，侧重呈现学生的“情感”；案例二是书信，侧重呈现学生的“态度”；案例三是阅读心得，侧重呈现学生的“价值观”。整体上呈现了书外学生和书中主人公“灵魂合一”后的情感态度与价值观。

如果说思政课的着力点在“知情意行”中的“知”的层面，思政教学重在“知”的明晓，那么语文课的着力点在“知情意行”中的“情”的层面，语文教学重在“情”的浸润，但最终教育的效果都要落实到“行”上。朱光潜先生说，一个人的道德有两种：一种是问心的道德，另一种是问理的道德。不由自主地去做一件事是问心的道德，按照道理和规定去做一件事是问理的道德。

“走心读写”如果常常出现与主人公“灵魂合一”的现象，那么就离问心的道德不远了。

二、“表达与交流”以及“争鸣”维度

有个网络主播说了一句话，我觉得说得很好，他说：“你知道教育和洗脑的区别是什么吗？简单来说，教育会鼓励你正视、思考、比较、辩论、质疑，甚至是否定，而洗脑刚好怕这些，洗脑会绕开这些问题，并反复强调他说的观点都是正确的。”在革命传统作品整本书“走心读写”实验中，我觉得，仅有表达与交流还不够，还要有“争鸣”。有“争鸣”说明没有标准答案，有“争鸣”说明不止有一个声音，有“争鸣”说明在捍卫说话的权利。

国学大师陈寅恪倡导“独立之思想，自由之精神”；教育家陶行知说，“千教万教，教人求真；千学万学，学做真人”。为了将独立、自由、求真的精神根植于学生的心灵，在所有表达交流与争鸣中，我们倡导学生“平心而论”。“平心而论”是“走心语文”所秉持的一个理念。

【案例一】

针对林道静的爱情观的一次讨论。

同步作业：阅读林道静写给卢嘉川的那封长信，根据提示，写一段不少于200字的感言。

读了林道静写给卢嘉川的一封长信，你可能会想起林道静与余永泽分手时写的只有几句话的那张纸条。两相对比，你一定有许多感慨，能说一说吗？

小说第一部第二十四章：林道静留给余永泽的一张纸条。

永泽：我走了，不再回来了。你要保重！要把心胸放宽！祝你幸福。

静

一九三三年九月二十日

《青春之歌》第一部第二十八章：林道静写给卢嘉川的一封长信。

卢兄：

我最亲爱的导师和朋友：在北平，在一九三三年的十月十九日我写这封信给你。可是，此时我不知你在何处，在什么监狱，甚至遭受了什么样的命运，我全不知道。然而，朋友，我不能不写呵，我要告诉你，有许多话要告诉你。首先告诉你最重要的一点，你听了是会高兴的，这就是：我已经从过去的彷徨、犹豫，坚决地和你走到一条道路上了。我已经战胜我身上那种可怕的小资产阶级的毒素——留恋旧的情感、无原则无立场的怜悯，而投身到新的生活中了。具体地说，我已经离开余永泽了。想起过去一年多的日子，朋友，我是多么沉痛、悔恨、羞愧难当呵！我去找李大嫂的那个夜晚，回来之后，你已经走了，接着你就被捕了。在你遭遇危险的时候，我没有能够及时帮助你，这是我终生难赎的罪恶，是我永不能饶恕自己的过失。但是，我没有被这种悔恨的心情压倒和吞没，所以，我不请求你的宽恕，我只想告诉你：你被捕了，但是，我又起来了。而且，我相信会有千千万万像我这样的青年也站了起来。虽然，我很幼稚，绝不能和你相比。

我最敬爱的朋友，我还要告诉你：我也经受了一点考验。最近的遭遇，几乎叫反动派把我毁灭了。然而，正当我危急万分、走投无路的时候，还是党——咱们伟大的母亲向我伸出了援助的手。朋友，我虽然焦急、苦恼，然而，我又是多么幸福和高兴呵！是你——是党在迷途中指给我前进的方向；而当我在行进途中发生了危险，碰到了暗礁的时候，想不到党又来，援救我了……现在，我还没有脱离险境，可是，我有信心会离开。一想到我的生活也像你们一样，充满了传奇、神话一样的故事，我是多么快活呵！

最后，我最敬爱的朋友，我还要向你说两句心里的话，从来不好意思出口的话……不要笑我，如果你能够见到这封信，那么，同时你会见到一颗真诚的心……不要笑呵，朋友！她不会忘掉你的，永远不会。不管天涯海角，不管生与死，不管今后情况如何险恶、如何变化，你，都将永远生活在我的心里。什么时候能够和你再见呢？我们还能够再见吗？……可是，我期待着。我要等着这一天的到来。如果真能有这一天，出现在我的生命的进程中，那，我该是多么幸福呵！……朋友，但愿我们能够再见吧！保重，你坚强的斗志永远是我学习的榜样。

一九三三年的十月十九日

第一位同学交流：平心而论，以我现在所处的这个时代来看她的行为，就觉得她对爱情不是很专一。之前和余永泽那么相爱，仅仅是因为同居后余永泽不许她参加革命？可是革命是会流血的，他当然不希望自己的爱人身处险境啊！还是因为他在卢嘉川的面前不给她好脸色？哪个男人喜欢看到自己的爱人和情敌在一起有说有笑？

道静和余永泽走到这一步的原因无非是道静的心思变了，她不再胆小、怯懦，同居后的生活也让她看到了余永泽的缺点，两人之间开始没有共同话题，从无话不说走到无话可说。于是，道静的生活处在烦闷与无味的状态中，而就在这时，卢嘉川出现了，他把道静从烦闷与无味的生活中拯救了出来。道静很感激这个男人，她对卢嘉川产生了朋友以外的感情，而这份感情到底是敬重还是爱慕，只有她自己知道。

教师评析：这位同学认为，当余永泽与林道静的感情有了缝隙的时候，卢嘉川的出现使林道静见异思迁，移情别恋了。是卢嘉川的出现让道静变了心，余永泽应该得到同情，林道静应该受到谴责。

阅读时，如果没有完全沉浸在小说特定的世界里，用当今人的意识和观念看待书中的人和事，可能会淡化甚至剥离书中革命者革命的正当性、崇高性。

所以，这位同学才能得出林道静对爱情不够专一的看法。（书中胡适、余永泽，就是这样的观点和立场）

第二位同学交流： 道静与余永泽在一起时，会痛苦、无奈、气愤。我看得出她想尽快逃离这种沉闷的生活，她已对余永泽死了心，所以，她临走时，只写了仅有几句话的一张纸条，连句温暖的话也不愿说。可是她和卢嘉川在一起时，有说不完的心里话，她的心中是温暖的、舒畅的。余永泽自私、狭隘又懦弱，道静对他的爱逐渐改变了，在道静的心里那个风雅、有情趣的余永泽已经消失了。与余永泽相反，卢嘉川博学儒雅又热情奔放，富有革命激情，让道静崇敬又倾心。我看得出来，道静打心底里喜欢卢嘉川，这种喜欢超过了对余永泽的爱，即使给两个人的信，也是差别巨大。给卢嘉川的是一封长信，这是怎样的志同道合；给余永泽的是一张几句话的纸条，这又是如何的话不投机。卢嘉川，我也喜爱他，而余永泽，我却不想回忆他。

教师评析： 这位同学认为，道静与余永泽分手，是因为道静遇上了比余永泽更优秀、更有情趣的卢嘉川，赞同道静与三观不同的人分手，选择与志同道合的人相爱。

一个"走心"的阅读者，一个用心灵触摸文字的人，他"生活"在小说的世界里，对里面的人物很熟知，凭感觉评判他们的是是非非，凭感觉确定自己的好恶。"卢嘉川，我也喜爱他，而余永泽，我却不想回忆他。"显然，他对卢嘉川和余永泽的好恶跟书中的人物林道静是一致的。

第三位同学辩论： 有人说余永泽与道静三观不合，可是别忘了，当初两人彻夜长谈，隔着数百里相互写信时，那种为彼此担心的样子。

第四位同学辩论： 没错，余永泽给过道静温暖、幸福，可思想不同、追求不同的两个人又怎能走到最后？在一起，对两个人来说都是一种痛苦、一种折磨，离开才是对两人最好的方式。

第五位同学辩论： 余永泽，一个自私自利的人，却可以无限地包容着林道静所有的幼稚和脾气。所有人都可以说他不是什么好东西，唯独她林道静没有这个资格。

第六位同学辩论： 信的长短只是表象表征，心里的状态才是根本。问心吧，爱情是问心的。

教师评析：由表达与交流到争鸣与辩论，问题越来越聚焦，辩论越来越精彩，但都既是平心而论，又是以理服人。

小结：“从旁指点桃源路，引得渔郎来问津”，如此精彩的表达、交流与争鸣，教师做了什么？教师只是把一长一短两封信放在一起给学生看，学生表达与交流的激情一下子就被激发了出来。学生由此表达出强悍的思维、独立的思想、鲜明的观点，进行了情感的交流、观点的交锋、智慧的碰撞。可以想见，这样的课堂讨论，是多么的精彩啊！孩子们心智如此成熟，思维如此缜密，语言如此到位，还担心什么？兴趣被点燃了，就放开让他们说个够吧！

【案例二】

针对余永泽对待佃户魏三大伯的态度的一次讨论。

同步作业：阅读中我们既会有感叹、感慨和感悟，又会有疑问和困惑，请就下面的语段抒写自己的阅读感言。

这老头儿的神经忽然紧张起来，他拿着烟袋的手有点儿哆嗦。但他克制着，慢慢地把烟灰磕打出来，和烟荷包一起收拾好了，装在腰里，然后所答非所问地说道：“大少爷，您是念书人，什么不明白……我种您家那东洼的地，连着三年闹水，子粒不收，老伴儿饿死啦；您五福兄弟饿的跑走当兵去啦；家里只剩下我跟狗儿娘、小狗儿……还有五福的妹子玉来——她，她叫我狠心卖给人家，也不知山南海北的哪儿去啦！……”（见《青春之歌》第一部第十章）

学生感言：穷老头来借钱时，我想如果不是林道静在，余永泽连看都懒得看一眼。这件事在我眼里呢，余永泽没有任何的责任与过错，他没有任何的义务去帮助一个佃户，强行地让余永泽帮助他，在我看来，就是道德绑架。凭什么别人穷了就一定要给他钱呢？

教师评析：虽然是对待小说中的人物，但这位同学表现出的冷酷无情令人不寒而栗。读书“走心”的他，不可能不知道魏三大伯一家此时的悲惨情形，一家人有被活活饿死的，有被卖掉而骨肉分离的，有为逃生而跑出去当兵的。面对如此悲惨的情形，一般的读者都会自然而然地产生同情心。孟子认为悲悯是人之所以为人的标志，可这位同学没有丝毫的悲悯之情，还振振有词地替余永泽极力辩护。

对待这样的同学和这样的观点，我们既不能回避，也不能"批评教育"。要始终放在"语文学习"的层面上进行交流和讨论。在讨论课上自由平等地发言讨论，教师不要过早地定调子、给方向，更不要直接去说服。

"平心而论"是就个体而言的，但是，是非对错总有不依赖于主观而存在的常识、原理和标准，每个人若都以个人心为心，以个人理为理，那就任何事情都说不清楚了。但是，一旦组织众人讨论时，"平心而论"就自然上升到了以众人心为心、以众人理为理的层面了；就向常识的、客观的、公理的标准无限靠近。最后，得出大家心悦诚服的观点和结论。

当然，讨论是为了辨明辨清其中的道理，不是为了统一答案，更不是一定要说服持不同观点的学生。讨论之后，除了共识之外，仍然允许保留个人的看法。

小结："走心读写"的灵魂就是真实和自由，不做道德绑架，使学生在宽松、自由、真实的氛围内阅读和抒写。如果给学生的题目是"请说说你的看法"，结果，学生真的说了自己的看法，你却又"引导"和"辅导"了半天，最后还是出示"参考答案"，那么，学生的心扉就会从此关闭，以后说出的全是漂亮的废话和正确的废话，这样，"革命传统作品"整本书阅读的价值和意义就可能会大打折扣。

真正的教育是润物无声的，我们的教育目的越隐蔽，教育效果则越真实有效。最关键的是要引导学生进行自我教育和道德的自我完善。传承革命文化，赓续红色基因，"走心语文"走的是心路，是润泽心灵的路。

至于实验效果怎样判断？我觉得可以从这四个维度考察，即心灵的自由度，思维的活跃度，情感态度的真实度，语言建构的有效度。

三、"文化理解与传承"维度

《青春之歌》中的"革命文化"内涵十分丰富，并集中体现在一些革命道理上。这些革命道理贯穿作品始终，是主人公革命行动的底层逻辑。比如，哪里有压迫，哪里就有反抗；星星之火，可以燎原；理论联系实际，密切联系群众；批评与自我批评；等等。

"密切联系群众"是中国共产党的优良传统，需要我们一代代传承下去。

【案例一】

同步作业：对一位很想读《青春之歌》但还没有读到的知心朋友，就下列的语段做一点解说，也说说你读到这里时的判断、猜测、担忧、牵挂、欣喜、释然等心理反应或说说你的情绪变化、联想以及思考等。

一个中年的、脸色好像黄蜡般的瘠瘦的女人，坐在一块岩石旁边的柳树底下，她一边给一个瘦小的婴儿喂奶，一边还拿着细绳补缀着破烂的鱼网。孩子吃两口奶又哭起来，她还是不停地补。道静走到她跟前，她紧蹙着双眉，并不觉得有人在跟前。（见《青春之歌》第一部第三章）

学生解说：看到这个女人的境遇，我为她感到悲哀，但我并不能为她做什么。她的境况让我看清了那个社会的吃人本质。去世的丈夫，瘦弱的婴儿，这个女人到底能坚持多久呢？她的未来已不能改变，但我希望道静以后能够改变贫苦人的命运同自己的命运。

教师评析：这位同学观察着林道静的观察，感受着林道静的感受，牵挂着林道静的牵挂，对于底层百姓的痛苦，不是麻木不仁，不是熟视无睹，也不是居高临下的怜悯和同情，而是真正做到了感同身受。

【案例二】

同步作业：给下面的语段做一点批注，根据已给出的片言只语的批注，你可以就此引发思考，接着说下去，也可以不受其影响，根据个人的感触独立批注。

道静看看准备送给任玉桂的窝头，不觉红了脸：“窝头。我想留下咱们明天吃的。”

大姐突然笑了。她眯着细细的眼睛看着道静温和地笑道：“傻孩子，我知道你又在耍把戏——你把窝头拿给任玉桂，然后，你告诉我，你已经吃饱了。剩下的好都给我留着。可是自己饿着肚子。这不行哦，自己的身体也要紧。”（见《青春之歌》第二部第二十六章）

林道静为什么会这样“傻”呢？请平心而论，有感而发吧！

学生批注：任玉桂是煤矿工人，家里生活很艰难，为了补贴家用，年老的父亲还要外出做工，现在，任玉桂因为受伤而被煤矿裁员，这让本不富裕的家庭更是雪上加霜。此时，化名为秀兰的林道静是任玉桂的邻居，本着善良的本性便常常救济这父子俩，这次，她自己饿着肚子却把仅有的一点窝头拿给任玉桂。刘大姐十分认同且赞赏道静的做法，“傻孩子”其实是对道静的疼爱与呵护。说明当时的共产党员都是先他人、后自己，对待穷苦百姓不是亲人、胜似亲人，始终将人民放在第一位。

教师评析：看出了道静对待贫苦工人，不是亲人、胜似亲人，不仅能感同身受，而且能为之付出牺牲。看出了共产党与劳苦大众的血肉联系，得出了“共产党员始终将人民放在第一位”的结论，这位同学的觉悟不低啊！

【案例三】

同步作业：对一位很想读《青春之歌》但还没有读到的知心朋友，就下列的语段做一点解说，也说说你读到这里时的判断、猜测、担忧、牵挂、欣喜、释然等心理反应或说说你的情绪变化、联想以及思考等。

道静狠狠地瞪了文台一眼，撇开他就笔直地朝宋贵堂跑过去。这时她忘掉了姑母再三叮嘱她和宋家搞好关系的话，一阵怒火上升，她跑到宋贵堂身边猛地夺过了他的手杖，颤抖地说：“宋老先生，您干么打人？……”（见《青春之歌》第二部第十一章）

学生解说：虽然知道自己的处境十分危险，可内心的正义、善良却使道静忘记了一切，甚至忘记了自己在宋家从事地下工作的任务，毅然决然地阻拦了宋贵堂对老农民的打骂。可见林道静善良正直的天性，但也沉不住气，容易冲动。读到这儿，我为林道静捏了一把汗，害怕她过激的行为会引起敌人的怀疑，同时也对剥削他人的地主阶级万分憎恨。

宋郁彬：“张先生，没想到您倒是个见义勇为的女英雄。我父亲老了，您别和他一样……好，天不早了，咱们回去吧。乡亲们也乘凉快做点活去吧。”（见《青春之歌》第二部第十一章）

教师评析：面对受苦受难的农民，林道静能挺身而出，奋不顾身。这位同学看出了林道静的“情不自禁”“毅然决然”，从道静近乎本能的反应上看出了她与劳苦大众的血肉联系。

不论是贫苦渔民、贫困工人还是贫苦农民，林道静始终跟这些劳苦大众站在一起！

贫穷、落后、愚昧、破烂，粗粝的食物、褴褛的衣衫、肮脏的环境、卑微的身份，食不果腹，衣不蔽体……这历来都是人们嫌恶、躲避、摆脱、远离的，道静不在宽敞明亮干净舒适的地方待着，放下自己的体面身份，总往这样的地方跑，屈尊向长工"赎罪"却一再碰壁。这似乎不合乎人之常情，却正是体现林道静革命性的关键所在。

资料链接1："看一个青年是不是革命的，拿什么做标准呢？拿什么去辨别他呢？只有一个标准，这就是看他愿意不愿意，并且实行不实行和广大的工农群众结合在一块。"（见《毛泽东选集》第二卷《青年运动的方向》）

资料链接2："从李鸿章、袁世凯、康有为到孙中山，他们基本上都是力图依托少数精英完成对社会的改造，都未能把唤醒民众、动员民众、组织民众作为变革和革命的重点。在他们眼中，民众只是被改造的对象，而不是推动变革和革命的动力，最终只能导致变革与革命一败再败。中国近代以来，对民众的轻视比比皆是。……中国共产党胜利最大的本源，是民众的支持。……"（金一南：《为什么是中国》，第119页）

小结：从地主家庭走进了农村，走向了农民。随着对革命的逐渐介入，道静一步步地从地主家的小姐，从知识分子的局限中走了出来，逐渐走向了工农大众，获得了革命力量。人民受难，她自己感同身受；人民困苦，她全心全意帮扶；人民受压迫，她挺身而出，奋不顾身。小说以林道静形象为"革命文化"的主要载体，体现了革命者与劳苦大众的血肉联系的主旨。

在"同步作业"中，以主人公林道静形象为"革命文化"的主要载体多次设题，就是为了引导学生用心感知、领悟、理解"密切联系群众"这一革命文化，希望这一革命文化在当代青年身上能得到很好的传承。

四、"审美鉴赏与创造"维度

阅读的过程伴随着审美，当疼痛感、恐惧感被过滤掉后，革命者的形象瞬间升华为学生的审美对象，学生刹那间被一种崇高感、悲壮感震撼了，征服了，审美也就发生了。

在书的世界里"生活"，学生与主人公林道静"灵魂合一"，进行再创作，塑造与“我”融合的“林道静”，这就属于审美创造了。

【案例一】

同步作业：伴随阅读的深入我们会自然生发情思，我们有时会感慨万千，有时会思绪万千，这是一种很积极的阅读体验状态，试就下列语段，抒写你的阅读体验。

“好哇，跑到这儿装洋蒜来啦！”刽子手等急了，恼怒了，动手了……

就这么着：她挺着，挺着，挺着。杠子，一壶、两壶的辣椒水……她的嘴唇都咬得出血了，昏过去又醒过来了，但她仍然不声不响。最后一条红红的火箸真的向她的大腿吱的一下烫来时，她才大叫一声，就什么也不知道了。（见《青春之歌》第二部第十八章）

学生阅读体验：拷打、酷刑不能使道静屈服，酷刑用尽了，刽子手也束手无策了。阴森的刑房的窗隙外，淡淡青色的微光映照着道静的伤痕，伤痕所表达出的是道静的决心。这就是真正的共产党员，我竟无一丝同情，留下的全是敬佩。

教师评析：这位同学此刻体验到了一种美——壮美。一个弱女子在酷刑中表现出的顽强与大义凛然，让这位同学佩服至极，此时的审美体验就是壮美与崇高，超越了怜悯、同情这样的情感体验。

但如果是在受刑现场，面对在酷刑中死去活来的林道静，如果只有敬佩而无一丝同情，那就太冷血、太不正常了。这个现象告诉我们，再怎么感知体验，阅读毕竟是阅读，而不等同于真实的现场，与现实情境保持着距离，所以，“走心读写”将审美体验和审美鉴赏合二为一，或者说审美体验本身就是阅读鉴赏行为。

【案例二】

同步作业：以《青春之歌》第一部第十五章为基本依据，写一则三一八惨案纪念日这一天的“林道静日记”。不要复述小说中的内容，发挥想象进行再创作。

学生"林道静日记"一则

3月18日　　　　　　　　晴

昨天晚上，我激动得久久不能入睡，怕吵醒永泽（他总是不支持我去做这些革命的事情，与卢嘉川比起来，他似乎显得懦弱许多，我觉得我们的感情恐怕难以维持下去了），只能偷偷摸摸溜出门去。到王晓燕那洗了脸，想让她与我一同去，不想她还是不去（我不怪她，虽然嘴上不说，但我都明白她是为了我好），我便一个人到北大红楼后面去了。

操场上有几百号人，我试图找到许宁、卢嘉川和罗大方，但是一个人也没有看见（原本十分紧张，我还是第一次参加这种大的活动），只好站在人群的外面，我真是兴奋极了，又有一些紧张。正当我四处张望时，突然，此起彼伏地响起了雄壮嘹亮的口号声。大家喊着"纪念三一八！""停止内战，共同抗日！"等口号，我非常激动，却不知怎的喊不出来，只能干着急，只有手臂热情地招扬着。这时旁边站了一个女大学生，我真的很羡慕她，因为她足够勇敢。在简单的交谈中，我得知她是北大的学生，不知不觉间我的信心增强了，与她一起喊了起来。我正喊得起劲，突然警笛狂啸起来。

我看见卢嘉川站在上面讲话，原本嘈杂的操场静了下来，仿佛整个世界都在听他讲话。群众越听越起劲，越听越有力，却突然传来枪声，大家都喊着"冬天到了，春天还会远吗？"原来反动统治者又来打压我们，我们并不畏惧，臂膀挨着臂膀，怀里揣着石块，迈着大步向大门冲去。

我们与军警开战了，在混乱厮打中，我身上挨了一棒，但我也毫不畏惧。突然看见那个女学生正被军警追打（女大学生仿佛突然变成一道光，是如此明亮，如此耀眼），正在紧张的时候，突然看见卢嘉川出来了，一脚将军警踹开。

我们躲在了地下室，但我对卢嘉川担心极了，不过在这里，我却惊喜地见到了徐辉，两个钟头之后，卢嘉川终于回来了。我们畅聊了许久，相互道别，但我是真的不愿与卢嘉川分别。

激动、兴奋、紧张的一天结束了，我带着满满的成就感返回家中。

教师评析：这位同学写"林道静日记"这一行为本身就是一种审美创作行为，所写的"林道静日记"就是一种再创作。日记中的林道静既是从书中走来的，又是从该同学心里走来的，这样的"日记"，原著中没有，但假如放进去，阅读起来也没有违和感。

小结：“现在的一些孩子表面上见得很多，其实心胸、视野却很窄小。人生的视野窄，没有优秀的人‘介入’到他的生命中，相当多的时候会表现为狭隘、低迷，以及前进动力不足等学习问题。”（连中国：《唤醒生命：每个孩子心中都有一个巨人》）

在这样的“走心阅读”中，学生一旦喜欢上林红、林道静、卢嘉川这些人物，关切这些人物，审美效应就在其中生发，这些人物就自然地“介入”学生的生命情感中了。

教育要铸魂，而这样的审美鉴赏与创造或许就是小说阅读中的一条铸魂路径吧！

五、“思维发展与提升（梳理与探究）”维度

“走心语文”虽以情感体验为主要路径，但不排斥理性思辨。在整本书读完后，我们进行了“撰写文学评论”的活动。因为“走心读写”阶段的活动很扎实，所以“撰写文学评论”的活动也很顺利、很成功。大多数学生的文学评论有模有样，“其文理皆有可观者”。除了“情动而辞发”式的各种写作活动外，“思动而辞发”式的“撰写文学评论”的活动，也是“走心读写”策略的有机组成部分。

【案例】

课题研究的第二个阶段——学术小论文的写作。回应的是新课标第28页学习任务群15“中国革命传统作品专题研讨”中“结合具体作品，选择一两个角度，撰写文学评论……”的要求。

选题是学术性小论文写作中最艰难的一项工作，但它又是写作准备阶段最重要的任务，是小论文写作的核心，直接关系到小论文的质量。所以，教师要给学生提供选题指南。

我给学生提供的《青春之歌》整本书阅读学术性小论文写作“选题指南”如下：

论《青春之歌》人物形象的审美特征。

试说《青春之歌》“收束”的艺术。

试析《青春之歌》中林道静、卢嘉川、江华的人物形象。

试析《青春之歌》中余永泽、戴愉的人物形象。

试析《青春之歌》中王晓燕、“姑母”的人物形象。

试说《青春之歌》中林道静的几次灵魂蜕变。

试论《青春之歌》中林道静与余永泽冲突的根本原因。

试说《青春之歌》中林道静的直觉判断现象。

试说《青春之歌》林道静形象塑造中的侧面描写艺术——余永泽、卢嘉川、江华、王晓燕、陈蔚如、白莉苹等眼中的林道静。

试论《青春之歌》中林道静走上革命道路的必然性。

试析《青春之歌》中林道静的婚姻爱情观。

从林道静的身世之苦看《青春之歌》中的社会现实。

试说《青春之歌》中几个苦难家庭的“异”与“同”。

论《青春之歌》中对几个悲苦家庭的描写在揭示小说主旨上的作用。

试说《青春之歌》的叙事特征。

试说《青春之歌》中余敬唐、林伯唐、宋郁彬三人的异同。

《青春之歌》中景物描写研究。

试说《青春之歌》中大海意象在林道静生命的隐喻作用。

试说《青春之歌》中大海意象与林道静境遇变化、心情变化之间的关系。

试说《青春之歌》中两个世界的呈现方式——对比。

试说《青春之歌》在人物外貌描写上的特点。

《青春之歌》悬念设置艺术赏析。

试比较《青春之歌》中余永泽、卢嘉川、江华爱慕林道静的不同表达方式。

《青春之歌》中揭示主旨的词、句、段例说。

《青春之歌》中“点睛之笔”例说。

试论《青春之歌》中学生请愿、示威游行的价值和意义。

《青春之歌》第十章赏析。

试说《青春之歌》中的几处败笔。

试说《青春之歌》在人物外貌描写上的“脸谱化”特点。

学生学术小论文选录

论《青春之歌》中林道静的灵魂蜕变

林道静作为《青春之歌》中的女主角，她的人生是曲折的。她出生后被迫与母亲分开，受到继母的虐待；好不容易逃离，却又被胡局长纠缠、为难……但林道静没有被这些困难挫折打败。她一步步逆袭，从刚开始初入社会的小白兔到最后成为独立自主的革命新青年。她究竟经过了哪些人生蜕变呢？

一、邂逅卢嘉川——革命启蒙

脱离继母的林道静，先是遇到了余永泽，他是第一个给她安全感、让她可以依赖的男人。通过余永泽她间接接触到了革命，对她来说，革命是一件新鲜事。后来她邂逅了卢嘉川，这个青年身上带着一股魅力，可以毫不费力地把人吸引在他的身边，道静从来没有见过这样的人。余永泽只是谈文学艺术，只会讲动人缠绵的故事，而卢嘉川与余永泽则大不相同。随着卢嘉川的脚步，道静就开始了解革命并一步一步参与革命。是卢嘉川教会林道静应当走什么样的道路，怎么去反抗不合理的社会，怎样用阶级观点去看人看事。卢嘉川完成了对林道静的革命启蒙，让她完成了最主要的一次灵魂蜕变。

二、农村遇姑母——自我救赎

来到农村发展革命的林道静遇到了姑母。这个女人给道静以家人的感觉。道静一直觉得自己是地主的女儿，浑身都是黑骨头，不配参加革命，而自从被卢嘉川引导，读了一些马列主义书籍，她便以为自己已经彻底地变成了革命者。但无意中碰到了家中的佃户郑德福，她才认识到原来自己根本没有清晰的阶级意识。是姑母帮她弄清了阶级与革命的关系，也告诉了她该如何彻底摆脱自己的剥削阶级的意识。姑母的引导让道静真正找到了自己的阶级归属，使她又一次完成了灵魂的救赎。

三、狱中遇林红——超越牺牲

回到北平的林道静在一天夜里被捕。在监狱中，她遇到了温柔的林红。林红是一名真正的共产党员，有着很强的革命意识与革命理想，然而没有几天，林红就被处死了，在临死前她仍然在坚持革命斗争，把完成党交给的任务放在比生命更高的位置，这种为党无私奉献的精神彻底震撼了道静，使林道静彻底明白了，一个真正的革命者仅仅不怕牺牲不是最高境界，而完成党交给的任务才是。所以，狱中遇林红使林道静完成了灵魂的又一次蜕变——超越牺牲。

经历了这三次灵魂蜕变的林道静，终于成为一个真正的革命者。

小结："走心读写"阶段侧重运用的是形象思维；小论文写作阶段侧重运用的是抽象思维，借助概念、判断、推理完成对整本书的梳理探究工作，这对发展与提升学生思维的逻辑性、深刻性、独立性、灵活性和批判性非常有益。尽管学生的论文还脱不开叙述语体，运用概念、判断、推理进行论述的能力还很有限，但梳理探究的意识已经有了，论证说理的基本特征已经具备了，这已经难能可贵了，良好的开端是成功的一半。

如果说"走心读写"阶段是"入其内"的，那么，小论文写作阶段则是"出其外"的，是对整本书的"梳理与探究"。小论文的写作是学生围绕对一个问题的探究而展开的，整个写作过程就是一次探究性学习。所以，这一部分从新课标"学习方式"的维度看，又属于典型的"梳理与探究"行为。

六、"语言建构与运用"维度

"走心语文"中学生语言建构的过程大致可分为五个阶段，每个阶段都有各自的特点。

1. 语言建构的萌动期

一方面是学生明晰成熟的情思、想法、感觉已经萌动，只是没有对应的恰当的词语、说法可供表述，处在"只可意会，不可言传"的状态；另一方面是随着阅历的增加和心智的成熟，阅读中目不暇接的、丰富的、美丽的、神奇的词汇会将一些从未有过的意念、情感、体验等从静默或沉睡状态中唤醒。前者是学生不断成熟的心智与情感，在积极寻找相应的语词为自己"正名"，后者则是神奇的语词不断促成了学生心智与情感的觉醒。

2. 语言建构的活跃期

这个时候学生有很多体验、感受和感悟需要表达，甚至是平日没有遇到过的复杂难言的感受、感慨、感想因被激活而需要精准地传达出来，于是，那些平日因没有机会现身而沉寂多年的词语就找到了用武之地，那些平日里常见的词在特定语境中也被"塑造"出了崭新的形象。

3. 语言建构的自觉期

这时学生在词语的选择上已经有了强烈的自我意识，所以用词再三斟酌，要在自己的语言库存中搜索最贴切、最恰当、最鲜活生动的词语来进行表达。在表达技巧上，学生也处在了一种无师自通的自觉状态。

4. 语言建构的高效期

学生表达欲望最强烈的时候也是语言建构最高效的时候。这时候，学生的语言特别是书面语言富有生机和活力，绝大多数同学的书面语言灵动跳脱，富有变化，富有文采，富有弹性和张力，时不时还写出一两句很出彩的句子。处在这种状态中，学生模仿、学习、吸收别人语言的能力最强，效率最高。

5. 语言建构的成熟期

成熟期的语言文字成了学生手里最称心的“画笔”，他们能用语言的画笔描画出欣喜、享受、自豪、惶惑、迷茫、恐慌、烦恼、叛逆、思索、探求和批判等诸多的青春色彩。这时的语言文字，就是对“心”的直接描画，对“情”的忠实记录，对“思想”的不舍追随。学生尊奉心灵，经营情思，耕耘语言文字，其情感、思想、精神在语言文字的呼吸吐纳中健康成长，其语言文字在其情感、思想、精神的驱使下驯顺、纯粹、成熟。

整个过程若从纯思维的角度看，正是吴亚滨教授所说的“隐性思维显性化，显性思维工具化，工具思维结构化，结构思维自动化”的过程。

“语言建构与运用”是语文课程的落脚点，革命传统作品整本书“走心读写”也不例外，前面“实验过程”部分和“实验案例考察”部分，已经从不同的角度呈现了学生所写的大量的语言文字，展现了本课题实验中学生“语言建构与运用”的基本情况，体现了“走心语文”在学生语言建构方面的五个阶段的基本特征，这里不再赘述。这里我想从“一语通透现象”“帮助学生修改书面语”两个方面进行考察。

【案例一】本课题实验中的“一语通透现象”

“一语通透”指的是在大多数人都没看明白时，被一人看明白并用一句话点透了；在大家基本都意识到了但却说不通透时，被一人用一句话就说通透了，我把这种现象姑且称作“一语通透”现象。用如下案例做个诠释。

同步作业：对一位很想读《青春之歌》但还没有读到的知心朋友，就下列的语段做一点解说，也说说你读到这里时的判断、猜测、担忧、牵挂、欣喜、释然等心理反应或说说你的情绪变化、联想以及思考等。

“报仇？”听到这句话，道静忍不住浑身打了个冷战。她不由得看了还在哭着的宋郁彬一眼，“他要报仇？……”她似乎还不相信自己的耳朵，又自己问了自己一句。当她知道自己真的确实地听到了这句血淋淋的话是从宋郁彬的嘴里说出时，她一下子被悔恨的自责的心情弄得腿都发软了。似乎做了什么见不得人的事，她飞似的跑回了自己的房间里，赶快用被子蒙上了头。（见《青春之歌》第二部第十二章）

教师解析：林道静听到宋郁彬“报仇”两字为什么有如此强烈的反应？此时的林道静所体验到的是一种巨大的失败感，这种失败感源于她意识到了自己的幼稚糊涂和自以为是。宋郁彬“报仇”两字一出口，就明明白白地宣告了林道静彻底败给了宋郁彬，她不是宋郁彬的对手，此时她的反应近似于“恼羞成怒”。

之前的王先生和满屯都明明白白告诉了她，可是她自以为是地以自己“亲眼所见”的“事实”推翻了两位的基本看法，现在，自己被“打脸”了，近似于“哑巴吃黄连”。内心的悔恨、自责、羞愧、痛苦等剧烈反应没法对任何人去说，所以她“被悔恨的自责的心情弄得腿都发软了。似乎做了什么见不得人的事，她飞似的跑回了自己的房间里，赶快用被子蒙上了头”。

第一位同学解说：林道静在听到宋郁彬说“报仇”时，心里也是震惊的。宋郁彬是一个十分有学识的人，心中也是有反抗的想法的，如果道静对宋郁彬进行革命思想的灌输，说不定宋郁彬也能加入革命的队伍中成为一个热血的爱国青年。

教师点评：显然，这是一个书外的“林道静”，跟书中的林道静一样幼稚可爱，比书中的林道静还善于幻想，不过，书中的林道静已经清醒了，而书外的这个“林道静”还在沉睡。

第二位同学解说：她认为还有点良知的宋郁彬现在要为了他的父亲去伤害农民了，去做和他父亲一样的事情了，她不敢想象农民会遭遇什么样的迫害。她心里充满了害怕、自责，不愿面对接下来的情景。

教师点评：在这位同学看来，林道静“腿都发软了”的强烈反应似乎是被宋郁彬一句杀气腾腾的“报仇”吓着了，继而想到了自己的失误将会造成的严重后果，所以“心里充满了害怕、自责，不愿面对接下来的情景”。

还是没说到点子上！

第三位同学解说：地主家的粮食被抢尽，可怕的话从宋郁彬嘴里吐出，打破了道静对宋郁彬的看法。如果他们不压迫农民，农民怎么会抢？现在反倒怪罪农民，宋郁彬以前的漂亮话在今天裂了缝，道静悔恨自己看错了宋郁彬，还想着宋郁彬与他父亲不同，可今天的事让道静被“打脸”了。

教师点评：这位同学的“今天的事让道静被‘打脸’了”可谓一语通透。对于林道静在听到宋郁彬说出“报仇”一词后内心的震惊和过于强烈的反应，很多同学还不是很明白，这位同学一句话就说到要害处了。还有“宋郁彬以前的漂亮话在今天裂了缝”也是一语通透。照应前面的一些情节：“满屯，我问你，”宋郁彬白胖的没有一点皱纹的脸上露着和蔼的笑容，“满屯，你们长工的生活是不是比过去好多了？”（见《青春之歌》第二部第十章）可以说，“报仇”二字暴露了宋郁彬的伪善，一出口也打了宋郁彬自己伪善的脸。

小结：“辞，达而已矣。”（《论语·卫灵公》）“走心语文”的语言标准是达意第一，只要表述是真情实感的，是用心感知出来的，就是最好的语言文字。

“一语通透”达到了语言建构与运用的理想境界。在阅览实验班学生的“同步作业”、整理本课题实验中的学生的语言文字时，我常常为学生“走心读写”中的这种“一语通透”现象而激动不已、欣喜不已。

【案例二】帮助学生修改书面语

从“走心”的答题中可以看出学生的思绪是蓬勃的，而蓬勃的思绪需要强悍的语言表述能力与之匹配，但学生现有的语言表述能力已经捉襟见肘了，于是出现了大量的病句。这些病句都是进行修改病句训练的好材料，教师整理出来，放在课堂上集中修改，或者针对每一个学生进行面批。这种在语言运用中进行的动态的语言技能训练，例子鲜活，来自学生，回归学生，以实用为主，针对性强，符合新课标情境化和实践性要求，效果要比静态的语病修改训练好得多。

应试背景下，我们一般用复习资料中罗列的语病例句进行静态的语病修改训练，却对学生实际语用中的病句置之不理，致使我们的学生只有解答病句修改试题的能力，而在实际写作中却病句频出。"走心读写"以学生语用中的病句为修改病句的"活材料"，在写作中修改，在修改中写作，在语言运用的实践中提升语言运用的能力，这是符合语言建构原理的。"走心"首先让学生思绪蓬勃，语言生命旺盛，在"走心读写"中产生出大量的"语料"。学生有了大量的"语料"，再经过细心加工，那么，其语言的生产一定是量丰而质优的。选择典型案例，下功夫帮助学生修改，然后作为范例展示给全体学生，引导大家修改自己的语言文字，这对学生的语言建构来说是非常有针对性也是非常管用的。下面列举两例。

例一：［阅读检测］阅读下面的语段，回答小括号里的提问。

深夜，她勉强坐起来点上灯，看见桌上放着三封信。她用颤抖着的手打开来——第一封是王晓燕写来的。（见《青春之歌》第一部第四章。说说第一封信的大致内容）

学生答案：晓燕来信告诉林道静她已经考上师大了，而且成绩很好，也告诉道静让她先不要回到北平，因为林道静的继母花了胡梦安很多钱，现在又偿还不了，于是便躲起来了。而胡梦安也在北平各地找她，因为林道静的继母把林道静"卖"给了胡梦安。

教师评析："晓燕来信告诉林道静她已经考上师大了"，这是典型的指代不明。

修改为：晓燕来信告诉林道静，说道静已经考上师大了。

例二：［阅读检测］请你对自己的知心朋友聊一聊余永泽这个人物，说说他给你留下了怎样的印象。不必刻意"客观公正"，完全可以表明个人的主观好恶，对他与林道静的关系和情感纠葛也简要说一说。

学生答案：在我看来，余永泽是一个自私自利、趋炎附势的墙头草。魏三大伯来找他时，他只给了一元钱都觉得是天大的善事，但这一切的负面属性，在林道静面前都会烟消云散，可以看出，他真的很爱林道静。

教师评析：仅从检测的角度看，这位同学的答案是完整准确的。因为这道题主要是检测学生是否真的用心读过原著。而这位同学认真读了，很熟悉，感知得很细、很深切。

但从语言建构的角度看，这位同学的回答还存在较大问题。虽然这位同学感知很细微也很真切，但表述出来可能会让“自己的知心朋友”一头雾水。这种情况下的语言文字最需要教师的帮助和修改，学生很想表达清楚，但语言功力不到，表达不清，教师非常理解他要表达的意思，也能把他的意思准确地“翻译”出来，那么，就帮他修改吧。修改如下：

在我看来，余永泽是一个自私自利、趋炎附势的墙头草。魏三大伯来找他时，他只给了一元钱都觉得是天大的善事，但这一行为造成的负面影响使他在道静心里的良好印象烟消云散。可以看出，他真的很爱林道静，却也真的不值得林道静去爱。

“革命传统作品整本书‘走心读写’实验”成效研判

一、采用了普通读者的阅读视角

钱锺书说：“如果你吃到一个鸡蛋，觉得好吃，你又何必去认识下蛋的母鸡呢？”多少年来，我们的语文课把研究“母鸡”和“母鸡生蛋”的方法放在了首位，而把“蛋”好不好“吃”放在了其次，一直让学生采用专家学者的视角阅读作品，把重点放在了对文章架构、表现手法、创作技巧等方面的分析、概括和提炼上，而对于课文鲜活的内容和丰富情感因素一带而过，甚至进行“过滤”处理。这样的阅读视角使学生始终站在文外，只有理性、冷静地审视，而难有走进文内与作者的真正对话。从小学到高中的语文课，教师总结了不计其数的写作特点和写作技巧，可是学生实际操作语言文字的能力并没有与此成正比。原因何在？正如叔本华所言：“人们对文学研究的指导性知识了解得愈多，则促进这种知识的能力便愈小。唯一的事情便是以更多地占有知识为荣。”这种重文本形式而轻文本内容的阅读视角，使我们的学生获得的所谓的“阅读能力”其实是一堆静态的知识，除了用以应试便意义了了，而且这些知识还会在应试功利的驱动下和应试技巧的演进中，逐渐“风干”成僵化的语言套路和答题模板。

实施“走心读写”策略，就是要把学生从所谓“知识性、规范性、专业性”的阅读“捆缚”中解脱出来，使之成为一个普通读者，使其捧书沉浸，掩卷沉思，真实地享受阅读的快乐；使其在享受阅读中陶冶情操，浸润灵魂，并在此基础上建构属于自己的真实的语言。普通读者视角是对长期以来阅读教学采用专家学者视角的一个"颠覆"。

二、践行了"享受阅读，滋润生命"的非功利阅读观

"走心阅读观"是一种非功利的全新的阅读观。阅读中要求学生不要查阅任何资料，包括作者介绍。一本书，一支笔，一颗心，一双眼眸，足矣。只有真诚的心灵才是进入"走心阅读"世界的唯一"通行证"。

倡导学生不是为了答题，不是为了考试，不是为了任何外在的东西而阅读，而是带着一颗本真的、纯净的心，享受阅读，滋润生命，陶冶性情。

同步作业·前言

亲爱的同学们，我们要有组织、有计划地阅读《青春之歌》这本书了，在阅读之前，先给同学们一点建议。

不要查阅任何资料，包括作者介绍。一本书，一支笔，一颗心，一双眼眸，足矣。让你的心灵触摸文字，不需要有任何"中介"。让灵魂没有任何负累地走进这本书的世界里，逐渐地融入这个世界里，和书中的人物一起经历爱恨情仇，一起品尝酸甜苦辣，一起体验惊心动魄。任何先入为主的资料、解说、观点都会干扰你、影响你、遮蔽你、架空你的初读感知和情感体验，使你的心灵与书的世界产生隔膜。

你是阅读的主人，也是自己的"抒情主人公"。用你纯明的智慧、真挚的情感，走进书中，与书中的人物"同呼吸，共命运"。对于书中的形形色色的人物，你要凭自己的心灵去感知、去判断，尽量不要因受某种既定的结论、观点、模式的影响而给其中的人物定性定调，或者把人物"脸谱化"。你是阅读的主人，阅读之后产生的所有文字都是对你在书的世界里"生活"过程的忠实记录。手中的笔是你心灵的忠实画笔，描画出你在书的世界里生活的酸酸甜甜。

按照统一进度进行，不要提前阅读。要在这个世界里"真实"地生活一段时间，你才能和主人公一起成长，这需要一定的过程。就像我们对明天无法预知一样，让我们对书中"生活"里的明天保持和现实一样的"未知""憧憬"和敬畏。

在阅读中，要让自己和书中的主人公林道静灵魂合一。让林道静把你代入

那个时代、那个社会、那个世界。"我"就是林道静，林道静就是"我"。让拿笔的"我"真实抒写阅读的"我"即林道静化了的"我"的喜怒哀乐、爱恨情仇。这文字既是书中林道静的，又是书外林道静（"我"）的。读到一定程度的时候还要写"林道静日记"。

我们不是为了答题，不是为了考试，不是为了任何外在的东西阅读，而是带着一颗本真的、纯净的、轻松的心灵，享受阅读，滋润生命，陶冶性情。这本书的世界不是任何人都能走进去的，任何带着外在"负累"的人都是走不进去的。你要与书的世界发生关系，与书中每一个人接通灵魂。只有真诚的心灵才是进入这个世界的唯一"通行证"。

树立一种全新的阅读观吧，人走文心，文走人心！

三、形成了"人走文心，文走人心"的阅读理念

"人走文心"，就是说，对于一部好作品而言，当你读到一定程度时，一定会感受到作者的存在，并且能够随时和作者产生共鸣。学生披文入情，当读书渐入佳境时，能感觉到后文情节可能如何发展，人物应该会说什么话，作者不得不说出几句话、几个词，后来果如所料，这就是学生真正走进了文心，人心和文心结合了。

所谓"文走人心"，就是说，文本中的丰富的内蕴如不朽的灵魂静默在文字里，等待着"披文"以入的学生，然后攫住他们的心，进而俘获他们的心。因为，文本不是纯客观的东西，特别是小说，有着极其强烈的情感态度与价值观，当学生真正走进文本与作者产生共鸣时，作品就在干预学生、影响学生乃至改变学生。这就是"文走人心"。

四、积累了"三心合一"的教学经验

在《青春之歌》整本书"走心读写"教学过程中，我们以各种方式与学生随时沟通交流。读了学生的心得，某教师深有同感地写道："我对众多的情节进行梳理和筛选后，也觉得最能体现林道静灵魂蜕变的情节就是三个，即'邂逅卢嘉川''农村遇姑母''狱中遇林红'。邂逅卢嘉川完成了革命启蒙，农村遇'姑母'完成了自我救赎，狱中遇林红完成了超越牺牲。"可以看出这位

教师因为和学生"完全想到一起了"而感到十分欣慰。师生共同的"走心读写"让他们有一种"心心相印"或"心有灵犀"的感觉，这就是师心、生心、文心三心合一的美好情境。

能做到"三心合一"，与教师在先读中做足了功夫有很大的关系。我们要求教师在学生阅读之前就进行整本书阅读。要求学生做圈点勾画批注，教师就要先做圈点勾画批注；要求学生写阅读感言、阅读心得，教师就要先下水写阅读感言、阅读心得。这样做，并不是为了让教师把自己的批注内容讲给学生，把自己的观点灌输给学生，而是为了让教师做一个最优秀的先读者，做一个"走心读写"的体验者和实践者。这样，教师就有了真实的阅读体验和丰富的阅读感受，就可以既与"文心"相通，又与"生心"相通，就能找到促成学生"走心读写"的最佳契机和最好门径。

"三人同心，其利断金"，在革命传统作品整本书"走心读写"教学过程中，也正是由于我们做到了教师、学生、作者"三人同心"，才取得了理想的效果。师心、生心、文心三心合一，是我们《青春之歌》整本书"走心读写"教学实验得出的重要经验。

五、在破除套路化语言上取得了较大的突破

2021年5月6日凌晨和傍晚，语文特级教师、福州三中退休教师王立根分别在朋友圈发布了一条一模一样的文字，为当今的作文教学痛心疾呼："基本上都是一个套路，都是大话、空话。太令人悲哀了！"在《青春之歌》"走心读写"的第一个阶段，学生的"同步作业"中也出现了大量使用套路化语言的现象。本来，"同步作业"中设计的问题仅是提示和启发，提示从这几个关键问题着手，将事情的经过、结果、来龙去脉完整地叙述出来。就像面对朋友一样，聊聊"你"经历的那惊心动魄的一幕，"我"很想听听，可是，"你"却是问一句、答一句，不问不说。把本来连在一起说的内容分成两层，说"你"不对吧，"我"问的问题"你"一个没落下。说"你"对吧，就像在应付"我"。一位同学写道："中年""脸色好像黄蜡""瘠瘦"说明了这个女人生活之苦，"一边喂奶，一边补渔网"说明了她的忙，孩子哭起来也依然在补渔网，同样说明了女人生活之苦，只顾赚钱，其余什么都不顾了。"不觉有

人在跟前”说明了她的专注。这位同学的批注全是肢解、切块、诠释，机械操作、精准又全面，只是已经看不见情感和心灵，感觉不到是一个正常的“人”在读书。用余党绪先生的话说就是，这样的鉴赏有错吗？没错。有意义吗？没意义。有意思吗？一点意思都没有。固化的模式已经僵化了学生的思维，幽闭了学生抒发情感的渠道。公式和套路化的读与写束缚的不仅是学生的语言，更是学生的思维和思想。这样的阅读与鉴赏行为今天的人工智能已经完全可以替代了。

面对这种情况，我们极力引导学生用心灵触摸文字，抒写真性情的文字，力戒套路化语言。我们要求学生在批注中写出的是阅读这段文字的情感体验而不是用专业术语堆砌的静态剖析。在我们的引导和倡导下，学生的语言风格开始转变，“走心”特征越来越明显，比如这位同学：“看到这个女人的境遇，我为她感到悲哀，但我并不能为她做什么。她的境况让我看清了那个社会的吃人本质。去世的丈夫、瘦弱的婴儿，这个女人到底能坚持多久呢？她的未来已不能改变，但我希望道静以后能够改变贫苦人的命运同自己的命运。”这位同学的批注字里行间是深切的牵挂和无限的同情。她已经“走进”了书的世界里，不是替林道静抒发而是自己直接抒发。她把自己读成了书中的一个“人物”，这个“人物”不是作者塑造的人物形象，而是“钻进”书中的这个“真我”。批注、心得是这样的，读后感也是这样的。学生写的读后感是有“我”的读后感，而不是替作者再讲述一次故事。“走心读写”策略的实施，使这样的语言建构成了主流，从而最大限度地破解了学生的语言套路。

六、找到了传承革命文化的有效路径

在《青春之歌》“走心读写”的教学过程中，师生共同秉持“人走文心，文走人心”的阅读理念。一方面，学生沉浸到文本中与作者产生共鸣，发生对话；另一方面，文本不是纯客观的东西，特别是小说，有着极强的主观能动性，当“人走文心”的同时，文中的情感、态度、价值观也在潜移默化地影响着学生。

从教师们记录的观察随笔和学生写下的文字中可以看到：当贫苦农民王老增因给饿得奄奄一息的小孙子弄口吃的而遭到地主宋贵堂毒打时，学生跟林道静一样义愤填膺；当王老增号啕痛哭说"老天爷呀，你睁睁眼吧！你睁眼看看我这老老小小还怎么活下去呵？……"时，学生跟林道静一样"眼泪又忍不住流了下来"；当看到"割麦子的群众在边割边拉走、挑走了他们胜利的果实"时，学生跟林道静一样"心里又有一种说不上来的、甜丝丝的、自豪的幸福感觉"。这样的情感态度随着"走心阅读"的进展与深入逐渐聚集、升华，最终让学生深深认同了"哪里有压迫，哪里就有反抗""星星之火，可以燎原"等革命真理。林道静对贫苦小学生皮得瑞真心关爱，对佃户郑德富深切关怀，对伤残失业工人任玉桂悉心照顾的事迹，以及林道静每在危难的关头，总有劳苦大众不顾危险给予救助的事实，都让学生深深懂得了干革命要密切联系群众的道理。卢嘉川、林红等这些具体可感的革命英雄形象因"人走文心"而深深地"介入"了学生的生命中，烛照着学生的内心世界，又因"文走人心"而刷新了学生的精神高度。学生的"走心读写"实践让我们深切地认识到，"心路"是传承革命文化有效的路径。

"走心语文"跟传统文化是一脉相承的，"大学之道，在明明德，在亲民，在止于至善"。从《青春之歌》整本书"走心读写"的实践中，可以看到孩子们内心的纯洁明净，他们的"心"很纯洁，语言很明净，从他们的书面语言中可以看出他们都具备先天的明德，我们这样的阅读教学活动，就是不断地擦拭、扩大和提升他们的明德，也就是"明明德"的过程。

我们的教育应该主动作为，应该在培根铸魂、传承红色基因上狠下功夫。语文课在培根、铸魂、启智、润心方面有着得天独厚优势，促成当今中学生整本书"走心读写"革命传统作品是传承红色基因的有效的路径之一。

七、找到了语言建构的基本原理

"革命传统作品整本书'走心读写'实验"语言建构的原理示意表

语言建构	内容	过程	效果
输入	"三红一创，青山保林"（小说）中的革命文化	师心：营造、督促、诱导、激发	走心阅读
		生心：真实地、有深度地阅读	
		文心：故事、情节、人物、革命文化	

续 表

语言建构	内容	过程	效果
输出	圈点批注 （思维的激活）	点滴体验、感悟、鉴赏 （圈点批注勾画）	走心写作
	感言心得 （思维的发展）	连点成线 （感言、随笔、心得、读书笔记……）	
	成形文章 （思维的成形）	连线成面 （诗歌、散文、小说、论文……）	
内化	综合性活动	讨论课：交流、讨论、分享……	意义建构
	实践性活动	活动课：跨媒介、课本剧……	

鸡蛋从外面打开是食物，从里面打开是生命。“走心语文”试图把学生的心打开，“看看”把心打开后学生在“语文”上呈现出的真实的生命样态，以及呈现出的语言生成、生长、发育的能力。从而使学生不仅成为语言的模仿者、复制者，更成为语言的生产者和创造者。

“革命传统作品整本书‘走心读写’实验”把学生的心打开后，输入的是红色基因，输出的是带有红色基因的语言建构，内化的是打上革命文化底色的情感态度与价值观。

“同步作业”是疏导学生流淌真情实感的渠道，这个渠道只有“有感而发，平心而论”8个字，却让学生的真情实感从心泉里自然地流淌了出来，汇聚成了近10万字的“走心写作”的湖泊。现在，这湖泊已经水草丰茂，鸟语花香，风景宜人。正应了朱子的那首诗：“半亩方塘一鉴开，天光云影共徘徊。问渠那得清如许，为有源头活水来。”“走心读写”如一场春雨，润泽了学生心中蓬勃的未成形的“意念”，使它们逐渐破土而出，“意念”邂逅了属于它的词汇，因而得到了确认和“命名”，从而显得饱满润泽，美丽无比。手中的笔是学生心灵的忠实画笔，描画出他们在书的世界里的喜怒哀乐、爱恨情仇和在书的世界里生活的酸甜苦辣。

由于受教育者不是站在外面抛洒或奉献“敬仰”“崇敬”之情，而是在革命英雄心里感受和体察革命英雄的此时此刻、此情此景，因此革命文化与语言建构在“走心读写”实践中是水乳交融的，而不是油水分离的，这是“走心读写”之于革命传统作品整本书阅读教学真正的价值和意义所在。

"走心读写"策略的实施，让学生深深地爱上了《青春之歌》这部革命传统作品，使学生在"经历"了一段革命斗争的艰难岁月后，"淬炼"了自己的青春，刷新了精神的高度，传承了革命文化，赓续了红色基因，获得了人生教益。"走心读写"策略的实施，也高质量地完成了"深入理解革命志士以及广大群众为民族解放事业英勇奋斗、百折不挠的革命精神和革命人格"的教学任务，破除了长期以来学生书面语言套路化的顽瘴痼疾，使学生笔下的文字，呈现出"生命隐帅其间，智慧烛照其间，感情燃烧其间"的崭新面貌。

中篇

『走心读写』

批注

亲爱的朋友，我在读《青春之歌》之前，没有看过任何导读、解读、研读之类的相关资料，拿起书来便沉浸其中，在一种很随意、很享受的状态下，边阅读边批注，从心泉里自然流淌出了语言文字，稍做梳理就形成了这一章的内容。如果你对这本书真的感兴趣或者打算针对这本书开发校本教材，我建议你先不要看这一章内容，自己拿起《青春之歌》走心地读一遍，然后我们再交流。那时，我们就将处在同一个语境中了，那样的交流对话会是非常有意思的。

革命传统作品整本书“走心读写”的关键首先在教师，在教师对于革命传统作品的情感态度与价值观上。我是“60后”一代，“革命文化”教育伴随着我成长的全过程，不论是书本教育、学校教育、家庭教育还是社会教育，“革命文化”教育从未缺席，我又是阅读着革命传统作品长大的，从课文到连环画再到整本书，可以说我对革命传统作品有着天然的亲近。今天，我们要进行革命传统作品的教学，要传承“革命文化”，说实话，我首先担忧的是我们的教师。今天讲台上的主力军已经是“90后”了，“革命文化”教育在这一代人身上是比较欠缺的，一般来说，他们对革命传统作品的情感体认不够深，态度不够明朗，价值观认同度也不是很高，这是毋庸讳言的。有的人用所谓的时代眼光阅读《青春之歌》，“过滤”了“革命文化”的丰厚内涵，只读出了“一个女人和三个男人的故事”，这是令人忧虑的。所以，我想借自己的一点阅读感受和青年教师们进行交流和碰撞，希望能给青年教师们提供一点借鉴。

在整本书阅读过程中要求学生运用圈点勾画批注法阅读，我们的教师要先做圈点勾画批注阅读。教师做这样的工作属于备课，但又不同于以往单篇教学的备课。教师先做圈点勾画批注阅读是为了率先做一个“走心阅读”者，教师率先做了“走心阅读”后，就有了真实的阅读体验和阅读感受，就可以既与“文心”相通，又与“生心”相通，就可以更好地驾驭实验的全过程，就能够及时地发现学生阅读中产生的有价值的东西并做到及时交流推广，就可以以学生激发学生，促成全体学生进入“走心”的阅读状态。能否充分利用好学生这一丰富的课程资源，是实验成败的关键，而要开掘学生资源，教师就要在“先读”中做足功夫。

每段批注前面加双引号的句子是摘录原文的句子，批注一般是紧挨着这个带双引号的句子进行的。有的批注内容就是针对前面加双引号的句子的，有的则不是，批注前面加双引号的句子只起到索引的作用。由于是边读边批注的，批注的语句比较口语化，语句之间跳跃性较大，话题转换较频繁，个别语句比较突兀，还请各位同人和读者朋友批评指正。

《青春之歌》第一部批注

第❶章

“浑身上下全是白色”？林道静第一次出现，典型的五四运动后的青年学生形象，又是典型的资本家的小姐形象，显露出很浓的小资情调。但是，这些乐器以及主人公喜爱音乐或有音乐特长的特征在以后的情节中都没有再出现。服装重要吗？服装很重要。《孔乙己》中描述咸亨酒店里的两类人，一类是短衣帮，另一类是穿长衫的。孔乙己一开始以穿长衫的面貌出现，最后以短衣帮的面貌出现。林道静历经千锤百炼后，她将成为一个坚强的革命战士，一个有坚定信仰的共产党人。

“异常的俊美”是她的特征，也体现了这本书在塑造人物形象上的审美特征。正面人物的外貌几乎都是俊美的，林红的第一次出现：“这是个非常美丽的女人。年纪约莫二十六七岁。她的脸色苍白而带光泽，仿佛大理石似的；一双眼睛又黑又大，在黯淡的囚房中，宝石似的闪着晶莹的光。‘希腊女神……’一霎间，道静的脑子里竟闪过这个与现实非常不调和的字眼。”男性角色如卢嘉川、江华等也是如此，从另一个角度看，这也可以叫作“脸谱化”特点。

“一列从北平向东开行的平沈通车”“向她要去的杨庄走去”，林道静第一次出现是离开大城市北平城走向农村——北戴河的杨庄“找表哥”，最后，林道静又回到了北平。走了一个从城市到农村又从农村到城市的回路。

大海在道静生命中是一种“隐喻”。小说第一次写到大海时，写林道静第一次为一种壮美和大美所震撼。这让人想起了曹操的《观沧海》，毛泽东的《浪淘沙·北戴河》，大海激发人们过一种波澜壮阔的大有作为的人生。一些古诗词放到小说特定的情境中，就非常好理解了。

道静："你住在这儿多好，这地方多美呵！"脚夫："好什么？打不上鱼来吃不上饭。我们可没觉出来美不美……"第一次写林道静与贫苦劳动者的情感隔膜。

道静名字的由来。道静第一次从业的学校是关帝庙。隐喻"道静出家"吗？这时的道静有什么信仰？

"这时天色将晚，村子里家家的屋顶，全冒起袅袅的炊烟。"此时此刻的林道静正处在"日暮乡关何处是？烟波江上使人愁"的情境中，小说的特定情境与古诗意境非常吻合。

"这下子可把林道静难坏了"，林道静的第一次人生困境。异地他乡，寻亲不见，这是道静第一次的不幸，是充满幻想的少女与无奈的现实之间的第一次碰撞。

"流浪在这陌生的地方？"美丽少女的流浪生活，对读者有吸引力。一开始，林道静就被定位为流浪者，引发了读者判断、猜测、担忧、牵挂、欣喜、释然等心理反应或情绪变化，这就是"走心阅读"的开端。

第❷章

"童养媳"一词让人联想到《窦娥冤》《大堰河——我的保姆》《祝福》等作品中的旧中国社会最底层妇女的悲惨形象。语文核心素养中的"文化传承"应该就是这个意思，要让今天的孩子们知道我们民族的历史，知道我们民族昨天的真实情境，知道我们是怎么走过来的。

"厄运来了"？为什么不是"好运"来了？贫穷到了无法生存的地步，遇到一个富人"要讨她当姨太太"，至少可以暂时保命，但为什么是"厄运"？让今天的孩子们怎么理解呢？红色基因的传承既要外在灌输，又要内在认同。只有内在认同才是彻底的做法，才能有效果、有力量，而要塑造内在认同，就要把理说透。

林道静的身世之苦。林道静的诞生是罪恶社会与罪恶婚姻的产物。她的母亲是"热河省一个偏僻的山村里"旧中国最野蛮的婚姻制度的牺牲品，妇女最苦难的角色——童养媳。让人想起了冤屈而死的窦娥、凄惨而死的大堰河。她的父亲是住在北平城里的大地主林伯唐。霸占与强奸的方式产生的结果是穷人的苦难与厄运，富人的淫乱与罪孽。农村与城市，奴隶与公主，被损害者与损害者，林道静就是一个矛盾的复合体。还要注意小说中的一个现象——穷苦人祖孙相依为命。后文中的王老增也是这样的，家庭中的顶梁柱青壮年丧命，老弱病残命悬一线，艰难度日，这都反映了那个时代穷苦人家最悲惨的一面。

孙女当了富人家的姨太太，祖父为什么要跳河呢？今天的孩子们会怎么看？反过来看，那时候的人们贫穷到了极点，都生存不下去了，还坚守什么信念、尊严甚至气节什么的，为什么不能"苟且"一下？还是只要活着怎么都行？历史上也有攀附权贵无所谓尊严气节的，有"好死不如赖活着"的，也有"有奶就是娘"的，当然更有"冻死迎风站，饿死不低头"的和"不为五斗米折腰"的，看来，秀妮和她的祖父就属于后一类中国人。知道了这些道理，理解起来就容易了，阅读对学生产生的教益就会在潜移默化中实现。

"忘掉了耻辱的生活"，这是理解秀妮和秀妮祖父这两个人物的关键词。秀妮的痛苦以及秀妮祖父的跳河在此都找到了答案。在他们祖孙看来，这是"耻辱"而不是"荣耀"，人活着还有一种比生命更重要的东西要维护。

"徐凤英自己也养了个儿子"，这个儿子养尊处优，后来成了另一类中国人。想起了《简·爱》里的里德和简·爱之间的区别，想到了艰难困苦与溺爱享乐对孩子成长产生不同影响的话题。"于是道静在睡梦中突然被一阵剧烈的疼痛惊醒来，她立时明白了是怎么回事，于是就咬紧牙关，顽强地准备着一切痛苦的袭来。"近似于简·爱的成长经历，可以看出道静性格形成的原因。童年的苦难在道静幼小的心里埋下了仇恨与反抗的种子。"道静当然也爱王妈，她肚子饿了，身上冷了，总去找王妈；她的眼泪也只当着王妈一个人流。"林道静是一个从没有获得过真正的父爱与母爱的富人家的孩子。联系《大堰河——我的保姆》中的一个细节，"我摸着新换上的衣服的丝的和贝壳的纽扣……但，我这般的忸怩不安……"这样的富人家的孩子与贫苦百姓有着天然感情，却与富豪的生身父母有着天然隔膜。

"他惊羡她的美丽，就要讨她当姨太太。""她已经长成了一个颀长、俊美的少女”。在那个时代，“美”是可以兑换成金钱和利益的，“美”也是要被毁灭的。

“我宁可死了，也不能做他们那些军阀官僚的玩物！您死了这条心吧！”一个优秀革命者的个人因素。一只雏鹰，虽小，却志在高远，不苟且，有气节，有匹夫不可夺之志。胡梦安年龄也不算大，有背景、有地位、有财富，用今天的话说就是“家庭条件”很好，比今天的“有房、有车、有工作”的条件还好，是今天女子择偶的首选。林道静的倔强与坚持，也是今天的孩子难以理解的。

徐凤英在发泄愤恨与不满时，带出了道静的悲苦身世。想起了《雷雨》中的周朴园与鲁侍萍。课本中有不少篇目来自旧中国那个时代，带有那个时代的时代模式、时代特征和时代印记。让今天的孩子通过读这样的小说“走进”那个时代，在那个时代里“生活”一番，待有了这样的“生活阅历”后，再学习课本上的诸多篇目，特别是“革命题材”专题教学选修课本上的诸多篇目，或许效果会好很多。让阅读《青春之歌》成为学生学习这些课文的一个基础。今天的青少年若要深刻理解今天的一切，就要从理解革命文化或者红色文化开始。

《窦娥冤》原名叫《感天动地窦娥冤》，是说地下的“冤魂”和“怨气”积淀得太多了，爆发出来会感动上天，因为上天有“天理”，“天理”是穷人唯一的希望，因此，关汉卿在剧中用三桩誓愿来表明人是不能被冤屈的，天理和人的尊严是要捍卫的。可是，没有了公平正义的旧中国，用鲁迅先生的话说就是“人肉的筵席”。道静的外曾祖父、母亲都死于父亲林伯唐之手，后来还有郑木匠的妻子。道静的外祖父“就在秀妮离开村子的那天夜里，一个人颤巍巍地拄着拐杖跳到了村旁的白河川里”。道静的母亲也“纵身跳到白河川里，就这样结束了她年轻的生命”。两个生命就这样被逼自尽。

第❸章

"回学校有什么用呢，她发誓要永远离开这个可恨的家庭，永远不再登这个罪恶的大门。"林道静悲苦而复杂的家庭背景。现实的"家"是没有真爱和亲情的，但富有，可供自己上学读书，不管"父母"出于何种用心，客观上还是养育了林道静，也培养道静上学读书，使之成了在那个时代很稀缺的知识分子。还有一个潜在的"家"，有亲情、有真爱，但是被毁了，从道静记事起就基本上不存在了，最后经王妈的讲述，潜在的"家"在道静心中复原和复活了。

"他们哪儿去了呢？在这孤寂的古庙旁，她忍不住哭了。"陈蔚如是道静高中时的同学，王晓燕是道静小学时的同学。第一章结尾部分"明月升起来了，月光轻纱似的透过树隙，照着这孤单少女美丽的脸庞，她突然伏在庙门前的石碑上低低地哭了"。第一章的结尾，第三章的开头，互相照应，情节上形成了一个闭合。

北戴河杨庄小学校长余敬唐是一个伪善的人，类似的人物的还有林伯唐、宋郁彬等。

"她的心情已经不如出来时那么轻松愉快"，看到如此美好的环境为什么不向往、不羡慕、不好奇、不兴奋，而是这样不愉快？情境描写结合对主人公情感变化的描写，揭示了社会的不合理、世道的不公平。前面侧重写阶级压迫，这里侧重写民族压迫。

"什么狗世界！"这是主旨句。前半部分，以道静的个人命运为主线，以道静的所见所闻为副线，作者所写几乎都在揭露"狗世界"的种种罪恶。后文出现的"信仰的力量"是另一个主旨句。青少年时期的身世之苦形成的倔强、反抗的性格得到了继续发展。愈压愈强，愈挫愈坚，民族自尊心第一次受到了严重伤害。对自己家庭的彻底失望，对这个世界的彻底失望，从几个细节中可以看出林道静走上革命道路的必然性。

"一面美国国旗正在这幢楼前的高高的旗杆上迎风飘舞着""一个短衣女孩子正向这个骂人的女人跟前急步跑着""一个好像镖客模样的男人在围墙外

雄赳赳地站着"。美国人霸占着中国最好的地方，有中国的有钱人陪着，有下层百姓侍奉着、保卫着。"华人与狗不得通过……"一个民族如此地没有尊严了吗？这是一个民族的奇耻大辱！

北戴河沙滩上美国人的洋房，在死亡线上挣扎的中年妇女。突出世道的不公和道静此时强烈不满的心理。两个世界的呈现方式——对比。全书中对两个世界的揭示都用了对比的手法。游行示威部分、监狱生活部分，可以看作两个世界的激烈冲突。

"小姐，俺也活不长啦，孩子也快啦——病，没的吃……早知道，一家子死也死在老家呀。"道静的被毁灭的"家"是第一个重点叙述的，是通过王妈的口转述的，是侧面描写。这里又一个活不下去的苦难家庭。这部分描写的内容是道静直接观察到的情景，是正面描写。这是只有道静这样的女子才能看清的世界，同样的情景，如果是一个真正的阔小姐，她可能看到的是与道静看到的截然不同的世界。

"像天真的孩子一样，高兴地一会儿匍伏下身子"—"她的心情已经不如出来时那么轻松愉快"—"她心里突然像堵上了一块铅板"—"道静站住脚，心里又气又恼"—"向这旗杆和旗子使劲瞪了两眼，二话没说，扭头就走"—"她心里突然像堵上了一块铅板"—"她心慌意乱、急急忙忙地跑回了杨庄"，注意林道静情绪的变化，以此触摸文心与作者发生对话，就能读出作者的"惊心动魄"来。第三章，是需要仔细品读的一章，是需要讨论辅导的一章。

列强那个时候就是那样肆无忌惮地侮辱和欺负着我们的国家和民众的。设身处地地走进那个时代，感同身受那样的屈辱，对被侮辱和被欺侮就有了切肤之痛。如果也能出现"心里突然像堵上了一块铅板"的感觉，那就是"披文以入情"了，那就是发生"走心阅读"了，进而爱国主义教育也就潜在地完成了。

一段时间以来，我们的教育忽视了爱国主义教育，加上一些所谓的"公知"的误导，致使我们的青年中的一部分人对中美之间的过往一无所知，只看到了美国的先进科技，进而由崇拜美国的先进科技到了完全接纳美国的文化，对美国鼓吹的所谓"普世价值"深信不疑，却对我们自己的文化缺乏自信甚至持否定态度。在美国打压中国、制造矛盾的时候找不到自己的立场和定位，甚至背叛自己的祖国和人民，忘记了自己是一个中国人。这是一个教训。没有对自己国家和民族历史的深刻记忆，就像一个人得了失忆症，不知道自己姓甚名谁，从哪里来，要到哪里去。对救命恩人不知感恩，对曾置自己于死地而且今天仍想置自己于死地的仇人却感恩戴德、言听计从。敞开胸襟接纳各民族的优秀文化，虚心学习别人先进的科学技术，这是一回事，而不忘自己是谁，自己的祖先是谁，自己的过往是怎样的，是另一回事。

第4章

"我们是老同学"，盘根错节，联络有亲，让人想起了《红楼梦》里的"护官符"。

脸谱化或许是作者创作上的一个欠缺。按照常理，在真相未暴露前，林道静应该感谢或感激余敬唐。对于只身一人举目无亲身处异地他乡的一个人来说，余敬唐已经做得够好了，可林道静似乎会相面或者有未卜先知的特异能力。"那黄瘦的窄脸""连那不住眨动着的眼皮，也像笑着"等外貌描写先入为主地给人物贴上了坏人的标签。

林道静面临的现实困境。出走的确需要勇气，但出走以后怎么办？妇女解放，应该是当时的一个社会新思潮。参看鲁迅的《娜拉出走后》《伤逝》，林道静因反抗买卖婚姻而出走，应该受了当时妇女解放思潮的影响。但是，遇到余永泽，与余永泽结合是又一次回归家庭，与余永泽决裂，才是第二次"出走"，这次才是彻底的"出走"，已经有了明确的出路，妇女解放已经有了明确的答案。先哲鲁迅由于时代的局限，探索止于《伤逝》，已经很了不起了。从这个意义上讲《青春之歌》是《伤逝》的续集。

第二个被完全毁灭的家。丈夫"给洋人盖避暑的洋楼，就，就摔死啦！……"母子无法活下去跳海自杀。道静的家毁于恶霸地主的迫害，中年妇女的家毁于洋人的压榨。最下层的民众头上压着的大山，这是两座"旧山"，以蒋介石为代表的官僚资本主义是一座"新山"。

女学生——受苦的穷女人，林道静与贫苦人民之间天然的感情。表面看相差很大的人，从根子看却是长在一条苦藤上的两个苦瓜，林道静这一形象的典型性就在这里。任何人都有参加革命的可能性，而被压迫者、贫苦的人们应该是最具备成为革命者的条件的人。林道静参加革命具有特殊性，她既是知识分子又是劳苦大众，既是地主的公主却又是穷人的女儿，既受地主养育却又与地主有深仇。

林伯唐当年吞噬了道静的母亲秀妮，十几年后他的女儿林道静也面临被吞噬的命运。还是鲁迅先生看得最透彻，在这个世界上，要么吃人，要么被人吃。《狂人日记》：“我翻开历史一查，这历史没有年代，歪歪斜斜的每页上都写着‘仁义道德’四个字。我横竖睡不着，仔细看了半夜，才从字缝里看出字来，满本都写着两个字是‘吃人’！”林伯唐、余敬唐、鲍县长……这些吃人者，无不是满口“仁义道德”的。

又一次打击，又一次绝望与幻灭，是林道静得知余敬唐“热忱”相待背后的真实意图，看到了“好人”余敬唐的真面目。“母亲”徐凤英要借她攀上有钱有权有势的胡梦安，她为此逃出了京城，逃到了乡下杨庄，寻亲不见，进退两难中遇到了“好心人”——杨庄小学校长余敬唐。没想到余敬唐想以她为“厚礼”献给土皇帝临榆城的鲍县长，而且，本地的绅士富商“肥头大耳的圆胖子”正在垂涎三尺地等着下手。青春、美丽、有文化的林道静是包括“母亲”徐凤英在内的这伙人围猎的理想“猎物”。逃出狼窝又入虎口，这个世界对道静步步紧逼，这是什么世道？用林道静的话说就是“什么狗世界！”

杨庄不能待，有家不能回，工作找不到，有理想、有志向的青年可走的路一一被堵死。林道静此时要么嫁给胡梦安，嫁给鲍县长，嫁给绅士富商“肥头大耳的圆胖子”，向那个世界妥协，做那个世界的玩物；要么就只能赴外曾祖父、母亲、沙滩上的中年妇女母子的后尘。这个“狗世界”是穷苦人的“活棺材”。

但是，大海是穷人自尽的地方，大海也是穷人求生的地方。大海给贫苦者的不仅是死路，也有生路。

第5章

应该说，余永泽对林道静是有救命之恩的。栖身于关帝庙的两个青年互不相识，却相识于大海，大海成就了这对青年男女的一段富有传奇色彩的姻缘。"背台词似的流畅地说着"，心机很深，其实是胡梦安、鲍县长、圆胖子等"螳螂"之后的一只"黄雀"。北大的学生，有知识的青年，这是绝境中，的道静所能找到的共同点，志是否同道是否合还谈不上，但在道静绝望中，他救了道静的命是真实的。这些认知是第一遍的"走心阅读"中不甚清晰的，如果这一阶段太清晰，读者的很多感知体验就可能被削弱了。如果抛弃了情感体验式的"走心阅读"，一开始就是分析型阅读或鉴赏式阅读，那么，小说阅读中所能感知的意蕴就可能大大缩水，阅读或许就成了索然无味的事情。"走心阅读"采用的是普通读者的阅读视角，"鉴赏阅读"采用的是专家学者研究阅读的视角，而我们的语文教学中的阅读教学，长期以来就采用的是后一种阅读方式。

"不愿马马虎虎地活着"是林道静的人生信念和做人原则，就是有灵魂、有操守、有原则、有理想、有信念、有追求的活着。而这个社会提供的生存环境就是让人只能"马马虎虎地活着"，不愿意这样活着，其实就是不愿意跟这样的社会妥协。在残酷现实的打击下，林道静呈现出的刚强品格，富有攻击性和战斗力。

"他闪着亮晶晶的眼睛笑笑"，亮晶晶的眼睛体现出的其实是精明。"自从你来到我们村子，我看你的神气，看你成天呆在海边上，就知道你必定有大的不幸和痛苦。"早就看出来了但还能不动声色地跟随，这就很厉害了，比余敬唐的"热情"和"关心"更胜一筹。道静的"恍然大悟"和"不觉红了脸"是感受到了余永泽对自己很用心也很执着的爱。长时间的观察与尾随，关键时刻的"英雄救美"，余永泽比那些人都成功得多。这里很有意思的是，有两个难以分清的概念，即余永泽是"很爱道静"还是"很想得到道静"？可以和后文的卢嘉川、江华比较。

"天下乌鸦一般黑"是余永泽对这个世道的真切看法还是顺着道静的心思说的？因为道静"好像他乡遇故知，年轻的林道静便率直地推心置腹地把自己的身世、遭遇完全告诉了余永泽"。

"敬唐还听他的话；而且鲍县长他也认识。"又一次的"联络有亲"，《红楼梦》里的"护官符"。杨庄虽是农村，也是一个不简单的地方，是那个时代乡村的缩影。对于处在到处被"围猎"的危险境地的林道静来说，有"敬唐还听他的话""而且鲍县长他也认识"这样一个人的关照，无异于得到了一把"保护伞"。对于求职无望，走投无路的林道静来说，"小学校里还缺教员，我想你就留在这里教书"这样的机遇，无疑是一条绝境中的生路。那个世界给道静准备的只有赴母亲后尘的一条死路，因余永泽的出现而出现了一条活路。安全和职业之活路被余永泽一起打开，林道静焉有不"走"之理。"宋人有耕者。田中有株，兔走触株，折颈而死。"余永泽这是守海待"林"啊！

"亮晶晶的小眼睛"是余永泽最大的特征。很现实、很精明的余永泽一开始碰触林道静的心灵，就已经感觉到了一种不可被征服的力量，"很爱"和"很想得到"毕竟不是一回事。"很爱"，爱的就是她身上的这种力量，"很想得到"恐怕潜意识中害怕的就是这种力量。"执迷于某种不可能达到的理想"，第一次碰触，林道静身上就释放出了这种让余永泽无法理解的东西。

两颗年轻孤寂的心灵碰撞出的爱的火花，这是他们相爱的"最大公约数"。

袒露自己的人生观、爱情观，余永泽的又一次吃惊，其实是不同的"三观"震动的自然反应。"转了话题"其实是对一种心灵冲突的回避。征服，不是用心而是用技。"为了保持人的尊严，我不愿马马虎虎地活在世上。"林道静的人生宣言。"惊异地看着她，半晌张口不得"，第二次灵魂交锋。仍然是那股力量，让余永泽不敢直视，再次"落荒而逃"。但精明的余永泽看到了林道静在目前情况下必走的一条路，虽然不是林道静必然要走的"主路"，但也是此时的林道静必然会走上的"辅路"。先引上这条路，再做"同路人"、兄长，甚至"导师"。这是余永泽能给予林道静除安全、职业之外的另一条路——精神之路。在这条路上，余永泽同样有自信、有实力、有资源。

"国文系。咱们喜欢的是一样。"果然！林道静虽考取了师范大学，但实质上还是个高中生。而余永泽是货真价实的大学生，而且是北京大学的，还是国文系的。在这个文学、文化的精神世界里，余永泽的实力、魅力显而易见。

"他把话题一转，又转到了林道静的身上：'林，你一定读过易卜生的《娜拉》'"，从一开始的热心中的精明，到危难施救中的精明，到灵魂交锋中的精明，再到现在才华横溢中的精明。这里，看似随意的话题一转，却是非常精准地转到了道静身上，其实是心上，非常吻合道静的处境。鲁迅的发问："娜拉出走以后怎么办？"余永泽用实际行动回答了鲁迅先生的提问。道静也出走，出走以后死路一条。可是现在余永泽的出现给这位"娜拉"找到了出走后的"下一步"。

"绝处逢生"这一词用得实在太好了！真正走进文中，走心阅读，才能真正鉴赏语言。当读者求通而不得时，这里的"绝处逢生"就是一语通透的词语。"人走文心"到此便是"文走人心"。在林道静当时的认知和眼界中，"志同道合"是她最真切的感受。站在读者的角度，可以清楚地看到这时"志同道合"中的"志"其实仅是"志趣"而已，"道合"就是当时对妇女独立、自由、解放的新思潮的认同而已。这是远没有深入灵魂深处的一个浅表层上的所谓的"志同道合"，他们就是在这个层面上结合了，这是符合林道静的年龄和认知水平的。

余永泽知道道静很爱大海，他们在海滩上漫步，又背诵海涅的大海题材的爱情诗。"阿格纳思，我爱你！"是巧合吗？仅是背诗吗？做了功课又不留痕迹，一切都很自然又那么巧合。"很想得到"的特征越来越明显，循循善诱，"诱"的痕迹也很明显。

他成功了！余永泽成功地留住了林道静的人，也留住了林道静的心。此时的大海是一个最浪漫的爱情背景，是道静与余永泽相爱的见证。

"虽然这几天在海滨的长谈不过是些艺术、人生和社会的空泛的议论"，这就应该是他们之间所谓"志同道合"的基本内容。注意品味词语中潜藏的信息。"像婴儿失掉母亲的沉重和惶悚"，母亲秀妮给了道静第一次生命，但她离去了；余永泽给了道静第二次生命，现在也要离开。"婴儿失掉母亲"是道静的一个心结，是一个她难以愈合的心灵创伤。母亲是爱与呵护的代名词。在险恶的杨庄，余永泽是唯一能给予道静爱与呵护的人。

"他就像着迷似的爱上了她"，"很爱她"是真的，"含羞草一样的美妙少女，得到她该是多么幸福呵！”“很想得到她”也是真的。“得到她”又是一处点睛之笔，一处揭示主旨的句子。见到余永泽之前围绕“狗世界”的主旨来写，余永泽出场后，围绕“得到她”来写。

“这个社会就是这样嘛”，很现实的认识，也是承认这个现实的，某种程度上是维护这个现实的，跟林道静的“狗世界”的判断截然不同。“朝里有人好做官”是这个世界的通则，从“朝”到“野”，富富相维，官官相护，织成了一张严密的罗网。穷人被苦死、逼死、压死、害死，官绅们在白骨上享受着“人肉的筵宴”。

“多情的骑士，有才学的青年”，这是余永泽在林道静心中成功地塑造出的第一个美好形象，也是多情与浪漫的林道静的眼睛里幻化出的放着光的余永泽的形象。

第6章

“自己养活自己的理想”而不是攀附与寄生，这是林道静的第一个人生理想。寻亲不见的悬念至此落下。“村里的大地主兼绅士，又是县里的红人”，杨庄小学也非等闲之地。

“气得趴在桌子上”，道静气的是什么呢？余敬唐的恶心侮辱还是有妇之夫余永泽对自己纯洁情感的亵渎？从后文看，好像是后者。“永泽媳妇刚刚死啦”，原来余永泽是有妇之夫！“很想得到”的判词精准异常。那么，余永泽与胡梦安、鲍县长等人有什么不同呢？“多情的骑士，有才学的青年”的美好形象似乎一下子崩塌了。道静萌动的一丝纯洁的感情被亵渎了。那么，余永泽在有妻室的情况下对道静的热烈追求，道静不在乎？为什么？因为封建包办婚姻的一切，新女性都不承认。这就牵出了林道静的婚姻爱情观。与余永泽的没有结婚仪式的同居，后来与江华的没有结婚仪式的同居等，这要联系那个时代妇女解放的社会现状来研究。

林道静“这个万恶的社会”和余永泽“这个社会就是这样嘛”在认知和情感上是大不相同的。“我像蜘蛛网上的小虫”，精当的比喻，又是一语通透。

前面说到了这个社会官绅勾结，编织了一张大网，到这里，作者借道静之口一语点透。“蜘蛛网上的小虫”是对参加革命之前道静形象的最恰当的一个比喻，也是一个揭示主旨的句子。在杨庄，能安全地待着是因为有余永泽编织的一张“网”罩着林道静，跟《西游记》里孙悟空外出时怕妖怪把唐僧抓了去而用金箍棒画出的圈一样，余永泽离开杨庄前也给林道静画了一个“圈”，林道静在这个“圈”里暂得安宁。

这是林道静写给余永泽最长的最热烈的一封信吧。“我受不了这些污辱”，什么侮辱？“永泽媳妇刚刚死啦”是真实的还是余敬唐编造的？如果是真实的，虽然余敬唐阴阳怪气不怀好意，但基本符合事实。也就是说，余永泽有老婆，是有妇之夫，但同时又和女教师林道静热恋，这不符合事实吗？因为无处可逃，“所以我非常非常地爱你了”吗？

“于是，她依然陷在忧郁的情感中而无力自拔。”这是一次“心死”吧？身死大海不成，这次心死，对于这个社会。但这次不是投海，而是躲进婚姻爱情里。正当林道静心死时，“国难”激活了她的心脏，九一八事变，道静的新生命从此开始。“跌坐在凳子上”“她清澈的眼睛变红了”，这是她爱国的本能反应。

卢嘉川第一次出现在林道静面前，在国难的时候，在亡国的时候，在道静由心死到被“亡国”激活的时候，在有志青年救亡图存的时候。“您说的很对，国家兴亡，匹夫有责。”素昧平生，但在爱国救国的情志上高度一致。血一样热，志一样坚，因共同的救亡图存的情志而心心相印。

“进行宣传，唤起人心”，又一个主旨句。今后的道静所有的活动都是围绕着“进行宣传，唤起人心”进行的。

第7章

五四运动后的12年里，中国发生了怎样的变化？……此时的政府领袖已经是蒋介石，中国的政治中心已经由北京转移到了南京，已经有了国民党政府。当年在北大图书馆当管理员的那个青年学生，现在是最大的在野党——共产党的领袖人物，就是被国民党“围剿”的“朱毛”红军中的“毛”。1919年的学生运动，其导火索是巴黎和会中将战前德国在山东的特权转交给日本，严重损害了中国的利益，北洋政府代表即当时的中国政府代表拒绝在《凡尔赛和约》上签字。12年后的1931年，日本人侵占了东三省。这次请愿的还是北大学生，但他们已经明确地属于共产党领导的、觉醒了的学生，其被点燃的爱国火焰还没有熄灭。

以上这些背景交代应该是全面的，课堂上我们常常是这样介绍时代背景的，但这样的知识之于学习者意义不是很大。没有“感同身受”，没有“走进去”“经历一番”，这样的概括介绍只是静态的知识而已，处在“知情意行”的“知”的层面，在学习者那里没有发生建构行为。

“他们红脸做不成，白脸恐怕就要上来啦”，爱国的角色就是“红脸”，但如果不是真心而是扮演的，学生去请求出兵抵抗，真假就要显形。“我”不过是说说而已，你们这些“不懂事”的学生还当真了，竟然千里来请愿，是想要胁迫政府吗？那“我”就不客气了，这就是“白脸恐怕就要上来啦”的意思，就是说，作为请愿的总指挥，李孟瑜已经预判到这次请愿会遇到挫折，要做好可能牺牲的思想准备。

他们不是战场上拿枪战斗的战士，他们是青年学生，他们的战斗就是组织起来请愿、示威、游行、呐喊，为此，他们甚至会付出流血牺牲的代价。他们斗争的价值和意义就是“唤醒人心”。以后，林道静逐渐走上革命道路，所做的一切工作都是围绕“唤醒人心”进行的。

心思缜密，处事谨慎，考虑问题周全，应是卢嘉川的基本特点。

“上海、北平、天津、杭州、太原、西安……许多城市的青年学生，立即展开了广泛的抗日救国运动——罢课、请愿、游行，要求国民党政府出兵抗日。”说明这场运动不是少数人一时头脑发热的行为，也不是少数人仅靠鼓动宣传而发起的有某种政治预谋的行动，而是国人的本能反应。在信息十分闭塞的那个时代，青年学生是最先获得信息、最先觉醒的国人，他们先行动起来，以请愿、游行、呐喊的非暴力行为表达民心、民愿、民意而已。国家遭受侵略，民族处在危亡境地，这个国家和民族的青年起来救国，无论怎么看都是值得肯定的事情。如果他们只关注个人利益，没有人为国事奔走呐喊，在侵略者步步进逼的情况下，这个民族如果悄无声息、一片死寂，那才是最最可悲的事情。

《青春之歌》是纪传体小说，是对学生进行党史学习教育的好教材。这样的党史学习教育因为是"走心"的，可以做到"往深里走，往心里走"，入脑入心，达到"知情意行"的"情"的层面，所以是最有效果的。

"别的学校请愿，我们示威，当然要惹恼南京的衮衮诸公。"注意这里的"请愿""示威"是大有区别的。"请愿"升级为"示威"，是要冒很大风险的，"示威"已经是一种政治斗争了。为什么"示威"？向谁"示威"？主张、态度、对象等都是不能模糊的。

卢嘉川，冷静、理性，有辩证思维，善分析，有谋略，是团队中的智者。李孟瑜，善于倾听，不着急表态，能听取正确的意见，把握大局，长于协调，知人善任，领导风范，是团队中的掌舵者。但是，还没有具体的策略，怎么交涉？等人家干涉时，再去交涉吗？那就被动了。

"报告！告民众书、传单、旗子、臂章……"别小看这些，这就是示威游行的全部"武器"。

"这些，都是我们北大南下示威团的有力武器"，请愿、示威、游行，是非暴力的，但有"武器"，这"武器"就是口号、标语和高喊口号、高举标语。

这些口号里有好多对"请愿"不利、容易落下口实、容易让对方找到"唱白脸"的借口和理由。当然，他们是青年学生，不是政治家，还没有那么成熟和老到。

在阅读过程中，对关键细节要讨论，对关键情节要点拨导读，要对精彩章节进行赏析。学生主体，教师主导，要恰切发挥教师的作用。

李孟瑜、卢嘉川、罗大方，"新学生会的领导人"，担重任，最操心，爱思考，有策略。"叫他们给我们的示威来个'保护'"，斗争讲策略，变被动为主动，"交涉"有了明确的策略。

我们是"向卖国政府去示威"吗？罗大方没有理解，读者也可能没有理解。要充分估计到这是大多数读者阅读的一个难点。

李孟瑜的"沉稳、安详"。从全书看，其性格特征的确是一以贯之的，这是作者在人物形象塑造方面的成功之处。

果然落下了口实，使人家“唱白脸”有了充分的理由。先给学生定性定罪，然后顺理成章地对学生进行镇压。上上策是：口号标语要对准日本侵略者，不要对准国民政府。要拉一个，打一个，使国民政府继续扮演爱国者的角色，也使示威更具有了正义性和合理性。而像这样两方面都针对，就分散了战斗力。

斗智斗勇的较量开始了，李孟瑜的策略还没有出手，这个卫戍司令部就已经来了个先发制人。

“为什么示威呢？向谁示威呢？”最关键的两个问题，直接质问，参谋长也不是个等闲之辈。再次印证了“请愿”和“示威”的不同。“那么你们的‘威’将怎样的‘示’法？”好厉害的参谋长！没有对两个口号提出任何异议，没有表达任何反对意见，没有对号入座从而陷入被动，而是跳脱出来，直接问示威的方式。因为这关涉治安、法令、国府以及市民的安全，这是司令部的职责所在，所以要审查，这理由也很正当。

“你们的传单标语都很反动”，好厉害的参谋长！不纠缠动机和方式，因为这没有漏洞，无懈可击。示威团落下口实，授人以柄的就是传单标语。“哀的美顿书”上说，“诬蔑政府‘蹂躏拍卖中华民族’……最后且有‘我们非但不信任他，而且要打倒他’之明显反动宣传及‘命令政府’之妄语。与共产党之口吻如出一辙……”标语犯了两个大忌：一是打倒政府，二是共产党之口吻。“向压迫中华民族的日本帝国主义示威！向出卖中华民族利益的日本帝国主义的走狗示威！”没错，但打倒政府就在法理上站不住脚。另外，反共是国民党的一贯政策，老辣的国民党首都卫戍司令部参谋长抓住了要害。

“许宁突然把拳头挥了挥，激忿地说：……”这是幼稚与冲动的表现。其实，两人并没有正面回答或者驳斥参谋长的反问。不知卢嘉川此时意识到了没有，在智斗的这一战线上，他其实并没有获胜。

“中国人民都忍无可忍了！尤其青年们，这里倒下了，那里会起来——起来的。……”这是个基本判断。他们和林道静今后所从事的所有活动都是基于这个基本判断的。“星星之火，可以燎原”，但“燎原”是要有基本条件的。“中国人民都忍无可忍了！尤其青年们”这是可燃物，共产党人就是“星星之火"。

"徒手"也是一种武器。非暴力斗争，手无寸铁，仅靠身体。最激烈时，能让青年热血沸腾，面对死亡毫不畏惧。但是，斗争瞬间升级，示威游行变成了与军队的正面冲突。冲击卫戍司令部，而且连冲破三道铁门，"暴徒"的罪名就坐实了，开枪就有了"正当"的理由了。有节变成了无节，有利变成了失利，有理变成了无理。

以个人的牺牲赢得大局。在总结经验后，卢嘉川在紧急关头，当机立断，果断收兵，这是正确的。

第⑧章

经过一番挫折、磨难、死亡、复活后，林道静虚浮的浪漫和幻想少了，对现实的认识更清楚了，人生的原则性更强了，对人生的价值和意义认识更明晰了，思考问题更加实际了，身上的小资气息少多了。

王晓燕是道静走投无路时最可依赖的人，最值得她信赖的人。

道静没有一个真正的家，没有真正享受过家的温暖，在参加革命后她以革命为家，让人想起了陈毅的诗，"投身革命即为家"。

这是林道静与余永泽最甜蜜、最幸福的时刻。这次达到了某种平衡，不是余永泽想尽办法地"得到她"，而是林道静奔他而来。自从离开了那个家，自从出走北戴河杨庄以来，求职与生存一直是迫在眉睫的问题。在杨庄，这个问题因余永泽的出现而暂时缓和了一段时间，现在到了北平，这个问题卷土重来，而解决它的出路仍然在余永泽那里。从救命到谋职到成家，命运之手一路把道静推到了余永泽的小屋里。

爱国心很重的林道静，像遇见了仇人，遇见了野兽。不仅东三省，日本人的欺压已经到了北平城，已经跟道静的生活零距离了。从家逃出，从杨庄逃出，从北平城日本人设的陷阱中逃出，如果不出卖灵魂，保持一个不为世上任何污浊、物欲所熏染的纯洁高尚的灵魂，在这个世界上她就会逃无可逃。此时此刻，不论是余永泽其人还是其家，都是最美好的，余永泽是真诚的，这番话也是没有错的。

"这样任性的乱撞下去是很危险的"，这是不可否认的事实，也是余永泽对道静的真心关切，但后面的话中可以看出两人的分歧，余永泽是现实主义者而不是理想主义者或浪漫主义者。余永泽对现实的黑暗也有一定的认识，对现实也有不满，也没有完全泯灭爱国的良知，南下示威他也有报名，但没有去成。总之，他是承认现实、顺应现实甚至维护现实的一种人。

余永泽的反应来自他心灵的自然反应，但是，林道静有点"过敏"，余永泽出于真诚的关心，说出的这番话应该是真心的、负责任的，是把道静当亲人来关爱的，即使责怪几句，也在情理之中，道静应该被感动，应该感到温暖才对，但她感到的是强烈的反感。看来，思想灵魂的差异与裂痕单凭爱情是无法消除与弥合的。看来，还真有"三观不同"这回事！

"乘人之危"，点睛之笔。"寄人篱下"的确是道静的现状，尽管王晓燕及其家人待她很好，但毕竟那不是自己的家。余永泽的这句话，对自尊心极强的林道静来说，是很有触动的，对余永泽来说，收到了理想的"策反"效果。林道静的最后一点"立脚地"被他成功"端掉了"，只剩下"救命恩人"余永泽的"安乐窝"了。

"道静笑了。这些话是迷人的，尤其对一个初恋的少女。"又一次灵魂的碰触，这一次，余永泽没有转换话题，没有躲避，而是用真情表白俘获了道静的心。这个聪明的人第一次发现了"诗化语言"的力量，也找到了道静的"软肋"，并尝到了甜头，今后可能还要故伎重演。

第9章

"她转过身去擦去了流下来的眼泪——原来余永泽是因她而病的呀！"单纯善良的道静被感动了。"一缕欣喜的笑容浮上余永泽的嘴角，但他很快把它抹去。"果然！果然！故伎重施，而且又奏效了。精明、算计、表演，甚至有欺骗之嫌。"……静，救救我！没有你我真的再也活不下去了。……"诗化的、夸张的爱情表白对年轻的女孩子来说很有杀伤力啊！"在余永泽的眼泪和拥抱中"仍然是"很想得到"的路子，"眼泪"成了手段，就亵渎了爱情的纯洁。曾经的救命举动成了现在的筹码和资本，加上去，爱情的天平也会倾斜的。

"晓燕自觉对道静应当尽大姐姐的忠告，她迟疑一下，终于这样说了。"要说，林道静的境况是令人心酸的，一个女孩子，没有亲人的疼爱与娇惯，没有兄弟姐妹为自己操心，在不得已中，自己为自己成了一个家，出嫁时，来送别的就只有这一个闺密。从世俗的角度看，她的人生境况其实是很凄凉的，但是，由于她的美丽、聪慧、倔强、独立、斗争、脱俗等优势，读者似乎感觉不到道静处境的凄凉。

从世俗的角度看，两人一心一意好好过日子，这应该是很温馨幸福的一个家庭啊！这是常人的幸福，是"小家"的幸福，可是"大家"就不行了，覆巢之下无完卵，没有"大家"的安宁，难有"小家"的幸福。但是今天的人们阅读时，很可能会忘记了当时的背景，而以今人的眼光看待，这是特别要注意的。"余永泽好像挨了一棒子，赶紧问……"找到工作是好事啊，为什么还有"挨了一棒子"的感觉？对这一问题的根本认识是：余永泽的得到、占有、圈养，跟道静的独立、自由、抗争之间注定是要发生冲突的。

"但是余永泽却高兴了，他又胜利了。"一群围猎者，胡梦安、鲍县长、日本富商、一群流氓，道静无路可逃，只剩下了余永泽这一条路，所以，余永泽"又胜利了"。想起了前文那个蜘蛛网的比喻："可是我像蜘蛛网上的小虫，却怎么也摆脱不了这灰色可怕的包围。"

第二次写陈蔚如，丢掉了理想，向社会妥协了，"自投罗网"了。但从现实的角度看，陈蔚如的确"生活得很不错"。"你还是那么'怪'吗？"陈蔚如眼中的林道静是"怪"，余永泽眼中的林道静是"任性"。陈蔚如的基本逻辑：优秀就应该过上好日子。你人才、功课、读书都比我优秀，应该过得比我好才对，可是你怎么混成这个样子了？按照常理，这话也应该没错。"我觉得人总要实际一点……"怪、不实际、任性应该是陈蔚如、余永泽对林道静共同的看法。陈蔚如与林道静的对话，让人想起了刘熙载的《海鸥与巷燕》一文。

鸥于海渚遇巷燕。

燕谓鸥曰：“我至子所，而子不至我所，何也？”曰：“吾性傲以野，不乐依人焉，故也。”

燕曰：“我以依人而处，故飙风得所障，冻雨得所蔽，炽日得所护。以是观之，子其病矣。”鸥曰：“吾病而有不病者存，不若子之昧于病而未见也。”

燕曰：“我之得以依人者，以人不之憎且爱之也。子之病我者，忮其爱乎？”鸥曰：“子谓人之于我，爱乎，憎乎？”燕曰：“皆无之。”鸥曰：“吾以傲野自适，人之憎爱非所论也。即以人论，吾以不见爱，故不见憎。然则，见爱者其危哉！”

燕不喻而去。其后，巷人方食，燕泥污其羹。因怒而逐之，燕于是始思鸥言。

“两个朋友的友谊就在这样不欢而散的会见中结束了。”道不同，不相为谋。道不同，友谊散了；道不同，爱情也散了。

第10章

“这个人对咱们大有好处”，很现实的为人处世方式，精明的性格特征，那个时代的精致的利己主义者的典型。

饿死的、饿跑的、卖人的……魏老三一家人悲惨的情景，对于今天的孩子来说是很陌生的，自然难以产生情感共鸣，有的学生甚至认为这是作者为了吸引读者在刻意“卖惨”。从小就生活在幸福中的他们很难相信这是在中国的这片土地上存在过的真实的情景。就像此刻的余永泽，很不想听老人诉苦，只想让老人赶紧走人。总之，对于劳动者的同情心，今天有的孩子和当时的余永泽一样，都是没有的，对此，他们至多只能表示“理解”，却很难真正感同身受，这是阅读这部作品的难度所在。

这一幕非常富有戏剧性。余永泽、林道静二人准备接待贵客，却等来了贫苦困顿几乎活不下去的魏老三。魏老三像一面镜子映照出了余永泽的灵魂，也映照出了林道静与余永泽迥异的形象。

“那一桌子好吃的东西，怎么就不肯给老头吃呢？”可是，除了道静，有几人能做得到？受尽苦难的民众是革命者的力量之源，但对于无须革命的人来说，他们只会冷冷地说上一句，“凭什么？”

“农民的血养活了你，你反而是他们的救命恩人！”这认知太高了，有拔高之嫌。这是马列主义的立场和观点，是革命领导者的认识高度，当时的林道静能有这样高的认知水平吗？

罗大方第二次出现。他的家业很好，但革命性很强。他是一个典型或者一个例外。革命者一定是贫苦出身吗？罗大方的出现体现了革命统一战线的必要性。

书中，胡适是作为余永泽这样的青年的精神领袖出现的，引导青年的是他的“读书救国论”。这次是侧面，后文还有关于他和学生交锋的正面描写。“他治理学问的态度和他的渊博知识还是有可资学习之处的”，若离开特定的时代背景，这评价应该是公允的。

“那可真是个了不起的干将”，余永泽对于江华的赞赏钦佩，也应该是真心的。

“南下那阵子，老余，你在北平不是也很激昂吗？”余永泽也热血过，但没走下去，除了自身的原因，思想上受胡适主义的影响也是一个原因。“喊喊口号，挥挥拳头，我认为管不了什么事。”这是不少人或者反对学生请愿、示威、游行的人共同的观点。

余永泽的着装是研究余永泽形象的重要因素。大海的隐喻：革命风暴到来时的恐惧和躲避。高尔基《海燕》“海鸥在暴风雨来临之前呻吟着，——呻吟着，在大海上面飞窜，想把自己对暴风雨的恐惧，掩藏到大海深处。海鸭也在呻吟着，——它们这些海鸭啊，享受不了生活的战斗的欢乐：轰隆隆的雷声就把它们吓坏了”。

“兵临城下你们还必须要安心读书呀”，让青年做待宰的羔羊，身受宰割寂然无声。鲁迅先生说：“惨象，已使我目不忍视了；流言，尤使我耳不忍闻。我还有什么话可说呢？我懂得衰亡民族默无声息的缘由了。沉默呵，沉默呵！不在沉默中爆发，就在沉默中灭亡。”不忍闻的，除了“流言”，还有胡适这样的精神领袖们的言论。

“要是为过去那死了的黄脸婆我倒可以不着急”，坐实了余敬唐说过的话，就是说，余永泽与林道静热恋时就已经是有妇之夫。但为什么林道静没有在乎？

"静，不是的。他算个什么东西，我怎么会为他难过！"利用人而不是真心待人，当面盛情款待，背后贬斥，人前一套，背后一套，表里不一。"因此，我才花了四五块钱买了酒菜找罗大方来谈谈"，实用主义的做人态度，精致的利己主义的做人原则。同一天，余永泽的本性暴露了两次。魏老三和罗大方都是镜子。但是，平心而论，余永泽为生存而谋划不算卑下，为幸福生活而努力也没有错。余永泽也有为生活所迫的一面，也有值得理解和同情的一面。他这样的家境尚且如此，更何况底层的民众。因此，余永泽也有对社会不满的一面，这样的年轻人也因为无出路而苦闷，这个人物形象也有揭露当时社会的黑暗的作用。

果然！果然！人走文心，文走人心。若是走心阅读，"道静似乎看透了她的爱人的真面目，心中感到说不出的失望和伤痛"。这样的感受就是读者和作者共同的感受，共鸣就是这样产生的。一天的时间，余永泽的人设在林道静的心中坍塌了。

第11章

白莉苹，一个典型人物，第一次出场。"美丽俊俏的笑脸和灵活的黑亮的眼睛"是她的外貌特征，"是个热情的爱热闹的姑娘"是她的性格特征。屋子里有好几个人都是比她年纪大的，可是她摆着大姐的姿态，一个劲儿管客人们叫"孩子"，一笔就写出了她的厚颜无耻。"吉林省人"说明她是沦陷区的人，家被侵略者占领，除夕骨肉分离，按理，她应该是最悲痛最痛恨侵略者的人。陆游的《关山月》："遗民忍死望恢复，几处今宵垂泪痕。"可她不是这样的。中国一直不乏这样的"没有灵魂"的人，而林道静坚持做一个"有灵魂"的人，这是林道静形象光照全书的主要原因。林道静代表民族最优质的部分，白莉苹可以反衬林道静的形象，这是白莉苹形象的价值和意义所在。

"上海八十万工人组织了抗日救国联合会"，新的信息，除了学生还有八十万工人，而且，学生还是配合工人的，正说明抗日救亡是民心所向，从中也能看到中华民族的凝聚力。东北沦陷，上海的八十万工人“要求发给他们枪支抗日”，东北离上海多远，失掉了东三省，与他们个人有多大关系？可他们“八十万工人组织了抗日救国联合会，派代表要求南京政府立刻出兵抗日、要求发给他们枪支抗日”，他们没有只顾自己的眼前利益，没有只顾过自己的小日子。表明东三省是我们中国的，是我们每个人的，是我们整个中华民族的，我们都是主人，而不是只有政府是主人。这是真正的民族主义，而不是各顾各的家族主义。

“政府当局派了三十多辆汽车，一千多名军警，要强迫我们回北平！”非暴力斗争，胜在道义上，手无寸铁，是另一种武器。政府的军警怎么着也不能用枪炮对付青年人。世界上任何一个正常的国家的宪法和法律都是允许公民示威游行的。再说了，国民党又推行所谓的美式民主。另外，还有一个最令他们忌惮的在野党中国共产党，若因为学生爱国游行而枪杀学生，就会给共产党以谴责的口实，这在国际上也是说不过去的。

林道静的再一次“出走”，走出了余永泽的“小屋”，走向了波涛汹涌的江河。道静爱大海，现在，她要接近大海了。

“蒋介石却说我们的敌人不是倭寇而是‘共匪’。”蒋介石玩概念游戏，“我们”只能代表他主导的国民党，而不能代表我们中华民族。“我们”，国民党只是中华民族的一分子，“共产党”也是中华民族的一分子。放过日寇来剿共，是反人心、反时代潮流而动的，一旦有这两“反”，表面看起来势力再强大其实质也是无力的。至此，才明白了毛泽东“一切反动派都是纸老虎”这句话深邃的哲学含义。人们只把这句话当成了毛泽东藐视敌人、鼓舞人民的豪言壮语，而不知道这其实是被毛泽东看到的一条历史铁律。所谓历史潮流，就是人类社会的一种方向性的、巨大的、不可逆的“势能”，顺势就力大无穷，逆势就毫无力量。

“这些话，不知怎的，好像甘雨落在干枯的禾苗上，她空虚的、窒息的心田立刻把它们吸收了。”林道静接受革命思想的启蒙，多次出现了“不知怎的”，体现的是一种本能反应。林道静天然地就能接受这样的思想，她的心里潜在地存在着这些革命基因，一经点燃，就熊熊燃起。这也是一种“星星之火，可以燎原”的体现，心里本就集满了可燃物，只要有星星之火，就能成燎原之势。

“出路就在反抗，出路就在斗争”，这又是主旨句。对于卢嘉川、罗大方、许宁他们来说，斗争早已开始，但对于林道静来说，斗争生活才刚刚开始，以后伴随她的就是革命斗争。苦闷迷茫的她，一下子找到了方向。这次青年学生的集会，对于林道静来说，是一次思想启蒙，使她又一次获得了新生。“要找个人的出路，先找民族的出路……对！”厘清了个人与民族之间的逻辑关系，就廓清了林道静等青年的思想迷雾。这就清楚地区分了胡适、余永泽和卢嘉川、林道静之间的区别。

这次集会，意义重大。今后领导学生斗争的精英基本上都在其中，卢嘉川、罗大方、许宁、崔秀玉、林道静等。有对形势的分析，有明确的纲领和路线，“出路就在反抗，出路就在斗争”，“要找个人的出路，先找民族的出路”。尽管白莉苹以后走向了反动，但这次她把大家集合起来，客观上起到了启蒙、宣传、动员的重大作用。

第⑫章

“这一夜的生活，像突然的暴风雨袭击着她。”与前面大海的隐喻相照应，“是在引人去过真正的生活”，她追求的“真正的生活”就是有灵魂、有理想、有追求的生活。

志不同，道不合，三观不同，终究会分道扬镳。罗大方走向革命，白莉苹走向堕落，白莉苹、罗大方是这样的，林道静、余永泽也是这样的，王晓燕、戴愉更是这样的。

“他诚恳、机敏、活泼、热情。”林道静心中的卢嘉川。“全给她的心灵开了一个窍门，全能使她对事情的真相了解得更清楚。”精神领袖，心灵导师。“他们真是为人民为国家的吗？”当大家都看不到希望的时候，真正地出现一个为人民、为国家的政党，自然就成了国人的主心骨。

团结起来和广大群众紧密结合，这是革命的道理，这一段也是全书的主旨段。是对个人斗争情况的总结，也是对千百年来被压在最底层的劳苦大众受剥削压迫而不能翻身解放的历史的总结。被压迫者团结起来斗争是一个真理，明白了这个真理就是觉醒，掌握了这个真理并付诸行动就是革命。"第一次听到有人鼓励自己读书，道静感激地望着那张英俊的脸。"真正的书籍的力量！这样的书籍不仅是知识，更是信念和力量。团结起来，觉醒起来，就有了巨大的力量。"明天，请你一定把书给我送来吧。"书成了两人联系的最好的媒介。

"一个人政治上一后退，生活上也必然会腐化堕落。"这是一个论断，在那个时代用来判断一个人，大多情况下是准确的。

"倔强又纯朴的美。有反抗精神"，这是卢嘉川口中的林道静。"他做起工人工作来啦"，路子宽了一步，与工人的结合，有了实实在在的力量感，找到了力量之源。

有危险也是真的，但比有危险更让余永泽不安和恐惧的是道静的心另有所属，也就是他的判断——"一定有人在引诱她了"。那么，卢嘉川的行为算不算"引诱"呢？"他哭得这样伤心，比道静还伤心。"是个可怜的人啊！但他的局限使他也没有办法改变自己啊！余永泽特别爱道静，也是真的。"他认为，天下只有爱情才能使女人有所改变的。"余永泽的判断对又不全对。以后，余永泽的所有痛苦，都是围绕着林道静的"变心"展开的。林道静的确"变心"了，但不全是因为"爱上别人了"，主要是因为找到了信仰。但这一点，很现实的余永泽是难以理解的，在余永泽的意识里，只能看到传统的情敌间争斗与决斗的事。由于思想的局限，余永泽看不到革命信仰对一个人的巨大影响，但是，他却明显地受到了胡适"读书救国论"的影响。精神领袖对人的影响也不可低估，可以说，胡适是余永泽的精神领袖，李大钊是卢嘉川的精神领袖，卢嘉川又成了林道静的精神领袖。

"成天憋在小屋里窥伺着道静的动静。"小气、可怜、狭隘、脆弱的余永泽，成了个小男人，道静的目光已经从他的头顶上飘过去了，余永泽原来的形象一再缩水、干瘪。小不驭大，死不驭活，一只燕雀，一只鸿鹄，已经不能匹配，又怎么能比翼齐飞呢？

"全神贯注"就有"走心"的效果。真正"走心"于某一事，短短的时间，就有意想不到的收获。《红楼梦》中的"香菱学诗"可与之媲美，精诚所至，金石为开。余永泽的状态也是“走心”吗？也是，但那是强烈的功利心驱使下的“走心”，和志趣爱好信仰驱使下的“走心”，境界又大不相同。“走心阅读”的夫妻二人，余永泽是任务驱动，而林道静是兴趣驱动。“她向白莉苹、许宁那里借到许多政治、经济、哲学、文学的书。”白莉苹接触卢嘉川、罗大方、许宁这些进步青年，也读进步书籍，起步比林道静早，但为什么林道静一接触就突飞猛进并一直走下去而白莉苹却堕落了？一个人走上革命道路，有外因，更有内因。

“青春的生命复活了”又是主旨句，点睛之笔啊！林道静的“复活”。“迷人的爱情幻成的绚丽的虹彩，随着时间渐渐褪去了它美丽的颜色。林道静和余永泽两个年轻人都慢慢地被现实的鞭子从幻觉中抽醒来了。”觉醒的内涵是很不一样的，产生的后继行为和人生走向也就大不相同。“于是她那似乎黯淡下去的青春的生命复活了，她快活的心情，使她常常不自觉地哼着、唱着，好像有多少精力施展不出来似的成天忙碌着。这心情是余永泽所不能了解的，因此，他发生了怀疑，他陷在莫名其妙的嫉妒的痛苦中。”真理的力量，信仰的力量，无私的力量。

这时，他嘱咐着罗大方：“你要尽可能利用你父亲的关系，在北大存身下去。想想，反动者的压迫越来越紧，我们许多人都不能再公开活动，所以你和徐辉要尽可能迷惑敌人，必要时才能给敌人突然的袭击。告诉你，李孟瑜在唐山煤矿上，他做起工人工作来啦。”共产党与劳工大众紧密联系，就能找到无穷的力量。

第26章

“他说得那么委婉、那么诚恳，然而又那么血淋淋的怕人。说完了还无限惋惜似的长叹了一口气。”这些规劝也不算吓唬，但也不是没有道理，从规劝者的角度看，这些话不可谓不诚恳，这些关系到生死存亡的道理不管任何人都应该好好掂量掂量。保全性命应该是每个人的本能，是每个人都应该慎重考虑的，可对有些人根本没用。说者和听者之间似乎隔了一座不可逾越的大山。

"她狠命地咬着自己的嘴唇，也竭力克制着因过于激动而引起的战栗，忽然想：他们从哪里侦察到的呢？……"她第一考虑的显然不是保命，而是思索自己的疏漏，不是每个人都是把生命放在第一位的。人，外在的东西基本相同，都是血肉之躯，都跟芦苇一样脆弱，可内在的东西很不一样，同样是"活着"，差距何止天渊！"传单是我的！各个学校的传单也是我寄的！……我恨你们！恨你！你们爱怎么办就怎么办吧。""仇恨"在林道静走向革命的道路上起到了怎样的作用？

第27章

"为什么要拿自己宝贵的生命去做无谓的牺牲？这个世界难道为你几个人一死就当真变成了天下大同？"换一个角度，换一种信念，这些都是硬道理，而且至今还是有很多人信奉的。你能说他说的不对吗？但你能由此真心崇敬他吗？但你又能由此认为林道静是傻瓜而鄙视她吗？让我们心底的良知做评判吧！

第28章

"我一个人也没法子叫那些穷佃户全阔起来；还是叫他们一人拿出一点钱来帮帮我吧。"姐弟俩各有各的道理，道风的人生道理有着数千年的历史渊源，道静信奉的是一种全新的人生道理，在弟弟看来当然是"奇怪"的。虽为姐弟，却势同水火！

"余永泽还不致告密她"，虽然分手或者决裂，但林道静还对余永泽有这样的自信的判断！

"一想到他，她就霍地跳下床来扭开了电灯。她有许多话要对他说，她要写。"斗争需要智慧和丰富的经验，经验和智慧又只能在斗争实践中获得！这都是革命的道理。

第29章

“好吧，晓燕，别着急！叫林道静也别着急，我们来想个好办法。”这父女俩，这一家人，虽然不是革命者，但也令人感动和敬重啊！

“我当我要被打死呢，谁知后来来了位胡先生救了我。他说他认识你，他和气地对我说，你能救我……他说你知道怎样救我，他就叫我上你这儿来了。”这个人真恶心，费尽了心机，利诱，生死威胁，亲情考验……另一方面看，道静在经受各种考验中成长成熟。“道静冲着弟弟微微一笑，不说了。”仅有信念、勇敢还不够，斗争的智慧太重要了！“如果他对我尊敬点，好一点，那么，后天我一定答复他。”有了利用敌人的意识，了不起的进步啊！“道风露着乞怜的惨笑，一边走一边向姐姐鞠躬。”信仰真理和信仰金钱的人哪个更强大？革命者的道理也是普遍意义上的“人”的道理。“斗争下去！不要前瞻后顾！”亲情考验，也是一种牺牲，牺牲精神对于一般人来说是非常残酷的，而革命者要经常经受这样的极端考验，亲爱的同学们，你现在能设身处地地理解吗？“革命者”的内涵在你心里是不是又丰富多了？“看看七点钟就要到了，她的心跳着，剧烈地跳起来了。”如果有人说，道静扔下了弟弟自己逃生，这样的革命者连最基本的亲情都没有，太冷酷了，你同意吗？

当学生爱上了林道静这个人物形象的时候，就是审美效应发生作用的时候。林道静的形象美在很大程度上属于一种崇高美，其内涵主要是林道静所秉持的价值观、人生观和审美观以及林道静身上体现出的革命精神、斗争精神和牺牲精神。

从人类诞生的那天起，革命精神、斗争精神、牺牲精神就在人与大自然的斗争中被激活、被培育、被发展、被传递，这种品质指向的不是个体而是群体，是超越个体享乐而着眼于族类利益的。这是人类最可贵的品质，但却是第二性的。另外，是人的自利性，这是与个体生命的延续和物种的繁衍相关联的，涉及个体生命及其上下接续的亲情与血缘，这是第一性的。

在人类社会不同的历史阶段，两者之间以怎样的关系、怎样的比例、怎样的程度结合，呈现的形式就大不相同。第一性天然地朝向物质，朝向占有物质方向，朝向保证个体的生存与发展方向。第二性指向精神，指向群体的生存与发展方向，把人朝理想的方向提升。

不论哪个民族，第一性的品质，一般不用担心其减弱或者消失，甚至要担心或警惕其膨胀和泛滥，而第二性的品质却不是无条件地存在，有时会削弱甚至休眠。一个民族，若第二性的品格稀缺了，这个民族的希望就会渺茫。清朝末期，我们的第二性的民族品格就很稀缺了。孙中山先生慨叹，四万万同胞，一盘散沙而已！而中国共产党领导的革命，激活了我们民族的第二性品质，革命精神、斗争精神和牺牲精神被唤醒了，这个民族才"站起来了"，以至敢于走出国门和世界上头号军事强国及其联盟抗衡，并且取得了胜利。

第二性的品格发挥作用总是群体性的、组织性的，哪个民族都是一样的。毛泽东说，现在中国人民已经组织起来了，是惹不得的。如果惹翻了，是不好办的。

今天，倡导传承红色基因，我想，传承的主要就是这种第二性的民族品格。

《青春之歌》第二部批注

第1章

“她觉得自己想入非非，不觉脸红起来。整个心灵被年轻人的狂热的幻想陶醉了。”高兴、狂热、激情，革命是需要热血的，是需要燃烧的。革命让年轻的生命燃烧起来，绽放出迷人的光华。革命要随时付出牺牲，可是革命却令年轻的生命迷狂。革命是用鲜血和生命抒写的一首浪漫诗！

“等到走到那儿，她才发觉自己的荒唐——就是那位江华真的来了，她也并不认得呀。”她的激情与冲动，幼稚与单纯，似乎是一贯的，联系下文，江华是“一个星期后的一个傍晚”才来的，可见道静的冲动和冒失。从道静的缺点中看道静，或许是一个更好的视角。阅读中总感觉作者一定是本着一个真人原型来写的，后来查阅资料，《青春之歌》果然是“自传体”。“有时竟忘情地提高了尖嗓门，这时江华就向她摆摆手，她领悟地笑笑才又放低了声音。”掩饰不住的青春气息。“表哥——不是老江！”别的他没有回答她。细节！“道静兴奋得一个劲地问江华这个、那个”，她不知道地下工作的极端危险性，还像平常人在平常生活中一样跟来人聊天，潜意识中可能还认为这是对客人的热情和礼貌呢。但幼稚和冒失中让人感知到洋溢在道静心中满满的幸福感！

“你真会猜！我们时常在一起谈我们的苦闷，谈革命，当然是很机密的。”想到了那个叛变了革命却仍然伪装着的戴愉，他因为接受“灌输”而确立了信仰，也不可谓没有为信仰而付出过行动，但“仅仅经过了半个多小时”就又背叛了信仰。革命的历程中一直不乏其人，不过，这样的人对革命也有"功劳"，革命大浪淘沙，不断地淘洗掉这些"泥沙"，这些"泥沙"成了反面教材，成了共产党人的"老师"。不少共产党人由幼稚单纯走向机智成熟，除了正面的敌人外，都是拜这些败类所赐。道静由幼稚逐渐走向机警、老练、沉稳，就是由这样的"老师""教训"出来的。想起了莫言写过的一本书《晚熟的人》，其中有一句："本性善良的人都晚熟，并且是被劣人催熟的……"

"但是，她还是把她所知道的全对江华说了。当然她知道得很不具体。"一个有行动能力的注重调查研究的青年，一个能做成大事的青年！只有在革命熔炉里锻炼了，他的才能、智慧，行动能力、组织能力才能得到成长。也印证了毛泽东《湖南农民运动考察报告》《中国社会各阶级的分析》等论著对中国革命起到的巨大作用，学会调查研究社会现状，分析阶级状况，是革命者的首要功课。

"把你的过去，还有你的希望什么的，也对我这个新朋友谈谈行吗？"细节：江华总是能反客为主，总是能抓住交谈的主动权。"他随便一带"，好一个随便一带啊！可以看来，此时的江华面对陌生的林道静，却有一眼看穿的透视感，而林道静其实是不理解江华的，因为两人的境界是不一样的，革命者之间也是有很大差距的，这也是一个有意思的事情，革命自有其内在的规律。

第❷章

"五月的鲜花开遍了原野，鲜花掩盖着志士的鲜血，为了挽救这垂危的民族，他们曾顽强地抗战不息！"由言到意，再由意到言，是语文教学的基本原理，抓住关键词来理解整体内容，是语文学习常用的学法。有些词句说得多了、听得多了或许就让人"麻木了"，这时抓住这些词语下一番"披文以入情"的功夫，会大有收获，如"为了挽救这垂危的民族"一句，"垂危"是一种怎样的生命状态？"挽救"是一种什么样的行动？这两个词语联系起来，你能掂量出它的分量吗？"挽救"的如果是你的亲人呢？你会怎样竭尽全力？现在是自己的本民族在"垂危"中，革命者是这个民族中的一些怎样的人？有怎样的品格和能力才能担起这“挽救”的重任？

“那么，我再问你个问题——你说中国能够战胜日本吗？”革命者不能靠冲动和盲从，要有独立思考的能力，要有解决实际问题的能力。革命者要依靠群众、发动群众，如果自己不知道道理，弄不清方向，就不能引领群众、发动群众，如果自己不懂革命的道理、不知道最新信息，就容易被钻进革命阵营的反革命分子蒙蔽和利用。

“你是哪个大学毕业的？参加革命好多年了吧？”“参加”和“领导”仅一词之差，江华为什么说有“大毛病”？道静的认识反映了当时大众的认识，像道静这样对革命如此向往的人都只能认识到这样，一般的民众就可想而知了。说明当时共产党的力量和影响在全国还有限，这正是共产党人要面对的艰难环境。自信、坚定、毫不含糊，当时实力还很弱小的共产党人何以能有这样坚定的信念和这样的强大的自信呢？

共产党的力量来自劳苦大众。知识分子明理却无力，劳苦大众有力却不明理。理在大脑，力在身躯。共产党中央一开始在中国最发达的城市，革命根据地在广大的农村。“他们柴米油盐、带孩子、过日子的事知道得很多，实际得很。你也很需要这种实际精神呢。”道静身上缺少的是“这种实际精神”，从这个角度看林道静，有豁然开朗的感觉。从江华与林道静的对话中我们已经能感觉到两个人的境界的不同了。什么叫“觉悟”？什么叫“境界”？同是革命者，也存在着觉悟和境界上的巨大差别。

“虽然江华对她是那样亲切而和善。”江华还信不过林道静吗？林道静不是共产党员，共产党的组织有非常严明的纪律。这也是一种革命的道理，只有在小说的情境中，学生才能完全明白。革命的道理不只是学生平时知道了的大道理，也有具体的可感的小道理。读了这本书，有了革命的经验，就不会对革命道理大惊小怪了。阅读这本书的过程就是悟出革命道理的过程。书自身的价值在哪里，学生的兴趣点在哪里，“走心阅读”的方向就在哪里。这就是文心、生心、师心的三心合一处。

“请你告诉我——你是共产党员吗？”“真实”是文学艺术的生命。跟读者的心理应该是一样的，道静这个人物形象是真实的、有血有肉的，没有脸谱化，没有被拔高。这样的形象才能深入读者的心里，才能对读者产生真实的影响。这样的作品才是革命性与文学性结合得成功的作品。

“……我走后要开始做……现在咱们就来讨论一下怎么做法吧。”有人说，别轻易考验人性，人性是最经不住考验的。但这里进入党组织，一方面，“党是会给你打开大门的”，但前提是“要经得起考验”，这又是革命的道理。

“道静的嘴角浮上希望的苦笑。”“希望的苦笑”是一种怎样的表情呢？此时的道静想的是什么呢？“走心阅读”就是读到处处揪心、处处动心的程度，就是深度介入文本。哪怕抛开革命意义、政治色彩，书中人物的品质、意志、情怀、人格等对学生来说也很有教益。一旦学生喜欢这些人物、关切这些人物，审美效应就在其中生发，这些人物就自然介入了学生的情感中，进而渗入其生命中，对铸造品格就发生了作用。教育要铸魂，这也许就是小说阅读中的“铸魂”路径吧！

第3章

“……可是敌人并没有发觉他，而定县农村中的革命组织却一天天地恢复并发展了。”丰富的经历锤炼了江华的意志，使他积累了丰富的斗争经验和斗争智慧，也形成了他的信仰，使他成为革命的领导人。共产党的领导人的成长过程一般都是这样的。这也是共产党能够战胜一切敌人，从弱小到强大的主要原因。

“他们俩蹲在人群中，脚底下踹在泥水里。”当时的大部分人对社会现实都是不满的，因而他们是同情革命、赞成革命的，并且其主体是最下层受压迫的老百姓。在农村，代表着反动势力的人物主要是恶霸地主邢子才，革命者要在反动统治力量最薄弱的地方开展活动。但革命也是非常复杂的，革命最怕出叛徒，出了叛徒，对革命的损害是不可估量的。此时，叛徒仍然混在革命队伍中，革命同志对此却毫无察觉，哪怕是斗争经验极其丰富的江华也没有发觉这只“披着羊皮的狼”，致使多少心血付出毁于一旦！

“家里老婆孩子只好张着口挨饿……”哪里有压迫，哪里就有反抗。革命是从反抗开始的，对于很多贫苦老百姓来说，革命就是被“逼上梁山”。中国共产党是通过革命取得政权的，革命有革命的特殊道理，同学们要时时感悟革命的道理。“咱们农民就像江西的苏区一样，斗地主分粮食……那就大翻身！”最初参加革命的人，是抱着怎样的想法参加革命的？“他不得不忍心离开了这年轻的可敬的战士。”有奋斗就会有牺牲，牺牲是革命的常态。

第4章

“道静，你常带着学生跑到野外干吗去呀？来了半年，你倒越变越像个小姑娘啦。”共产党领导的革命是有道理的革命，它最终能够成功是符合了社会历史规律的。革命的道理有其特殊性，也有其普遍性。从现在开始，同学们就要边阅读边体悟小说中的很多具体的革命道理。毛泽东说：“所谓政治，就是把拥护我们的人搞得多多的，把反对我们的搞得少少的。”道静他们合理利用一切有利条件，比如各种合法的——学生自治会、文学会、音乐会、话剧团等，最广泛地宣传革命道理，团结一切可以团结的力量。在反动统治力量最薄弱的地方开展活动。代表着反动势力的人物只有伍雨田一个人，而同情革命、赞成革命的，对当时的社会现实不满的是大部分人，包括学生，这是革命的后继和希望。在农村，代表着反动势力的人物主要是恶霸地主邢子才。革命也像播种，“撒下了革命的种子”也会生根、发芽以至开花结果，这又是一种革命的道理。阅读的教益还有学生感悟到革命道理后的觉悟和觉醒，然后是写作为文。这也是“走心语文”追求的人的觉醒和文的自觉。掌握了革命的真理，就有了观察社会、分析社会和改造社会的自觉意识，就会自觉地把个人命运和国家的命运联系在一起，也就明白了改变个人命运要靠自身的道理。这些革命者最初都是在剥削和压迫下的艰难生存者，他们是为了改变自身的命运走进革命组织的。《国际歌》唱道，“从来没有什么救世主，也不靠神仙皇帝……”当时的革命者，一是去抗日救亡，二是反抗剥削压迫……

“道静忽然多了个心。她没有把人名告给戴愉——这也是江华叮嘱她的。”斗争经验丰富的江华没有察觉出戴愉，林道静倒是有了警觉，已经两次对戴愉"多了个心"。"你把那个姓赵的同志找来，我和你们一块儿谈谈以后的做法。"戴愉讲的"中国革命的大道理"会是一种什么样的道理?是革命的领导者中本身就有这种道理还是敌人给编排好的用以迷惑人的道理?

"要是打倒校长，那、那咱们怎么能够再呆下去呢?"最可怕的是钻到里面，不仅侦查、探秘、告密，还在"指挥""领导"革命，"合理合法"地破坏革命。不仅暴露了赵毓青，还出了"毒着"，要"打倒校长"，引起了道静和赵毓青的激烈争辩。戴愉没有叛变之前在革命队伍中也是这样的论调和做派。但那时他是认识上的，他坚信自己没有错误，坚信自己的主张是有利于革命的，是不会给革命带来什么损失的。但现在，他知道这是革命领导中的"左"倾错误思想，用这种思想"指导"革命，是会害了革命的。从赵毓青的反应看，这种极"左"思想之所以会在革命中有市场，是总有一些简单化地看待革命、不切实际地看待革命、唯上是从的盲从者。

第5章

"林先生，人要凭良心！您说说，自从您来到敝校，我对待您怎么样?"主观上，道静的确对不住王校长，但客观上，对王校长不一定是坏事。

"有好半天，道静呆呆地愣在屋子里，脑子乱哄哄的……"这应该是林道静第一次独立领导的革命行动，也可以说是一次盲动，其造成的损失是不可挽回的。"我爹听见啦：今夜里十二点，他们要到学校里来抓你跟赵、赵……赵……我爹叫你们快跑。"紧密联系人民，与劳苦大众建立血肉联系，劳苦大众是革命的主体，也是革命赖以存活、生长的土壤。"林道静是怎样热情地关切着他呀！他不由得深深地被感动了。"革命者是有感情的，也是讲感情的，纯洁的革命同志间的真情！

第6章

“而这个聪慧能干的女人也果真留下了她。”道静走进了农村，走向了农民。前面，通过江华写了林道静对工人固有偏见的浅层改变，这次，通过学生家长刘秀英的母亲，写了林道静对农民的固有偏见的根本改变。随着对革命的逐渐介入，革命实践“逼迫”她一步步从地主家的小姐、知识分子的身份局限中逐渐走了出来，逐渐走向了工农大众，这是找到革命力量并接通革命力量的过程，是革命者成长的必由之路。

“孩子，革命可不能任性呵。你在这里掩藏不住，我不能留下你白白往虎口里送……我知道我们早晚得胜利，可是目前，站在矮房檐下，你就低低头吧！”这说的也是革命的道理，用亲人和同志的鲜血和生命换来的道理，最简单最质朴的话，却有最正确的道理。她是这样说的，也是这样做的。“仇恨”在革命中有巨大的力量，但是真正的革命者不能图一时之快，不能“任性”，任性的结果往往是“白白往虎口里送”。革命者不怕死，但革命不是为了死。

“再多告诉我一点吧！”老人显然跟地主是有仇恨的，但她还是这样出入于地主家，她的丈夫牺牲了，儿子牺牲了，但她没有绝望，她心里显然是有希望、有信念的。

第7章

“姑母，您干么？我不渴……”在家徒四壁的简陋小屋里，林道静何以能产生“仿佛神话中的森林小屋”的感觉？怎么理解“然而却又那么年轻、那么伟大”？“不知怎的，道静的眼睛潮湿了，望着那张慈祥的黧黑的脸，她许久说不出一句话。”从“道静的眼睛潮湿了”可以看出道静显然是感动了，不知“累”是个啥滋味的林道静的感动从何而来？还记得江华说林道静“很需要这种实际精神”吗？革命者应该怎样跟劳苦大众的心相通呢？是站在一旁仅仅对劳苦大众表示理解和同情，还是和劳苦大众一样受苦受累？其中似乎也有一个革命的道理。“姑母，常看看我来！您别忘了我……”从亲人的角度看，林道静在这个世上已经是举目无亲，孑然一身，居无定所，四处漂泊了。你能感到林道静有强烈的孤独感和漂泊感吗？“她用了最大的勇气，忍住说不上来的嫌恶，才走进了这个人家的厅堂里。”在家徒四壁的简陋小屋里，林道静产生了“仿佛神话中的森林小屋”的感觉，在“高大的、几乎占了一条大街的房屋”面前，却有“走进虎穴、魔窟的感觉”，这似乎是林道静的一种近乎本能的反应。“别偷我啊！我十块钱一个月把你雇来，还得管吃住……”初次见面，这家女主人“刀子一样”的眼神和这家老主人“死死地盯着”的眼神，似乎有着不一样的内容。

“……晚上一上锁，跨院和正院便成了两个世界。”地主就是广袤的农村大地上的主人，农民就是农村土地上的劳作者。地主居住的地方基本上就是宋贵堂家的样子，农民居住的地方基本上就是“姑妈”家的样子。

第8章

“可是爹娘没的吃，又每次都不得不狠心把她赶了走。”“长工”和“童养媳”这两个词汇对今天的人们而言已经很陌生了，“郑傻子”和“黑妮”的情形，就是那个时代这两种人的基本情形。

“这个么，”姑母想了想，又说，“闺女，这么办吧，你就少要他两块钱。”困惑道静的难题经姑母轻轻一点，道静就豁然开朗了，道静读了那么多书，怎么就没有大字不识一个的姑母有办法呢？

“……向她投射着仇恨的光……道静赶快睁开眼来，心里突然感到一阵难忍的疼痛。”革命的道理，阶级斗争的道理，革命者自觉改造自身的道理，集中体现在这几段。

“同时，也恨起自己身上被这个阶级所沾染上的污点。”这一夜，是林道静很彻底地自我反省的一夜，是她思想认识上得到飞跃的一夜，是她实现彻悟的一夜，是哪些因素促成了林道静的彻悟？偶然乎？必然乎？从某种意义上来说，革命是不是一种修行或一种修炼？

第9章

“闺女，你怎么啦？身上不痛快？”不眠之夜，痛苦的一夜，这是林道静完成了灵魂蜕变的一夜。这是第一道难关。接触了卢嘉川后，林道静已经完成了一次灵魂的蜕变，这又是一次。

“于是，做好了一切精神准备，就出发了。”由问理的道德走向了问心的道德，完成了情感态度与价值观的彻底转变。这样做，不仅是因为明白了这样做的道理，更是感情使然。心里想透彻了，行动就彻底了到位了，人就获得了前所未有的力量。

“您是黑妮的父亲吧？她现在好吧？”难吗？思想的转变和实际行动之间还是有很大的距离的！但是，写得很真实！这是第二道难关！

“使她受到了平生从未受过的污辱，也引起了她从未有过的内心痛苦与斗争”，这是第三道难关！灵魂深处的斗争是最艰难的斗争！

“我是后娘养大的，她待我不好……可是，东家都是富贵人家的人，他们哪知道咱们穷人的苦。”“咱们穷人的苦”这是一处细微的变化，是道静第一次很自然地用这种口吻跟一位悲苦的大娘说话，一点细微的变化却经过了一番“苦其心志，劳其筋骨”的磨砺啊！

“大娘，您累了一天，躺下歇着吧，我的事，有了空再跟您说。”从没尝过“累”的滋味的道静，第一次知道别人“累了”，开始知道心疼这样的卑微悲苦的大娘了。不是同情，不是怜悯，不是做样子，不是摆姿态，而是融入了真情真意的体贴和关爱。有了这种自然的情感不容易，不是走向劳苦大众，而是把自己变成劳苦大众信赖的毫不排斥的“自己人”，也把劳苦大众当成亲人。林道静在郑长工那里碰了钉子失败了，却在这里成功了。相信以后在郑长工那里她也能成功。革命的道理是一种特殊的道理，也是一个普遍的道理。最终，要让学生明白，革命的道理就是能做成一切事的道理，没有共产党人办不到做不成的事情，奥秘何在？就是毛泽东所说的“下定决心，不怕牺牲，排除万难，去争取胜利"的道理，就是"共产党为什么能，马列主义为什么行，社会主义为什么好"的道理。

"闺女，好苦命的闺女呀！……"道静的倾诉仅是为了博得大娘的同情吗？以心换心，倾诉身世之苦，使她们俩成了同病相怜的"苦命人"，成了心连心的母女。林道静的身世苦是真实的，是不愿与人说起的，但觉醒后的林道静知道了这是与贫苦的人沟通的最有效的语言，所以，这是出于林道静本能的诉说，也是林道静思想的觉醒，这跟劳苦大众朴素的身世之苦是不同的。劳苦大众正是需要这样的启蒙和唤醒，不仅需要知道自己在苦难中，还需要知道自己为什么在苦难中。革命者不是拯救者，不是劳苦大众的救世主，而是唤醒劳苦大众，让劳苦大众自己觉醒，自己朝着解放自己的道路迈进的人。

第10章

"长工的生活是不是比过去好多了？"宋郁彬常讲"平权平等""劳工神圣"，也在做社会调查，"正在写一篇文章——《今日农村田赋之研究》，也想研究一下雇工、佃户的生活与过去不同之处"等，林道静也在了解社会现实，两人都是知识分子，但了解的方法很不相同，得出的结论可能也很不相同，为什么呢？

小说上部在一个"情"字上，林道静对余永泽的情，对卢嘉川的情，对革命的情。下部在一个"理"字，具体而详细地演绎了革命的道理，让读者真切地感知到了革命是怎样发生的，革命是哪些人在参加的，革命是为什么人的，革命是怎样进行的，革命队伍内部发生着怎样的变化及其外部面临着多么严峻的考验，等等。

"……可是和这些人来往，又使她觉得不大自在，使得她身上隐隐发痛。"道静一直在进行着自觉的自我改造，真是心上用功，事上磨炼。林道静正经历着痛苦并快乐着的破茧成蝶的过程。开始时林道静是一条闯入革命江河湖海中的小鱼，后来她变成在革命的大海上勇敢地搏击风浪的海燕。抛开革命的特殊性，林道静的成长有着普遍的意义，完全印证了孟子《生于忧患，死于安乐》一文的全部观点。其成长是真实地"苦其心志，劳其筋骨，饿其体肤，空乏其身，行拂乱其所为，所以动心忍性，曾益其所不能"的过程。

"她真不知以后再如何去团结这个奇怪的老人了。"怎样看待林道静的"赎罪"心理和"赎罪"行为？苦难的身世成了她进入底层世界的"通行证"，诉身世之苦成了她跟劳苦大众沟通的最有效的语言。在陈大娘那里已经获得了成功，这次用在郑德富这里为什么不见效果？

第11章

"……老头旁边一个五六岁的小女孩，蓬乱着头发，穿着一件破烂露肉的小褂子正偎在老头的身边。"道静走到了佃户和村里贫农聚居的地方，活动的范围又扩大了，了解得更多了，对现实的认识也更全面了。"爷爷，饿呀！我要吃馍馍，杏儿不顶饿呀！"佃户的生活，儿童老人挣扎在生死线上。这个典型的情境反映出的严酷的社会现实被林道静看到了。宋郁彬在做社会调查，"正在写一篇文章——《今日农村田赋之研究》，也想研究一下雇工、佃户的生活与过去不同之处"，却没有到这里来，真是很可惜！

"老师，咱们家去吃饭吧——今晚上娘说给我做烙饼炖肉吃。"按照冷血者的逻辑看，女孩子家没得吃，以山杏、野毛桃充饥，只能怪女孩子家里穷，文台家里吃烙饼炖肉，因为人家富有。富有的人家看似没有偷盗穷人家，可实际上他们富有的生活并非合理合法，因为他们的奢侈生活是建立在对广大劳苦民众的剥削之上的，所以革命是必然要发生的，也是应当要发生的，这是毋庸置疑的。

"拿家去吃吧！有财主们吃的，就有咱们吃的！"眼看着两个孩子要饿死了，老头被逼出了这样的行为和这样的话语。你能想起陈胜"辍耕之垄上，怅恨久之"的神态和"天下苦秦久矣"的感叹以及"王侯将相宁有种乎！"的质问吗？

"你，你怎么敢跑到我的地里来割麦子？……"说明老头这块地在青苗时就卖给了宋贵堂家，虽然现在麦熟了，可已经是人家的庄稼，不经主人同意就擅自收割，这是违法的，老头是无理的，宋贵堂制止是应该的。你同意吗?

"宋老先生，您干么打人？……"她忘掉了姑母再三叮嘱她和宋家搞好关系的话，问心的道德可以超越问理的道德，问心的道德是有力的，可以直接产生主体的行动。

"老天爷呀，你睁睁眼吧！"一些老百姓在最痛苦无助的时候把一切希望都寄托在"老天爷"上，希望"老天爷"能主持公道，这其实是愚昧的。

"张先生，没想到您倒是个见义勇为的女英雄。我父亲老了，您别和他一样……好，天不早了，咱们回去吧。乡亲们也乘凉快做点活去吧。"林道静从革命的道理看待这一切，已经非常透彻明白了，应该也非常符合当时中国广大农村的社会现实了。宋郁彬自然不会懂林道静所持的道理。宋郁彬常讲"平权平等""劳工神圣"，也在做社会调查。将宋贵堂的行为归结为"脾气不好"，将道静的行为评价为"见义勇为"，将父亲的行为看成是粗暴的、不文明的暴力行为，将林道静看成了"女英雄"。他看不清或者模糊了农村社会尖锐的阶级矛盾。把这次地主与佃农的冲突看成是突发的单个的事件，看不到这种冲突的普遍性。压迫者和被压迫者都不明白他们之间到底是怎么回事，到底是怎么了。在这一大堆人当中，只有林道静不论从道理上还是从实际上，都是看得最清楚、最透彻的。走到这一步的林道静经历了很多"劳其筋骨""苦其心志"的磨砺，接受了很多的教导、教育和教训才看清楚、看透彻。现在，她的身上应该具有了江华所说的"实际的精神"了。钢铁是怎样炼成的，革命者是怎样炼成的。

"自己易冲动不冷静的性格，给她继续留在宋家造成很大的困难"，她又一次暴露了自己。作为一个真正的革命者，林道静的历练还欠火候!

第12章

"物极必反。我父亲对待农民也太厉害了。""物极必反"，中国哲学思想，宋郁彬还是有着较清醒的认识的。用毛泽东的革命哲理说就是"哪里有压迫，哪里就有反抗”。

“把我的麦子推走啦！拉走啦！……”按照当时社会的道理，宋贵堂的麦子和土地是宋贵堂的私人财产，是受到当时国家法律保护的。农民们抢割抢收，这是抢夺私人财产的行为，是违法的，是侵害个人财产的违法犯罪行为，应该受到法律的制裁，从群体公然对抗法律的角度来说这是一种“造反行为”。

“‘杀人偿命，欠债还钱’，这是自古开天辟地的老规矩。种我的地就要交租，该我的钱就得还账，这是我厉害么？”宋贵堂讲的是一套典型的地主的道理，按照这个道理，他自然是受害最深的人，他是最亏的人，最委屈甚至最冤屈的人。可是他为什么不带着家丁到麦子地里去制止镇压呢？造反有理吗？社会现有秩序的维护者和破坏者各执不同的道理。

“这与我什么相干？共产党在活动，我有什么办法？……”单个的穷人是弱小的，联合起来力量就很大了，这是地主等压迫者最怕的。《骆驼祥子》里有个小福子的爸爸说过一段话：“单个儿的蚂蚱虽然也能蹦得很远，如果小孩子逮住了，用线拴上连飞都飞不起来。蚂蚱要是成了群，一会儿就能吃掉整顷的庄稼，谁也治不了！可不是，坏人成了群就难治，那好人不成群的话，如何抵挡坏人的伤害呢？”

“多么美妙的夜晚，多么凉爽的天气，多么迷人的繁星呵！”经历了好多次失败终于成功了一次！真切地感受和见证了一种巨大的力量。被压迫者一旦被唤醒，被组织而团结起来，强大者瞬间变弱小，弱小者瞬间无比强大。2400年前的贾谊言犹在耳：“试使山东之国与陈涉度长絜大，比权量力，则不可同年而语矣。然秦以区区之地，致万乘之势，招八州而朝同列，百有余年矣；然后以六合为家，崤函为宫；一夫作难而七庙隳，身死人手，为天下笑者，何也？仁义不施而攻守之势异也。”

“似乎做了什么见不得人的事，她飞似的跑回了自己的房间里，赶快用被子蒙上了头。”这是林道静为自己先前被宋郁彬温文尔雅的“善良”迷惑而羞愧！

第13章

"……小虎子忽然从柴筐里拿出一个大大的白面馒头，一下子塞到道静手中。"感恩那一次的仗义相救！"同时她也焦急地常去看满屯回来没有。"任性了一次，搞砸了在小学的工作，这次的"仗义"也是一次任性，差点暴露，经历了一场，林道静明白了，也成熟了。斗争是复杂的，不仅要有感情和激情，还要有智慧、谋略和纪律。

"也许，他根本什么事也没有做？"善于伪装或者善于演戏有时很重要啊！尤其在特殊年代、特殊工作中，非常到位的伪装或者表演竟然可以让已经看透了或者觉醒了的人再次受到蒙蔽，不怀疑对方而怀疑起自己来了。想起了诸葛亮吊孝时的一番痛哭，竟然改变了东吴那么多想杀掉他的人的态度和看法，最终得以成功脱险。这个宋郁彬非同一般，稚嫩的林道静还不是他的对手。这里，写了宋郁彬，反衬了林道静。

"宋郁彬笑着点头。"这个"笑"意味深长啊！意思是，装吧，我把你看得清清楚楚的，你还在装，你也太幼稚了点。用替他抄东西先稳住林道静。有意思的是，道静以为只有她看透了宋郁彬，而宋郁彬还没有觉察到她，其实，她在宋郁彬眼里已经没有秘密了。"他手里有了你的人名单还有你的像片，他说你是共产党。快点，今夜里就逃吧！"真是惊出一身冷汗啊！前面的努力有效果了，危急时刻有人救，在北京的一次是同学王晓燕，上次是那个贫苦的小学生皮得瑞，这次是长工郑德富。宋郁彬比他父亲厉害得多，有城府，不动声色，高出林道静一筹。"……逃命要紧！"热心肠、重情义、容易激动也容易被感动是道静鲜明的性格特点，性情中有一点"痴"，有时显得很不精明。本书中林道静的形象没有模式化，是很鲜明的。"准是看你不上钩，他、他着了急啦？……也不准，也许是你看花了眼吧？"宋郁彬的真实面目越来越清晰了。

"这名单上一共有十几个人名，但道静认识的只有江华、满屯和她自己。"连江华都在上面啊！宋郁彬还装模作样地对满屯进行社会调查，可能满屯都没有察觉，更不要说林道静。林道静的“仗义”行为，宋郁彬早看得清清楚楚，可是却那么不动声色，这次一下子开列了十几个人的名单，宋郁彬不是个等闲之辈。善于伪装是他的最大的特点，不仅骗过了革命者，而且骗过了他的父亲、妻子。至此，宋郁彬的真实面目越来越清晰了，读者也才明白过来了！宋郁彬是反面角色里塑造得很成功的一个。

第14章

“……一想这些她就不再注意那些夜景了，只是迈开大步尽快追赶着郑德富。”文中多处的景物描写，烘托人物的心情，体现了人物的内心世界，增强了小说的审美特征。“你看这大自然多美呀！”“看，这大海多美呀！”革命者可以欣赏大自然的美吗？“打不上鱼来吃不上饭——我们可没觉着美不美。”“典型的小资产阶级感情！你那浪漫的诗人情感要到什么时候才变得和工农一样健康呢？……”审美有阶级性吗？浪漫的诗人情感不健康吗？革命领袖毛泽东就是大诗人，最艰难的长征路上留下了许多浪漫的诗篇。歌颂大自然之美的“踏遍青山人未老，风景这边独好！”“苍山如海，残阳如血。”“山舞银蛇，原驰蜡象。”“红妆素裹，分外妖娆。”对大自然之美的欣赏与革命豪情之间不仅不矛盾，而且是一致的，正因为“江山如此多娇”才“引无数英雄竞折腰”呢！

“话还没说完，老郑冷丁把道静向路旁的庄稼棵里一拉，一下子两个人都蹲到潮湿的庄稼地里。”劳苦大众谁都需要依靠，地主赖以剥削，革命者赖以革命，就看劳苦大众把心交给了谁。所以，紧密联系群众，紧紧依靠群众，放手发动群众，就成了共产党取胜的法宝。全心全意为人民服务，共产党就立于不败之地。人民群众是共产党的执政之基、力量之源。人民也有无穷的智慧，“地主叫他郑傻子，可是，他是多么精明呵！”

“今晚上我不放心正想赶回去，没想到碰见你们。走吧，咱们一块儿去找王先生。”可能会出现的突发变故，组织上也早早注意到了，地下组织反应迅捷，应对有力，采取措施积极应对，敌我双方的较量体现在方方面面，时间的把握就在分毫之间，谁信息准确，反应迅捷，谁就占得先机。

"此刻，她又想起他来，心里涌塞着一种辛酸、期待而又混淆着某种幸福的复杂感情。"对道静的心理描写，也是本小说的成功之处。而且，很少对其他人进行心理描写。其他人物基本上是以道静视角在写。全书基本上是第一人称的框架，但却采用的是全能视角。

"道静拉住姑母的手，目不转睛地看着江华。"青春少女无意间情不自禁的一个动作和一个眼神！捕捉得很到位，描写得很传神！多么激动啊！多么幸福啊！多么亲切啊！这种生命的幸福感只有革命者才能体会得到，享受得到。革命并非只有严酷、残酷和艰苦，并非只有流血牺牲，革命者之间的胜似亲人的感情，革命斗争中激发出的人类最美好的情感、品格。

"走心阅读"也就是沉浸式阅读，主张读者要与书中的人物灵魂合一，激动着人物的激动，幸福着人物的幸福。

"咱们总是能遇见好人，逢凶化吉，这是怎么回事？""屋里的同志都哈哈大笑起来"，这是怎么回事呢？虽然说道静不是一个人在战斗，但也不是每次营救都是组织的安排吧？那个小学生皮得瑞呢？当然，是道静在党的指导下先做好了应该做的群众工作，才能在关键时候得到穷苦群众的帮助，从而"总是能遇见好人，逢凶化吉"。

"看看一屋子同志那种严峻而沉静的面容，道静想了想，就慢慢地点了头。"革命家庭中的道静，很像个乖巧的小孩子。"道静明明知道郑德富已经改变了对她的看法，不再仇视她了，可是当从他嘴里听到了这句确切的回答，她还是非常地高兴。"郑德富的话，就是对道静完成"赎罪"的宣布和肯定。

"闺女，她没啦！咱那黑妮早就死在她婆婆手里啦。"普天下的百姓都有一本血泪账！仇恨在革命中的作用和力量。"她也死啦。你那老爹林伯唐趁着我出去作活的工夫糟蹋了她。我那女人就、就、就吊死啦。"仇恨道静、仇恨地主的真正根源。仇恨是一种力量，像烈性炸药，很多仇恨聚集在一起，"爆炸"产生的力量是惊天动地的。共产党让这样的个体仇恨者意识到了集体的仇恨也就是阶级仇恨。

"不过她喊出的声音并没有谁听得见。"道静的仇恨与诅咒！仇恨是感情的一种，仇恨的感觉是一种情感的特殊体验，会导致行动。仅有知识和认知，离行动还远，即使有行动也很无力，但导致行动的往往是感情。

第15章

“可是，不久她又陷在沉重的思虑中。”与北戴河火车上的情形大不相同，可以对比。“白莉苹！是你？我简直都快不认识你啦！……”一到北平，就被熟人认出来，可见今后要在北平这个生活过的到处是熟人和敌人的地方待下去坚持战斗，对道静来说又是一种新考验。

“你问我干什么吗？教书。在乡村教小学。”妇女爱美是天性，美好的社会应该让生活在其中的女性花枝招展，充分展示她们的美丽。但是，在那个时代，“卖弄风情”不仅仅是为了展示女性之美，也是一种生存方式。在那个民族“垂危”的时代，在那个哀鸿遍野民生维艰的社会，白莉苹代表着没有灵魂、没有追求和信仰只为个人享乐和欲望而活的人。他们可以逢场作戏，可以游戏人生，为了物欲的满足、为了纸醉金迷的生活可以被坏人甚至侵略者利用的人。他们一般对革命无害，但因为他们怕过吃苦受累的生活，所以，他们一般不会成为有坚定信仰的为劳苦大众谋解放的革命者。这类人就是被称为“小资产阶级知识分子”一类的人。心里已经装满了劳苦大众的林道静，已经完全完成了情感的转变，完成了灵魂的蜕变，找到了自己的情感归属，此刻她的立场已经完全站在了挣扎在死亡线上的穷苦百姓的一边，有了穷苦百姓的爱恨情仇，所以，对于浓妆艳抹的白莉苹“感觉很不舒服”，“感觉很不舒服”而又“不知怎的”说明这已经是林道静的一种本能反应了。

“对于这种生活，她似乎也感到了厌倦无聊，倒时常回忆起过去的生活和朋友。”好长时间没见，在很复杂的环境里，道静对白莉苹一无所知的情况下，就跟她去吃饭，让读者很为道静担心，道静还有重任在肩，让人还是感觉到道静不够成熟和冷静。但是，小说对白莉苹的这一番交代，多少让读者舒了一口气！

“道静的脸绯红了”，透露出了道静的“爱情”。“被革命迷住啦”，不经意间被点透了。

“你呀，小林，看你的服装、风度、谈话，我就知道你还在迷着那个……”灵魂的考验莫过如此，这些话，这套人生哲理，攻心的力量很强。有多少信念不坚定、信仰不牢固的人，因此而崩溃瓦解缴械投降了。白莉苹是道静的又一考验，这种老朋友之间的随意的闲谈在瓦解斗志和信念上，或许胜过了凶恶敌人的严刑拷打和威逼利诱。因为敌人的严刑拷打和威逼利诱，反倒会催生人本能的反抗性，坚强的意志让人心里自觉设了一道牢不可破的防线，而面对白莉苹时道静心里是不设防的。白莉苹的这一套人生哲学并非她自己的杜撰，而是根植于中国人的灵魂深处的，是有着深远的文化传承的，革命者进行政治革命的同时，也在进行着自我的“文化革命”。而且，厉害的是白莉苹也曾经革命过，现在她可以以自己的感受现身说法，她是出于对老朋友的真心关怀。最怕的就是这种虽不革命也不是反革命，不是受反动派的指使，也不怀恶意的老朋友。

“她叹了口气，好像她沉入了纸醉金迷的场所都是由于好剧本太少的缘故。”“赶快改了口”说明道静的人生观对于曾经有过追求但现在外在珠光宝气而内心空虚找不到人生目标的白莉苹也很有杀伤力。一个信念坚定充实，一个内心脆弱空虚，一旦对决，一旦还击，白莉苹是难以招架的。

“于是，好像俘虏般，她被架到了一辆福特牌漂亮的汽车上。”革命立场非常坚定的道静，怎么就做了白莉苹的“俘虏”了？如果借此“丰富社会经历”倒也可以理解，但她显然是屈从于白莉苹的软磨硬泡了。她应该还处于地下状态，这次到北京也有特殊任务，也有防止暴露身份的任务，如果不是执行组织的特殊任务，是不能暴露的。而在这种大庭广众下抛头露面，令读者想不通。

“二年前的年夜，一群流浪学生聚在白莉苹房间里的情景，冲破了靡靡的音乐，又出现在道静的脑海里。”不成熟，不坚定，又暴露出来了。现在才知道了“懊悔而愤懑”，没有被卖给敌人就算万幸啊！

第16章

“将要和王晓燕相见的喜悦促使她忘掉了几天来的疲劳，疾行在深夜空寥的街道上。”王晓燕虽不革命，但人品绝对可靠，绝对值得信赖。革命同志之外的另一种可贵的情谊，也是经过多次考验的人。

“由于过度疲乏，她把头靠在冰冷的栏杆上睡着了。”第一次听见道静骂脏话！经过了艰苦的磨炼，不娇气了，也能吃得了苦了。“苦其心志，劳其筋骨……增益其所不能……”

“从里面抽出了两块，轻轻地放在小孩子的脑袋底下，就急忙去敲女生宿舍的大门。”两个孩子让人牵挂又揪心！让人想起了王老增的两个小孙子，同时也想起了宋郁彬的两个孩子。“朱门酒肉臭，路有冻死骨”，强烈的对比！

“我、我难过极啦……怨不得人家说他们这样的人，全是铁石心肠、没有感情的人。革命，难道就不要亲戚朋友吗？”这个问题，直到今天也一直在拷问着共产党人。革命也是在摸索着一路走来的，是在不断犯错误中走向正确和成熟的。但出现错误，自己人会丢掉性命，无辜群众也会受到不该有的伤害。

“莫非这就是信仰的力量？……”全书的点睛之笔！“叫马克思的鬼魂把她迷住啦！”她们也看到了信仰的力量。王晓燕和白莉苹，两个老同学，生活态度、做人的原则截然不同，可谓一正一反，但都从林道静身上很清楚地“看见”了信仰的力量！

“世上什么人都有。我以为谈谈革命的人是有的，可是拼着命真干、不怕受苦、不怕杀头的人也真有。这可真是不可思议！”作为外表光鲜亮丽、满嘴脏话、品格卑下的人，骂得越狠毒，就越能反证道静的有信仰。

“潘秘书长点燃一支香烟，倒在白莉苹的脚边，翻着眼皮悠然望着淡绿色的天花板，又漫不经意地……”这个特务，不动声色地发现了极重要的线索。问道：“你说，你的朋友革命？恐怕不是真实的吧。她不喜欢汝才，当然可以不辞而别。”

“……她要不是因为迷着共产党才拒绝了我的友情，我就挖掉这两只眼睛！"白莉苹也是一个被利用者，"螳螂捕蝉，黄雀在后"。潘秘书长高度注意，极度兴奋却不动声色。白莉苹为潘秘书长这个特务做了鉴别并做了保证，可她还不自知。这个人的阴险可以和宋郁彬有一拼。

"……有时间到我们这儿来喝两杯香槟。好，就这样办！"担心的事情果然发生了，白莉苹不过是被"随便玩玩"的玩物罢了。白莉苹自有白莉苹的算计，但她不是出卖林道静给胡梦安的人。

第17章

"忽然迎面走来一个长袍大褂、头戴礼帽的男人，胳膊上还挎着一个烫着头发、涂着口红的女人。"余永泽的"全新"形象，离开林道静后的余永泽的形象。"余永泽如果见了宣统，一定还要向人夸耀他叫了吾皇万岁、万岁、万万岁呢！……哼，奴才的奴才！"对于革命，余永泽和王晓燕都不喜欢，但两人的品格却大不相同，这其中有政治信仰的原因，也有人的品格的原因。在北京城这样的环境和衣食无忧生活优裕的人中间谈革命，的确是不合时宜的。

"现在我给你讲我的小朋友黑妮的事。你知道，我永远忘不了我这可怜的朋友……"林道静的思想、情感和立场都沉到了社会的最底层，用社会的最底层的视角看社会，看到了很多的苦难和不平，看到的是一个世界。王晓燕思想、情感和立场和林道静截然不同，她看到的是另一种社会，另一个世界。阶级意识不同，眼光和视域也不同，虽然走在一起，看到的世界却是两样的。

"这样悲惨的事，我还是第一次听见。"她抬起头来，眼睛已经红了。"第一次听说"，可见社会阶层之间的隔膜，阶级让生活在同一时代、同一国度、同一社会的人却好像生活在两个截然不同的世界里。林道静是打通两个世界的人。

"你介绍我读些书吧！先读什么好？真可笑，你摆在我屋子里那么多书，过去我竟没有看过一眼。"革命是推动社会发展的巨大力量，革命事业是人类的正义事业，正直的、有良知的，正义的、爱国的人们是必然会受到革命的感染和影响的，这也是革命能最终取得胜利的重要原因。在那个危亡和苦难的年代，在那个青年应该觉醒的时代，青年是这个民族最敏感和最有活力的部分，青年的觉醒就是这个民族的觉醒。也到了该觉醒的时候了，这个时候的革命思想就是火种，是总能点燃的。“星星之火”在干枯的草木中“可以燎原”，在生长茂盛的草木中是难以“燎原”的。贫苦的农民被地主榨干了生命，就像干枯的草木一样，而王晓燕生活优裕，衣食无忧，就像生长茂盛的草木。她能被“点燃”，是非常有典型意义的。

“你也先看《怎样研究新兴社会科学》吧！我第一次就是看的这本小书。”情通理就通，古人说得多好，通情达理，就是通过情感体验才能达到对“理”的认知。好多事情往往感觉出乎人意料，但仔细想想又在情理之中。共情是人类的天性，“以情感为主要路径”是有道理的，是有力量和效果的。本书的阅读也是先触发感动、感慨、感悟，进而思考辨理。新理与旧理之间，维护现存秩序的一套理和进行革命的一套理之间，各有代表的人物在说话。余永泽、白莉苹、胡梦安、宋贵堂等人所信奉的社会公理和人生哲理；卢嘉川、江华、“姑母”说讲的一套革命道理和人生哲理。革命的真理就是本书的文心。学生就是这样在阅读中逐渐和林道静心神合一，经受磨砺和蜕变，心灵逐渐“走上革命道路的”。

“多年以来她们第一次享受了互相了解的真正的友谊的快乐。”王晓燕觉醒和向往革命比白莉苹、戴愉要晚得多，但白莉苹走向肉体享乐和精神堕落，戴愉叛变革命，成为叛徒，说明革命队伍一直在大浪淘沙中不断地自净。革命者除了革命性之外，还有美好的人性和高尚的人品做基础，没有这样的基础，如果一个人仅凭一时的热血和冲动加入革命，那他最终会因经受不住革命的严峻考验而被淘汰。真正的革命者是超越生死的，是能够经受得住生死考验的。

“……燕，你说我怎么办好呢？而且生活也成问题。”越读越觉得这部小说的真实性、原发性，故事叙述的背后是作者的亲历，虚构的真实和亲历的真实还是不一样的。我敢肯定，林道静的原型一定是作者本人。

“我会立刻变成世界上最幸福、最快乐的人。”今天的孩子们，今天的人们能真正理解这种幸福吗？

“你会是的！我觉得你将来一定会是的！”经受了多少考验，为革命做了很多工作，到现在还不是共产党员。那时候，要成为一名共产党员真不容易，党组织的考察真是非常的严格。这是共产党的使命使然，中国共产党最初是发了宏愿的，要拯救垂危的民族，寻求民族的独立与解放，还要带领这个民族走向理想的共产主义社会。此时此刻的林道静正处于危险中，却没有应有的警惕，她的不成熟不坚定不警觉，让她一进北京就成了白莉苹的俘虏，暴露了身份，也连累了王晓燕。从这个角度看，她还真的需要再磨炼。

第18章

"……她的心比较平静地思索着这战斗的人生是多么值得留恋呵！"面对生死考验时的心理描写，很重要的研究人物的资料。对于阅读者来说，若能沉浸在其中，这会是一种难得的生命体验，因为这种体验对今天的人来说真的是非常稀缺的。要真正理解革命，理解革命者，与主人公灵魂合一，理解这样的语段非常重要。今人恐怕很难理解这样一个为了信仰而心甘情愿地平静地面对死亡的人。

"刑——重重的！"使读者愤怒！你能体验到一个纯洁的美丽的年轻的姑娘，今天被称作"女神"的人，被人重重地连扇了几个嘴巴，脸上火辣辣的那种滋味和感觉吗？她被侮辱了，她的体面、她的尊严、她的美丽……一时间荡然无存，但之后，羞怯的、稚嫩的、充满粉红色幻想的那个她消失了，就像铁被烧红锻打之后，杂质的东西被打掉了，留下的是越来越纯粹的部分一样，优秀的革命者无不是经历过残酷的斗争考验的。

"还有她那些可爱的学生们，他们谁也不知道她已经来到这个可怕的地狱……"催人泪下！坚定的信念其实都是来自一个个具体的人。支撑道静坚持下去的是这些光辉的革命同志。

"……最后一条红红的火箸真的向她的大腿吱的一下烫来时，她才大叫一声，就什么也不知道了。"顽强的意志，坚定的信念，让她"挺着，挺着，挺着"，信仰的力量！"……为他们的共产主义就连命都不要啦？说实在的，还有什么比命值钱的呀？"刽子手无奈的感叹或者惊叹，白莉苹的恶毒的辱骂，都从反面证明了林道静有坚定的信念，证明了共产主义的确是一种真理，是一种值得用生命去证得的真理。孔子说过，"三军可夺帅也，匹夫不可夺志也！"从古到今都有这样的仁人志士，他们信念坚如磐石，意志比钢铁还硬。只是，从古到今，这样的志士中，大多是男子，很少有女子，可共产党员中涌现了不少这样的女子！

"没别的法子，只有照着蒋委员长说的主意办——宁错杀一千，不放过一个。杀！杀！杀！……"真正与钢铁般意志的共产党人打过交道的人，不论是蒋介石还是最底层的军警，都发出过同样的浩叹，除了消灭共产党人的肉体之外，别无他法。这在人类历史上也是个奇迹。

第19章

"坏人升官发财，好人吃官司受苦，这是最普通、最常见的事。"共产党领导的革命不同于以往的农民起义，不是"改朝换代"而是"改天换地"的事情。

"道静从旁边听见了这些话，她带着惊异的心情，很快地爱上了这个难友。"善良和多情应该是林道静的性格底色，受了多少苦，遭了多少磨难，上了多少次当，总感觉她待人仍然不设防不戒备，总容易动感情，心总是热的。

"接着她就轻轻地描绘起共产主义幸福的远景；描绘起中国将要成为一个独立、自由、平等而繁荣的国家时的情形。"信仰的情景就是这样的，共产党人即使在生命的最后时刻，也是这样憧憬着、坚信着。美丽的女人，美好的憧憬，她是美的象征。"这是个非常美丽的女人""希腊女神……"注意小说塑造的人物的审美特征。

"……她渴望着、到处寻觅着而找不到的革命同志，却意外地被敌人的魔掌把她们撮合在一起了。"这个永远激荡着革命激情的人，有着一种超强的感性认知能力，也就是说林道静能凭感觉识人。对好人坏人都有一种"第六感觉"，比如对卢嘉川、江华，对戴愉、宋郁彬等。有浪漫情怀，爱幻想也是林道静突出的特点。总之，林道静的形象内在的生命逻辑告诉读者，这个人不是仅凭"塑造"就能完成的，这个人物形象一定是有原型的，或者这个形象的原型就是作者自己。

“这样巨大的生命是不会死的，永远不死的！所以我在监狱里看见了好多好多的共产党员，几分钟以后他们就要被拉出去枪毙了，但是在这几分钟以内，他们还要愉快地生活，还要努力地工作——因为他们是不死的！”这是真的，可是今天的读者怎样才能真正相信这是真的呢？这些道理不难理解，可是把它变成生命认同或者一种信仰就是非常难的一件事。一位经历了坎坷的80岁的老者所讲的道理，即便是一位不谙世事的18岁青年也能“理解”，但是，这样的“理解”不等于生命认同。总之，有的道理仅靠“过脑”式理解是永远无法企及的，必须靠“走心”式理解，“走心”式理解是一种情感体验式的探寻行为，是必须经历一段艰辛的心路历程后才可得到的。

语文教学面临的无非三个大问题，即“技”“意”“言”，任何文本都是三者的结合体。从产生的角度看，“技”是生产，“意”与“言”是产品，而“言”又是“意”的产物。按照新课标的阐述，语文是运用祖国语言文字的综合性、实践性活动。语文核心素养的第一位是“语言建构与运用”。而“语言建构与运用”是紧紧围绕“意”进行的，这里的“意”包括“思维”，但不仅是思维的问题，还有审美和文化。按照冰山理论，“语言建构与运用”仅是语文的“冰山之一角”，而大部分在“海平面”以下，即思维、审美、文化。“语言建构与运用”包括生产语言产品，但也不仅仅是生产有模有样的语言产品。而我们的语文教学几十年来一直锁定在生产语言产品的方法上，即“技”的问题上，从小学到高中每一篇课文（语言产品）的学习都在探寻生产语文产品的技巧。甚至忽略内容直奔写法或技巧，文本只不过是一种技巧的“例子”，于是，每一篇课文学习完了都要总结不少的“写作方法”。一方面，总结了不少写诗歌、写小说、写散文的“方法”；另一方面，又不去真正创作诗歌、小说、散文。高中三年，学生语言运用与实践的就是一种文体——应试体。这是我们语文教学长期以来存在的一种奇怪的现象。要知道，“言”永远是“意”的产物，而我们的语文教学中“意”基本被架空，着力的对象是一种“静言”或“死言”，又在“静言”或“死言”的基础上学习或鉴赏“静技”或“死技”，而“静技”或“死技”最适合套路，应试语文正好迎合了这种套路。“意”永远是“活的”，是学习运用语言的活人的时刻变化着的、运动着的、产生着的“情感、态度、价值观”。所以，“走心语文”的语言观就是：随意赋言，技在其中矣。

“道静贪婪地听着郑瑾的每一句话、每一个字，周身的血液突然在血管里奔流起来、沸腾起来了。”只有这样的小说阅读，才能由外在灌输走进内心体悟。革命英雄，在思政课中是“对象”，是认知、理解的对象，而在这样的阅读中变成了认知、理解的主体或本体。也就是说，读者的情感和灵魂与革命英雄“合一”了。受教育者不是站在外面或对面抛洒或奉献“敬仰”“崇敬”之情，而是用革命英雄心理感受和体察革命英雄的此时此刻、此情此景。因为，灵魂发生了置换，英雄所有的情感与心智可以直抵阅读者心底。这就是革命作品“走心阅读”的价值与意义所在，这样的目标是仅着眼于写法探究或艺术鉴赏的整本书阅读教学没法达到的。

“……可是，这是英雄的行为吗？……她回过头去看着郑瑾，不禁深深地惭愧起来。”信念已经超越了生死，对于一般人来说，已经算是达到很高境界了，但对于真正的共产党人来说，这还远远不够，革命者的最终目标是完成使命，完成党交给的任务，在这个过程中如果需要付出生命，那就义无反顾，任务或使命永远大于个人的生命，而不是献出生命就到头了，就一了百了了，没有意义的牺牲跟普通人的死没有什么两样。这是共产党人的生死观，也是一个革命的道理。对于没有坚定信仰的人来说，这是“天花板”，但对于共产党人来说，这仅是个“门槛”而已。林道静已经达到了真正的不怕死、可以为革命献出生命的境界，离最高境界只有一步之遥。这样的细微而具体的革命道理，只有这样的红色经典才能呈现出来，真实地演绎出来，我们的学生一旦“走心阅读”了，与人物形象灵魂合一了，就自然而然地理解了。另外，这样的道理一旦抽象出来以逻辑推理的方式讲，即使逻辑再严密，说理再雄辩，学生也不一定真心接受，更不要说产生“生命认同”了。

“她鼓着全副的生命力，轻轻地喘息一阵，歇息一阵，又断续地向两个年轻的伙伴讲到深夜。”真正的革命者，每个个体就是这样自带能量、自发光、自传播的，他们心里有信念、有信仰，犹如一团火，只要生命不息就会燃烧不止。那个时代充满仇恨的、充满正义的、难以生存的、失去希望的人们，都会被这样的一团火点燃。信仰的力量就在这里，真理传播的力量也在这里。

"有时还唱着非常好听的男高音。狱里有点良心的看守都被他感动得改变了穷凶极恶的态度。"坚定的信仰塑造了革命者的状态，让他们始终乐观、昂扬，不患得患失，不垂头丧气，不气急败坏，不悲观失望。由此，我们就可以理解经过了艰苦卓绝的长征的毛泽东笔下的长征那种"万水千山只等闲"的超拔与豪迈。共产党人的这种冲天豪气、万丈豪情，用来斗争，无坚不摧；用来战斗，摧枯拉朽；用来做事，改天换日；用来做人，顶天立地。

"昂然大步地走向刑场去……"的一瞬间，又把能量传递给了后死者，把一种英雄气充进了后死者的生命里，为后死者选择一种有尊严的富有悲壮美的死提供了一种范例。极端的恐怖和压迫，可能会产生两种结果：一种是可以压死和吓死一些人，枪声一响，便魂飞魄散，从此再也不敢与屠杀者为敌，从而选择屈从与归顺；另一种是可以激发出人们的一种维护生命尊严的本能。这个高大英俊的人临刑前的大义凛然，把一部分人的人性中的这种最高贵的东西激发了出来。于是，一种情景出现了，"砰、砰、砰枪声响"之后，没死的人不是被吓得面如死灰，魂飞魄散，而是"同声悲壮地唱起了《国际歌》"。这里的"声泪俱下"不是因为恐惧、怕死，而是更不怕死。"民不畏死奈何以死惧之？"今天讲，传承红色基因，怎么传承？这是最直接的传承！

"……那个李伟就是我的丈夫！——我们分别已经整整四年了。"触动读者心灵的地方。学生若能写出自己读到此处被感动的情形就是对小说内容最好的理解。我们的学生往往擅长分析鉴赏，却不能不说出自己的心灵触动，而是一味分析鉴赏，分析得再好都算不得真正理解。这里的理解就是"被感动"，为一种悲壮美所震撼，这就是最好的理解与审美。审美是瞬间的，不是条分缕析的。我们要反思我们的语文教学长期注重分析鉴赏而消磨了学生灵性和创意的现实。

"小俞，你感觉到了吗？咱们现在不是关在监狱里——咱们是在上马列主义大学。"这样的"马列主义大学"是用生命与灵魂在上课，是用生命和灵魂培植真理和信仰、信念和激情，培养意识、意志和胆魄。

第20章

“道静坚决相信了自己的观察”，又一次仅凭观察、仅凭感觉，信任了一位革命同志。对江华，她似乎也是这样的。怎样理解林道静的这种直觉呢?

“你要相信最后胜利一定是我们的”，所有的共产党人，在具有这种无比坚定的信念上都是一致的，这是真正的因为相信而“看见”。“成为为人类和平幸福战斗在最前列的光荣战士”，这是他们为自己的崇高定位。毛主席1954年在中华人民共和国第一届全国人民代表大会第一次会议的开幕式中说：“我们的事业是正义的，正义的事业是任何敌人也攻不破的！”“我们的目的一定要达到，我们的目的一定能够达到！”2021年4月25日，习近平总书记向湘江战役红军烈士敬献花篮，他指出：“红军将士视死如归、向死而生、一往无前，靠的是理想信念。为什么中国革命能成功?奥秘就是革命理想高于天，在最困难的时候坚持下去，这样才能不断取得奇迹般的胜利。我们对实现下一个百年奋斗目标、实现中华民族伟大复兴就应该抱有这样的必胜信念。困难再大，想想红军长征，想想湘江血战。”这就是红色基因的传承，也即“赓续”。眼前风云变幻，波谲云诡，但只要守住了自己的灵魂，就可以沉着应对。法国年鉴派史学大师吕西安·费弗尔说过一句话：“在动荡不定的当今世界，唯有历史能使我们面对生活而不感到胆战心惊。”“奥秘就是革命理想高于天”，读一读毛主席的“万水千山只等闲”“敢教日月换新天”“山，刺破青天锷未残。天欲堕，赖以拄其间”就从源头上找到了中国共产党人为什么“气盛”，为什么“气壮”。注意，“情”不是闲情，不是私情，不是儿女情，而是济世救民的豪情，“志”不是出人头地之志，不是功名利禄之志，不是封侯拜相之志，不是名垂青史之志，而是“敢教日月换新天”的冲天壮志。我想，人就像是个皮球，精神就是“气”，充足了“气”才能弹跳，当今的我们要充“英雄气”。

“我永远用我全副的生命去追求这个光荣的日子，如果我死了我也要求党——追认我……”感人至深的情境！只怕今天的孩子因不能真正相信而使得教益大打折扣。近年来，大量出现的质量不高的革命题材的影视作品，败坏了学生的胃口，加上演员的绯闻等负面信息使得孩子们对革命者的崇敬心理还没有建构起来就被解构了。过去一些优秀的影片为什么那么触动人心，为什么让我们把影视人物跟真实的英雄等同从而深受教益呢？许多当时的影视作品都旨在把革命英雄演绎好，这一点上，从剧本到编剧到演员都跟所演绎的角色本身所代表的精神是“一致”的。

“郑姐姐，你说什么？……”把心摘取的感觉，只有至亲骨肉之间才会有的心理反应。只有短短的几天，她们的心就连在了一起，就成了至亲骨肉，这也是值得研究的一个奥秘或道理。革命者之间有着一种至密至牢的关系，形成了超越血缘的亲密关系。革命队伍的整体就像一块钢铁。这样形成的群体战斗力、意志力又大于个体之和。这是共产党人“团结”或“组织”的奥秘。

“总有一天，红旗将随着太阳照遍全球！”这是他们至死不渝的信念与信仰。因信仰而看见！意志、力量、豪情，通过革命歌曲在激荡着、感奋着在黑暗中的战斗者。身在地狱中，断头在当下，都不绝望，不悲观，而是昂扬与豪迈地战斗着。“红军不怕远征难，万水千山只等闲。”

“胜利一定是我们的”，这是对未来的判断，这是林红至死都坚信不疑的，活着的时候，生命朝着这个方向努力，死了，也死在了朝这个方向努力的路上，这样的人，这样的事，今天的孩子怎么看待？今天的孩子能理解吗？能相信吗？

“一滴眼泪都没有，小俞又像睡着一样昏过去了。”孩子虽小但有骨气，虽没有明确的信仰，但因崇敬革命者林红而变得坚强。有这种特质的人，在那个时代就有可能成为革命者。

“希即进食，多加保重——开始不要吃得太多。以后当经常联系。”一种可怕的强大的组织力量。同进退，集体以命相交。监狱，是一个没有自由的地方，但仍然可以斗争。人们常说，要做成事，大家要心齐。怎样才能心齐，用什么办法让人们心齐？牢狱中的革命者这种绝食斗争，已经不是简单的“心齐”了。互相隔绝，互不相识，没有威逼，没有死命令，仅凭一张秘密传递的纸条，就绝食，就与和任何酷刑相比都毫不逊色的饥饿做斗争，就同进退，共命运啊！

“她们的心同时被融化在一个看不见的，隔着多少层铁壁然而却紧紧结合在一起的伟大的整体中。”表达得实在太好了！但这不是作者凭借技巧取得的效果，而是真实的经历告诉她的，她只是缘心走笔而已。陆游说：“汝果欲学诗，工夫在诗外。”这种神秘的力量在她们那里是真实而具体地存在着的，对她们来说既不抽象也不神秘，仿佛是可以看得见、摸得着的一种实然的存在。怎样才能相信并真切地感知得到？进入情境，在小说特定的情境中生活，与小说中的人物灵魂合一，也就是采用沉浸式阅读。总之，只有“走心阅读”才能进入，才能企及，才能触摸得到。一旦真切地感知到，碰触得到，就形成了明晰的“意”，有了“意”就不愁“言”。形成了明晰的“意”，语言就一定表达得出来，表达得到位。革命传统作品整本书“走心读写”的优势就在这里。

第21章

“他先到两个同志处没有找到人，便走到北大来找徐辉。”首先是极强的生存能力，自我保护能力，其次是百折不挠，经得起摔打的斗争能力。江华脱去了知识分子的矜持、脆弱、浪漫、幻想，有着崇高的理想、坚定的信念、钢铁的意志和丰富的斗争经验以及极强的组织领导能力，但外在和普通的劳动者毫无二致，和劳苦大众心连着心，因此也就能成为劳苦大众的代表和领导。革命的巨大力量来自劳苦大众，因此，他就自然成了最有力量的人。共产党密切联系群众的道理就在这里。这样的人就具有了一种无坚不摧的力量，即“不论多么困难、艰险，可是不达目的是绝不休止的”，这就是百炼成钢。真正成为一个“摇煤球的工人”，哼《小寡妇上坟》是劳苦的“摇煤球的工人”缓解疲劳、自我娱乐的方式，这不会损坏他的革命形象。“革命不是请客吃饭，不是做文章，不是绘画绣花，不能那样雅致，那样从容不迫，文质彬彬，那样温良恭俭让。革命是暴动，是一个阶级推翻一个阶级的暴烈的行动。”

“这会子可好啦，只要破件案子，逮上个共产党，洋钱就哗哗的往身上滚！怎么样，你没意见吧？”孟大环代表着乱世中一些人的形象。没有信仰的老百姓，一是保命，二是生存，三是享乐。这样的人在一定条件下，也是会革命的，甚至会参加战斗的，但那是不坚定的，作为个体，他们是没有信仰追求甚至没有明确目标的，是盲目的。就像这个孟大环反省自己，"早先，谁知道咱怎么把眼珠子长到屁股蛋上了，参加了他妈义勇军、同盟军，活受了三年洋罪"。"一个月百八十块大洋钱的薪水不算，外带听戏不花钱、洗澡不花钱、坐车不花钱，还有——逛窑子也不用花钱。"这是一些人的人生观和价值观，也代表着一些人的人性。"革命性"（第二性）与"人性"（第一性）的较量是长期的。相比较才知道共产党人一心革命是多么的崇高和伟大。

"有我老孟保举，准保你升官发财。你不知道，我现在是中队长啦！"国民性的改造是一个长期的过程。

"突然贪馋地张大了嘴巴。江华脸上却掠过一丝看不见的微笑。"江华"一丝看不见的微笑"的含义至此就全明白了。境界高的看境界低的一看就能完全明白。这个孟大环就是一个完全在物欲中浸泡的蠢物，他怎么机警都是小聪明，与心中有信仰的大智慧者不可同日而语。所以，信仰是可以提升生命的品质的。"当银幕上出现了许多光着大腿的妖艳女人扭着跳着、靡靡的音乐中一双男女拥抱接吻的时候，他扭头去看孟大环，只见他正咧着大嘴嘻嘻笑着，涎水顺着嘴角滴了下来。"而我们今天的大众文化或者影视文化及其欣赏者不正是这样吗？

"还有一年就毕业啦……"的确可惜啊！"脸上稍稍露出了矛盾不安的神色。"这是人之常情的自然流露。但是，面对党组织分配的任务，没有任何个人的条件可讲，共产党人是无我的。因此，"没有问题，绝对服从组织的需要"。与今天非常讲自主、自由、自我的"精致的利己主义"的部分大学生，是完全不同的人。

"这个人有些可疑。……我正从各方面搜集他的材料向组织反映。托林道静带给你的信，就是谈这件事，希望你向北平的党组织反映一下。我相信林道静不会把它落到敌人手中。"原来，这封信的内容是关于戴愉的，早在第十七章的时候，我就已经察觉了，但为什么拖了那么久，好端端地牺牲了王晓燕这样一个善良纯洁的姑娘。

第22章

“呵，就要和他见面啦……”一方面写组织对戴愉的怀疑，另一方面写王晓燕被伪装着的戴愉骗入热恋。读者想看戏，戏外的人对戏中的人物非常担忧，眼看着好姑娘上了坏人的当而干着急没办法。

“晓燕是好学的女孩子，因此就对这样一个她认为既革命又有学问的人由钦佩而产生了爱情。”林道静已经有坚定的信仰，有实际的行动，可到现在才是“一个同情革命的进步分子”，戴愉早已叛变，参与破坏革命的事件已有好几起，为什么现在还没有被发现？作为经验丰富的党的地下组织的领导人的江华难道仅仅是感到“这个人有些可疑”？这或许真的说明了革命者的不易和革命者面临情况的艰险和复杂。最可怕的就是混进革命队伍中的“双面人”。

“记忆力很坏，记不清了。”知识是可以和情感、信仰分离的。一个反革命讲革命的道理，讲得头头是道。没有情感的信仰不是真正的信仰。这就是“走心读写”在革命题材作品整本书阅读方面的意义和价值所在。

“他，他像对我有感情……可是，他，他为什么总一点也不表示呢？……”当年王晓燕对林道静与余永泽的爱情不看好，在林道静热恋的时候，就看出了余永泽的不可靠，当时眼光是多么的犀利，怎么到了自己，却与一个披着人皮的狼陷入了热恋？看别人清楚，看自己糊涂，这恐怕是普遍的人性使然，圣哲看穿了，所以才说，知人者智，自知者明。一个最善良纯真的女子却爱上了一个最险恶虚假的渣男，这就是人性的辩证法吗？

“哼，爱情！你不配有真的爱情！你不配懂得爱情！你也不配享受爱情！”他们沆瀣一气，狼狈为奸，但他们也知道他们这些人的品格是低下的。认定戴愉“不配有真的爱情”，这算是一种自知之明吧！

“他拉过晓燕的手不住地吻着，晓燕感到他干燥的嘴唇好像一盆火似的发热。”王凤娟说戴愉不配享受爱情，可事实却是他很快就享受到了爱情，这就是讽刺，然而这是怎样的一种讽刺呢？

第23章

"林姐姐，我出去就干！我找你去，你还领导我好吗？"那个黑暗的年代，人们有看到光明、看到希望的迫切愿望，革命的真理就不可遏止地得到传播，革命者是传播这种真理的火种。马列主义是真理，不是一个学术问题，不是只需要专家学者坐在书房里去研究的问题，而是劳苦大众和站在劳苦大众一边的知识分子义无反顾地用生命去践行的真理。

"……如果我也被捕了，可是另外还会有许多许多人代替我……野火永远是烧不尽的！"或许，这就是一个民族能在危亡时刻自救的民族基因？就像"离离原上草"，因为根在地下，所以野火是奈何不了的。民族危亡中人们急切地盼望着有真心实意救亡图存的政治团体和军事力量。但是，乱世中形形色色的政治团体和军事力量闹腾一阵子后，要么销声匿迹，要么因为为小团体牟利让人们失望。渐渐地，共产党的组织让绝望中正直、有良知、真心爱国的人发现了。共产党的组织遵循的一套道理是有道理的，救亡图存是靠谱的，这个组织的人是真心的，他们去除了常人的"私心"，换成了为民族国家能牺牲个体幸福和生命的"公心"。他们心中有理，脚下有路，手中有枪。不论是劳苦大众还是有良知的知识分子，他们渐渐看明白了，担当救亡图存使命的一定是中国共产党。这是中国历史上没有过的一种全新的力量。

"我一闭眼，那个美丽坚强的女同志就好像站在我面前。"为什么那个时代的青年由衷地崇尚这样的革命者呢？是一种审美的判断，而不是理智分析的判断。我们今天生活在优裕环境中的青年，还真心崇尚这样的人吗？"美丽坚强的女同志"在王晓燕就是一种审美观照。

"她呀！她哪儿还顾得给我做好吃的！"心中有了追求和信仰，监狱不怕、杀头不怕，看管没用、没收没用。

"我要去参加红军，要不就到工厂去做工——变成真正的无产阶级。反正这个家是呆不下去啦！"1935年，红军还在长征中，翻雪山，过草地，九死一生，苦到了极致。但红军是革命青年的希望所在。俞淑秀显然对红军也做了审美判断。审美判断对人的影响比理性分析判断更有力量，和问心的道德一样，立德树人不能忽略审美判断。语文核心素养中的审美，是有切实力量的，这种力量只有在这样的特定情境中，才能明显地凸显出来，才能真切地被感知到。在特定的语境中，四项核心素养指标是一个有机的整体，而不是在以单篇课文组元的教学单元中，每个单篇承担或者凸显其中一项。现在，很多关于群文阅读的公开课，文与文之间找不到内在联系，浅层次地找到一些相同的内容，联系起来进行群文阅读，给人的感觉是文与文之间只是简单的叠加而不是有机的结合，两篇课文不是整合在一起而是一堂课匆匆忙忙地上了两篇课文。受整本书阅读启发，我明白了大单元教学的根本目的。因为要指向语文核心素养，所以，单篇单点的教学难以与整体的语文核心素养匹配，所以，大单元地编辑一组文本，才能整体地指向语文核心素养。大单元教学或者群文阅读，文与文之间要用核心素养的指标贯通。比如，从语言建构的层面上整合，从思维发展的层面上整合，从审美鉴赏的层面上整合，从文化传承的角度整合。相对而言，整本书阅读在这方面有得天独厚的优势。四项语文核心指标的落实，在这样的整本书阅读中，需要的是分析而不是整合，因为它本身是一个完整的“自给自足”的体系。

“永远、永远地等待着你。……”至此，可以对林道静的感情世界做一点剖析了。可以看出，林道静对于卢嘉川的爱是刻骨铭心的。越是绝境中，真正的感情越真挚而炽烈。这首诗是林道静在绝境中在革命意志革命信念之外的属于个人情感世界里的“心的呼唤”，这让林道静的形象更立体更丰满。就是说，让林道静义无反顾地追随革命坚持革命顽强斗争的，除了革命信念之外还有忠贞炽热的爱情。而这里理想信念和忠贞爱情又是合一的，林道静深爱的卢嘉川首先是一个有坚定信仰的革命者。林道静心里一直装着的是卢嘉川，她的感情是忠贞不贰的，她对江华也有感情，但更多的是敬佩爱戴之情和革命同志之情。最残酷的是卢嘉川牺牲了，林道静没能和他终成眷属，这是令人遗憾的。他们之间的爱情是一曲革命者的“枉凝眉”——“若说没奇缘，今生偏又遇着他，若说有奇缘，为何心事终虚化……”只不过，爱情是林黛玉生命的全部，而对林道静来说，革命理想信念是第一位的，爱情是第二位的。

“所有，所有亲爱的人都在那美丽的花园里尽情欢叙……那一天一定会来的！"憧憬，是年轻的生命最美好、最宝贵、最有力量的东西。强烈的"向光性"使他们义无反顾地投身革命。

第24章

宣布者江华"稀有的欢快洋溢在他宽阔的微黑的脸上"，当事人林道静"巨大的幸福把道静吸摄在地上。她红涨着脸，睁大眼睛一句话也不能说了"。不是因为获得任何现实的名利或巨大的物质享受，而是因为纯粹的理想与信念。这种激动、喜悦与幸福感，只有革命者才能享受得到。今天的读者能共情吗？能共鸣吗？小说时时挑战今人的认知和三观，"巨大的幸福"不是接到了心仪的大学的录取通知书，不是竞赛获得了大奖，不是突然升职为经理、老总或单位的一把手，不是成为歌星或影星，不是成为一夜爆红的网红，也不是成为一夜暴富的拆迁户，不是做生意突然赚了一大笔钱，不是突然继承了一份巨额遗产。林道静获得"巨大的幸福感"的原因一些当代人已经难以理解了。阅读这部小说，巨大的认知差距和三观差距始终挑战或颠覆着今天的读者。这是红色经典阅读中需要深入研究的问题。这样的思考需要引导，"弱干预"不等于不干预，不能忘记这仍然是语文教学，师心、生心、文心"三心合一"，永远是适用的。这里还要引导，以思考题的形式引导。要发挥"师心"的作用，让"师心"在"生心"与"文心"的对话中发挥应有的作用。读到这一阶段，就要引导学生边思考边阅读，当然，仍然生活在小说的世界里，但这时的"生活者"是一个有着独立思想的"生活者"，不是"生活中"的观赏者。

"我总感觉这个人和你们不大一样。"林道静判断人始终有一种神秘的能力，这就是她的"感觉"，似乎总是对的，没有出过错。就是在和余永泽热恋中，我们隐隐约约能感觉到不是全身心的，与她跟卢嘉川在一起的感觉是不一样的。

"王太太在家吗？"中国革命的道理与"庖丁解牛"的原理一样。革命可以在乱世中发生，尽管国民党力量不弱，但对偌大的中国来说，仍然力量有限，因为其在中国还没有建立起绝对的统治，仅凭几个特务军警来对付无处不在又与最广大人民紧密相连的革命者，真是力不从心。革命者还是有很大的生存空间的。此时的地下革命者就像庖丁解牛的刀一样，可以"批大郤，导大窾，因其固然，技经肯綮之未尝"，是因为"彼节者有间，而刀刃者无厚；以无厚入有间，恢恢乎其于游刃必有余地矣！"这是小的，是"地下"的斗争，而"地上"的斗争，也能生存并发展，是因为毛泽东也看到了当时混乱的中国各种势力角力中也有巨大的空隙地带，军阀们各占一块地方，于是各省交界处的井冈山就成了可以打出红旗而蒋介石奈何不得的地方，这是大的方面的庖丁解牛。红旗到底能打到多久？近百年过去了，今天人们才看清楚了，可当时有谁的目光能穿透百年看得清楚？毛泽东看清楚了并坚信了，是真正因为相信而"看见"的人。一盘散沙中却孕育着严密的组织，并发生了革命，这是辩证法。同样的旧中国现实，孙中山看到了"一盘散沙"，毛泽东看到了"星星之火，可以燎原"。

"把我整个的生命无条件地交给党，交给世界上最伟大崇高的事业。"这又是共产党革命力量无比强大的一个奥秘，就像一滴水融进了大海，从此获得了生命的永恒而且获得了磅礴的力量一样。虽然，外在形式上，共产党人仍然是以个体的形式存在，但内在的精神、情感、信仰、意志都融在了博大的无形的集合体或者共同体中。行动虽然是分散的，但神经元在同一套神经系统中运行。个体利益服从集体利益，集体利益高于一切，个体利益随时可以为集体利益而牺牲，这是可以改变固有的人性的。在以个体利益高于一切的今人看来，这是不可思议的。但是，我们今天的人包括孩子们读到此处，最好的情况是发一下感慨，表达一下敬意。估计不少读者或许不怎么惊讶，不怎么感到不信，也不怎么深思。可能因为我们的红色教育发挥了一定的作用，但仅止于表层。大家在经历了多次的演讲和听演讲中已经麻木或习以为常，可能仅凭形式上的敬意来抵挡或者躲避了问心式的灵魂拷问。

"她依然面孔绯红、心头乱跳，但她的神情却表现了从未有过的谨慎、宁静和严肃。"阅读毛泽东对青年的论述，可以让人在一个更高的层次上理解那个时代的革命青年。"看一个青年是不是革命的，拿什么做标准呢？拿什么去辨别他呢？只有一个标准，这就是看他愿意不愿意、并且实行不实行和广大的工农群众结合在一块。愿意并且实行和工农结合的，是革命的。”

“中国的知识青年们和学生青年们，一定要到工农群众中去，把占全国人口百分之九十的工农大众，动员起来，组织起来。没有工农这个主力军，单靠知识青年和学生青年这支军队，要达到反帝反封建的胜利，是做不到的。所以全国知识青年和学生青年一定要和广大的工农群众结合在一块，和他们变成一体，才能形成一支强有力的军队。”

“你们的前途是光明的，你们要代表全国大多数的老百姓，代表一切爱国的人，抗日的人，求中国独立、自由、幸福的人，并且是要永远的代表他们。”

“要造就一大批人，这些人是革命的先锋队。这些人具有政治远见。这些人充满着斗争精神和牺牲精神。这些人是胸怀坦白的、忠诚的、积极的，与正直的。这些人不谋私利，唯一的为着民族与社会的解放。这些人不怕困难，在困难面前总是坚定的，勇敢向前的。这些人不是狂妄分子，也不是风头主义者，而是脚踏实地富于实际精神的人们。中国要有一大群这样的先锋分子，中国革命的任务就能够顺利的解决。”

“道静，你的性格当中这一点是好的。”江华指的哪一点？小说成功的地方在于塑造了几个性格鲜明的人物，林道静是一个，江华和卢嘉川同中有异，仔细分辨各有各的特点。江华没有卢嘉川的细腻，他的感情不轻易外露，要注意分辨。林道静始终是独特的“这一个”。她容易被激情感染，也容易用自己的激情感染别人；她似乎容易轻信，警惕性不高，但却有一种独特的“感觉”或“直觉”，几次凭“感觉”或“直觉”进行判断，也还都准确，比如对戴愉和林红。敏锐的感觉又似乎弥补了轻信的缺失。

“而且一提到他，她就禁不住脸红了。”在林道静心里，江华和卢嘉川基本一样，但在个人关系上，林道静把江华“看成我的恩师，看成我的兄长”，而提到卢嘉川“她就禁不住脸红了”。爱情和同志情还是不一样的。

“江华叫她写一个同戴愉的关系的前前后后的材料，在两天后交给他，便和她同时起身走了出来。”戴愉也在北平，为什么不参加这样的会议？第十七章写到的那次会议，也有刘大姐，那时的戴愉“区委书记是个二十五六岁、戴着眼镜、名叫戴愉的同志，也就是在‘三一八’集会时最初讲话的那个人，他有着一双金鱼样的鼓眼睛”。好长时间不在一起活动，还是不是区委书记？如此明显的事难道江华、刘大姐、徐辉的反应就如此迟钝？

“祝贺你！”难道林道静入党的事戴愉知道了？他怎么知道的？在组织中还没有暴露？那为什么刘大姐所在的组织还没有被破坏？对了，出狱后林道静第一次和戴愉见面，应该是祝贺林道静出狱之事。而区委书记的他却不知道林道静刚刚入党，说明他被排除在组织之外。但怎么排除的？难道林道静不多想想？

“晓燕，你对小林如此关心，可是，你看看她穿的衣服——她是有许多物质需要的，你应当想法帮助她呀！”戴愉察觉到林道静了吗？不会像宋郁彬一样看透而不说透那样的有城府吧？“可是，你看看她穿的衣服”这个细节描写很好，从道静方面看，一是根据她当时的条件应该的确是这样的“落魄”“寒碜”，而在戴愉看来，牢狱之灾可能让这个美丽的女子对革命已经“心灰意冷”，是抛弃信仰另找出路甚至叛变的开始。虽说提醒晓燕“帮助”，实际上是表明他的关心帮助，借机拉近与道静的感情。因为“将心比心”以己度人，他就是这样的。或者，他是在不动声色地对道静进行试探与观察？

“……现在，我看，为了我们的事业，就是一升米需要折腰，她也可以折了。”道静表现得非常好，给人（戴愉）的印象是注重外表，不再过多地强调“尊严”，能轻易接受“施舍”，不再有什么“骨气”了。如果这正是戴愉通过一个小小的细节试探道静，那说明这家伙很老到，当然，道静也不错。如果真是这样，那就是两人之间的一种“斗智”和“过招”。有一点是清楚的，就是道静通过她特有的“感觉”和江华的几次提示，她已经确定戴愉的境况，而戴愉对于林道静还没有多少把握。“十分惊奇”如果是戴愉真实的表情，那就说明“斗智”的第一个回合道静初步获胜。

第25章

“她很少讲到自己，总是默默地、不声不响地工作着。”执着、乐观、无我是为理想信念献身的人的共同特征。“江山如画，一时多少豪杰！”革命年代涌现出了很多这样的人。"妈妈，我亲爱的妈妈，你是个怎样崇高的人呀！……"革命者有道理可讲，有真理可信，但革命者之间更多的是靠着这样零距离接触和点点滴滴的行动细节以及关键时刻气壮山河的壮举感染着、教育着、凝聚着革命同志。共产党人的凝聚力和战斗力就孕育在其中，武装力量比共产党强大很多的敌人始终没有弄明白共产党人究竟厉害在哪里？厉害就在这里，不可战胜的奥秘就在这里。谁发现了这种埋藏在地下的一旦爆发就不可战胜的力量？马克思。谁成功开掘了这种力量？毛泽东。德国哲学家雅斯贝斯说："教育就是一棵树摇动另一棵树，一朵云推动另一朵云，一个灵魂唤醒另一个灵魂。"教育就是父母用自己的言传身教、以身作则去唤醒一颗幼小的种子，用自己的真实行动来慢慢影响它，让它生根发芽、枝繁叶茂。革命就像一个大家庭，又像一个大熔炉，革命者就是这样亲人般地互相关心、互相爱护，又互相影响、互相教育的。

"今天，我的希望完全破了。"这是林道静心碎的时刻，虽然，她已经有相当的革命经历了，她经历了牢狱之灾的磨炼，经历了绝食斗争的考验，亲眼见到了林红的牺牲，当林红说"他们不会再让我活多久了……"的时候，林道静就感觉"猛然像叫人把心摘去似的"，而这一次，又是她最心碎的时刻。一个年轻的女子最心碎、最悲伤的事莫过于自己的恋人的突然逝去。即使在温暖的革命大家庭中，也会有"希望完全破了"的感觉，一时间感到孤苦无助，"我和妈妈一样，我们都成为孤苦不幸的女人了……"这些描述没有影响林道静作为一个共产党员的高大形象，反而使这个形象更加血肉丰满。革命者是人不是神，有着跟普通人一样的情感，革命性是以美好的人性为基础的。在这里，革命者个人的私仇与革命者共同的仇恨，革命者个人的不幸与共同面临的苦难是一致的。革命者有属于个人的刻骨铭心的爱情，有革命者之间超越血缘亲情的同志情。大家在一种强烈的渴望中，在一种浓烈的悲壮中，高度自觉地各司其职。

"那时候，那个余永泽正叫我苦恼——我多么不幸却先碰见了他。当姓余的告诉我老卢被捕了的那一霎间，我才明白我是爱上他了……"道静第一次倾诉爱情，跟那首诗联系起来，可以从中感受到她的爱情的炽烈和坚贞，不亚于任何艺术品中的爱情佳话。

“这时在绝望的悲哀中她反而感到了深沉的慰藉与温暖。这温暖和慰藉是和那个不朽的人同样永不衰朽的呵！”想起了林黛玉的《题帕三绝》。“在绝望的悲哀中她反而感到了深沉的慰藉与温暖”，尽管已经阴阳两隔，但道静的爱得到了真切的回应。“内心里我知道他是爱我的”仅是林道静个人的感觉和判断，毕竟不等于卢嘉川明确的表态，年轻的女子是希望能得到让自己刻骨铭心爱着的人的明确的表态的。宝玉挨打，怕黛玉担心，故意让晴雯送两块旧帕给黛玉，让黛玉放心。黛玉得到了宝玉的明确表态后，一时难以控制自己的感情，因此在旧帕上题了三首诗。“尺幅鲛绡劳解赠，叫人焉得不伤悲。”一向无比矜持的她让幸福的爱情泪水恣意流淌。“枕上袖边难拂拭，任他点点与斑斑。”而这里，让人悲伤与同情的是这个美丽的女子，当她等到心爱的恋人的明确表态时，恋人已不在人世了。“我很想把我的心情告诉你。不，还是不要说它的好……只可惜、可恨刽子手们夺去了我们的幸福”，尽管表态仍然很含蓄，但林道静已经知足了，已经“感到了深沉的慰藉与温暖”。

“妈妈，允许我到苏区去吧！我要拿起枪来，我……我不能这样平静地生活下去了。……”革命者、共产党员是一些怎样的人！他们都有着怎样的身世和经历，他们内心激荡着怎样汹涌澎湃的感情，他们渴望战斗，渴望报仇，渴望为理想献身。此时，或许才理解了鲁迅先生《记念刘和珍君》中的几句话“然而既然有了血痕了，当然不觉要扩大。至少，也当浸渍了亲族、师友、爱人的心……”“真的猛士，敢于直面惨淡的人生，敢于正视淋漓的鲜血。这是怎样的哀痛者和幸福者？”当我们的学生读到此处能发生共鸣的时候，就是真正理解了道静和革命者的“哀痛者和幸福者”的时候。人的生命是有亮度的，而且每个人的生命亮度是不同的，革命者的生命光亮烛照我们，我们一定要坚信这样的人真实地存在过，而且他们的精神依然存在着、赓续着，否则，中国共产党领导中国人民做出的人间奇迹就没法理解。否则，今天的中国在中国共产党的领导下开拓的时代广度和开掘的历史深度就没法解释。

“梅祥，你是忠实的经得起风浪的好同志，那么我们欢忭愉快地来道别吧。”生命是人最宝贵的，失去生命就失去了一切，可是这些革命者都有一个共同的生死观，就是对于死绝不畏惧、决不退缩，并且“感到无上的光荣，无上的欢乐”，今天的我们能真正地体认和深切地理解这种生死观吗？

"我为找儿子，挎着买小菜的篮子，装做买小菜的，在念林住过的弄堂里来来回回走过多少趟呵，可是念林——我那唯一的孩子却再也找不到了……"一个妻子永久的伤痛！一个母亲永久的伤痛！一个革命女性的悲苦与坚贞。林红的丈夫、刘大姐的丈夫、林道静的恋人，三个伟岸的男人，三个顶天立地的男人。他们都是把为革命而牺牲看成是"无上的光荣，无上的欢乐"的事情。他们的肉体生命消失了，精神生命却完好地保存在了三个卓越的女性的生命里。她们都有血海深仇，都有烧毁旧世界的冲天怒火，她们都有为信仰随时牺牲的坚定信念。

第26章

"尤其道静因为在家的时间比较多，更多地照顾着这青年，因此这年轻的病人对她也就产生了格外亲切的情感。"与贫苦劳动人民在一起，生活情感粘连在一起，既是他们中的最普通的一分子，又是有政治觉悟、有崇高使命、有斗争经验的共产党人，他们是干柴中的火星。这是共产党起家的根本，革命的根本，力量的源泉所在。

"你要知道我们的阶级、我们的党正是需要铁的、严格的、丝毫不苟的组织性和纪律性的，可是你检查一下，你在这上面怎么样……""铁的、严格的、丝毫不苟的组织性和纪律性"，这是共产党取胜的又一法宝。

"不是为自己"，朴素的一句话正说出了共产党人最本质的特征。老人的大儿子任玉彬"在郑州叫吴佩孚枪毙了。他活着时，参加了共产党，老头反对他，他常说他们不是为自己"，再次说明了共产党的力量来自社会最底层。还有看似简单的一句"不是为自己"，境界之高是一般人难以企及的。"哪里有压迫哪里就有反抗"，这是革命的道理，是爆发革命的原理，也是真理。原来有一句话叫作"见死不救枉为人"，可是，我们不得不说，今天的绝大多数人已经沦落为"见死不救"的人了。这个普通老人的做法若拿到今天就已经是了不得的事迹，因为绝大多数人已经很难做到了。"事不关己高高挂起，明知不对少说为佳"，各种鸡汤文以及明哲保身的实用主义哲学甚嚣尘上。

"我已经为无产阶级革命流尽了最后一滴血……我叫赵毓青，河北博野人……"这样的人还不是共产党员！作家梁晓声说过："我们写小说的，是时代的记录员。"应该感谢本书作者为我们记录了这些革命者的感人事迹。让我们知道，为了新中国，有多少可爱可敬的英雄儿女献出了宝贵的生命。赵毓青、任玉彬虽然是小说中的人物，但我们坚信这样的革命者是真实存在着的。

"可是后来我明白啦——我常坐在台阶上听着，慢慢地什么也明白了。"道静此时的身份是地下工作者，党交给她的任务不是发动群众，但朴素的阶级感情和旺盛的革命热情使她又一次违反了党的纪律。虽然违反了纪律，犯了错误，但却有了这样意想不到的收获。这也是真实的，革命者也是人，不是机器，是人就会犯错误。

群众拥护革命到了"能豁出命去"的程度，这是革命发生、发展、取胜的必然。革命者超越了生死，拥护革命的群众也能不顾生死。汇集起来的力量会有多么强大！孟子曰："生，亦我所欲也；义，亦我所欲也。二者不可得兼，舍生而取义者也。"一方面，革命者和拥护革命的群众能达到舍生而取义的境界；另一方面，对于压迫者来说，正如老子所言："民不畏死，奈何以死惧之。"

第27章

"今天晓燕就穿上了这件新夹袍，像新娘一般端庄而羞怯地坐在桌旁。"如果在太平盛世，这或许就是一桩幸福姻缘。太平盛世，人无须政治站队，无须经受考验。人性是经不起考验的，一般来说人都是好人，只有性格不同，品德稍有不同，修养稍有不同，相处、交友、共事都不成问题，不用特别表现，也不用特别考验。

"躲着姑姑干枯的眼睛里面那种羡慕的眼色"这个细节好真实啊！

"她怎么会？……她是忙。不然也许生了病。"道静为什么不来解救晓燕呢？每当危难之时晓燕都帮她、解救她，她已经确切地知道戴愉是叛徒奸细，为什么不设法告诉晓燕？即使冒险也值得啊！"林道静是个可耻的叛徒——她欺骗了你……"恶人先告状先发制人，可是，若没有确切的消息，他怎么敢贸然出此招呢？"她在你这里住的时候不是已经表示厌倦革命了么？"他到底知道不知道林道静的实情？上次见林道静的时候果然是在试探吗？林道静"厌倦革命"真的迷惑了戴愉吗？

"……戴愉吃了一惊。他浮肿的黄脸似乎更加黄了，黯淡的眼睛也似乎更加黯淡了。"为什么"吃了一惊"？为什么"更加黯淡了"？仅是因为他的欺骗没有成功吗？还是从晓燕的"迥异寻常的激动而疯狂的神态"中看到了晓燕对道静的绝对的信赖，对革命的执着追求以及义无反顾的决绝神态？"我常常觉得你对林道静比对我还关心"，他的感觉是对的，王晓燕与林道静之间深厚的情感不是凭他几句话就能离间得了的。听到林道静叛变了革命，晓燕像听到"朋友的死耗一样痛心地哭了"，此时，在晓燕的意识中，林道静背叛的是革命而不是友情，这说明什么？这反证了晓燕对革命的忠诚与维护。她已经不是一个普通的女子了，她经过了林道静的革命启蒙，经过了戴愉的"进一步培养"，已经是一个初步有了信仰、有了政治倾向的青年，她不是仅有温柔娇弱的一面，她更有独立的人格、明确的信念、刚毅的品质，以及执着的追求。这个假扮革命者的冒牌货，害怕起他"亲手培养"的真正的革命者来了。

"你，君才，你——我们可永远不能像她那样呀！"晓燕最终还是相信了，戴愉的欺骗成功了，戴愉的目的达到了，他应该高兴才对，但为什么"脸像一张白纸"？

第28章

"这是一条宽阔的然而寂无一人的马路，在转角处，江华突然把车门一开，用力一推，戴愉也乘势一溜，在汽车还在开行的时候，他像一摊肉泥般被抛到马路上。"这个叛徒身上背有革命者的血债，李永光的牺牲和定县某些组织的遭受破坏都是他的罪行，而且还会继续危害革命，为什么不除掉？

"戴愉得到的判决书上，没有关于林道静的，以及他目前活动的材料，正是为了麻痹这个特务分子，使他不做戒备。"那除掉不就什么问题都解决了吗？为什么不除掉戴愉为道静北大的工作扫清道路？

第29章

“因为晓燕明明站在她面前……她激怒地瞪着王晓燕，顺着嘴角涌流出来的鲜血涂了她一手掌。”一个忠贞的革命者被诬陷为“叛徒，奸细”，遭受殴打和驱逐，不是敌人，而是激进的学生，不是叛徒，而是自己的挚友，遭受他们的殴打和凌辱，遭受冤屈无法诉说，林道静平生还是第一次遭受这种考验。

“路芳，王晓燕的问题，你以后打算怎么办？”感觉这三个北大的学生党员和卢嘉川、江华、林红、刘大姐他们不一样，很有差距。或许这也是真实的情况。阅读的过程跟参加革命的过程一样，读者也是从幼稚到成熟的，难免把革命理想化了。

第30章

“《最后的晚餐》镶在一个淡绿色的镜框里，挂在小铁床上面的墙壁上。”环境描写反映着人物很“小资”的生活。这一段若单独拎出来，是不好判断时代的，今人读来没有时代的隔膜感。生活如此优裕，李槐英还革命干什么？但是，覆巢之下无完卵，亡国了，李槐英个人的安乐窝也难保。这样看来，李槐英也是麻木的国人。

“……这一切——你们说说，这一切都说明什么？这不是国亡无日是什么！”有良知的有朴素爱国情怀的大学生是大多数，共产党的作为是跟最广大的民众的基本愿望和最朴素的情感相一致的，大家都有强烈的愿望，但缺乏有力的组织和领导。共产党人的活动不是无事生非，煽风点火，而是符合大众愿望，符合民族长远利益的。当时的大多数的大学生都有朴素的爱国情怀，有救国的强烈愿望，有正义感和斗争精神，但政治主张和政治团体很多，哪个才能起到组织和领导作用，他们一时也找不到正确的方向。共产党有坚定正确的政治方向，救国救民的强烈愿望，艰苦奋斗的工作作风，不屈不挠的斗争精神。但在当时有谁能真正看好共产党并坚信共产党？

"可是咱们中国——哼，东北丢啦，华北也不要啦，看日本人在北平城里那个横冲直撞劲，真正把人气死！"敢怒不敢言，但是，有气。这"气"普遍地充塞在有朴素的爱国心的广大民众心里，越憋越多，一个人憋的气可以"把人气死"，众人憋的气一旦爆发会有多大的力量！"星星之火，可以燎原"在这里呈现的是另一种情况。被压榨到不能生存的老百姓，如干枯的草木，有星星之火就可成燎原之势。日本帝国主义侵略、欺压，让民众赖以生存的国土沦丧。民众普遍的焦虑、愤怒、仇恨情绪像燃气，星星之火何止于燎原，简直是引爆。革命何以发生？革命凭什么道理进行？革命实际是怎样进行的？革命给这个民族带来了什么？革命对于一代一代的中国人有哪些教益？

从"真正把人气死！"到"街上的人都气坏了"说明民众是"共情"的，知道这几个年轻女孩子是自己的同胞，这正是共产党人看到的"地火"，看到的力量。

"刚才刘丽来了，和我谈了一大阵，现在你们又来麻烦我啦。"为什么都来找李槐英？她是花王！"皇后"？她有什么影响力和号召力吗？因为她长得漂亮吗？这个李槐英有着白莉苹的影子。

"今年教育部下令复古，有一阵北平读经尊孔之风大盛。"这个时候教育部为什么下令复古？读经尊孔在这时的意义和价值是什么？传统文化需要传承，但此时由政府特别推行，一定有其特殊的目的。这也是一个值得研究的文化现象。

"路芳，有点事想告诉你，可是……"对形势的判断，对情况的理解和判断，是成功的基础，林道静："我总觉得北大的同学是先进的，是有觉悟的，只是因为没有很好的去组织、去发动，因此，有些同学不得不埋头书案来安慰自己痛苦的心灵。"这个判断是准确的。领导与组织的前提是大众愿意跟你走。所以，前期的工作只能是走进群众、联系群众，然后才能发动群众，进而组织领导群众。

"沉默。道静许久工夫都沉默无语。"这是一场更为复杂艰难的斗争，因为在许多同学中间既不能正面回击，又不能束手就擒，也不能退缩躲避。这里还是质疑，为什么不除掉戴愉？

“她突然把话止住了。”切实可行的办法，灵活机动的战术，顽强不屈的斗争。这里有智慧、有经验、有意志和决心、有策略和办法。王安石在《游褒禅山记》中说“而世之奇伟、瑰怪，非常之观，常在于险远，而人之所罕至焉，故非有志者不能至也。有志矣，不随以止也，然力不足者，亦不能至也。有志与力，而又不随以怠，至于幽暗昏惑而无物以相之，亦不能至也”。做成一件事需要“志”“力”“物”三个因素，而在这三个因素中政治家王安石特别强调“志”的作用，他又说“尽吾志也而不能至者，可以无悔矣”。王守仁在《教条示龙场诸生》中说：“志不立，天下无可成之事。”成熟的共产党的领导就是这样的，“党给了我这个任务，多么困难我也要坚持下来！”这就是共产党人的本色，在意志、力量和智慧之间，先强调意志、发挥智慧，再聚集力量，总有时机成熟的时候。这是一切能成大事者的素质和特征。共产党就是由无数这样的人组成的，革命怎能不成功！

“说起来怪有意思。林道静这个名字，我可早就熟极啦。”林道静性格的发展变化轨迹真实可信！侯瑞的感觉正是读者的感觉。显然，林道静的沉着冷静富有斗争经验以及顽强的斗争意志已经征服了侯瑞。道静因其出色的领导才能使北大党组织成为真正的战斗堡垒。什么叫事在人为啊！林道静在革命洪流中的历练与成长是一个大课题，很值得研究。

“多惨，丢下两个不大的孩子。这是去年的事。”陈蔚如、白莉苹、李槐英、王晓燕、林道静，这五位美丽的女子不同的人生选择造就了她们不同的人生轨迹。青春该怎样度过？通过对几位女子人生轨迹的对比、梳理、总结，我们能从中获得教益。让人想起了《红楼梦》中几位才情俱佳的女子的人生轨迹与命运。

“……侯瑞，积极地行动起来吧！我真希望你多帮助我。”共产党人团结一心的力量世所罕见，而分散开来，独立工作，开创新局的能力也让人惊叹。虽然党有铁的纪律、严密的组织，但并没有捆住每个人的手脚；虽然党员要一切行动听指挥，但并不是不能发挥个体的主观能动性。上级党组织好多日子都不派人来联系，道静也能独立开展工作，而且对形势判断准确，工作方法得当，措施到位，还能分清轻重缓急，大局小情，个人与组织，有忍人所不能忍的大智大勇。

"许多同学误解我、骂我，但是这一切都比不了北大的工作没有进展，都比不了我们党内的思想不能一致更叫人着急……"这已经不是一个一般人所能做到的了。这就是"千锤百炼"后才能具有的品格，这是绝不能被低估的真本领。尽管她还是有着一般人的本能的反应，"刚才张莲瑞来的那一下子真够受，当时我的眼泪在肚子里直打转"。她是人而不是神，但可贵的是她"竭力忍耐"。不管到什么恶劣的环境中共产党人都能落地生根，落地开花，落地结果。虽遭受了无数次毁灭性的破坏和打击，但总是能顽强恢复，并迅速壮大。什么叫"聚是一团火，散是满天星"。一个党员能做到如此，可以看到这个党蓬勃旺盛的生命力。

想起了电视剧《亮剑》第三集中李云龙的一段经典台词。李云龙的一番牢骚和抱怨中，暗含了共产党生存、发展、壮大以及取胜的道理或者奥秘。在组织纪律与发挥个体能动性的关系上，存在着一对矛盾，即"又想让我搞枪，又想让我当乖孩子，这叫不讲理啊"，而上级组织在发展壮大上，让每一个指战员充分发挥主观能动性，即"我有装备我要你干什么啊，你既然能有能耐当团长，你就有能耐出去搞枪，要不然你就回家抱孩子去""我什么都不管，我什么都不问"。而正是这种看似不讲道理的话中却蕴含着一篇大道理，这个道理被实践证明是行得通的革命真理。结果是"不到一年的工夫，咱们新一团什么都有了，九二式，歪把子，掷弹筒，迫击炮，手里的家伙全了，咱们的腰杆子就硬"。这是共产党人能白手起家并发展壮大的道理，共产党的很多道理是超常的，常理一般是等靠要，超常理是自主发展白手起家。自主发展与等靠要的结果是天壤之别。还有斗争的道理，共产党斗争的道理内涵十分丰富，马列主义的普遍真理、毛泽东思想的具体真理与极端残酷的斗争实践结合中产生的斗争道理。在具体运用中已经上升到了斗争的艺术。这里的"敢跟板田联队硬碰硬地去干"是其中之一。从弱小时的游击战术到发展壮大时的敢于硬碰硬。

第31章

"……她忽然渴望去见刘大姐和江华，向他们汇报情况，那么，她想困难就会很快解决的。"跟前面卢嘉川、罗大方等领导时的北大情况以及学生情况已经大不相同。这一段心理描写也是很真实的，若没有亲身经历过，是凭空写不出来的。由此想想，革命题材作品真不是好写的，若没有真实的经历，凭空怎么创作？其他作品中，作者对人物心理、语言、行动等的描写，只要有丰富的人生阅历，就可以按照"人同此心，心同此理"的原理去揣摩和把握，但革命性是普通人性之外的第二性的呈现，是一种超越性的存在，若没有亲身经历，仅凭虚构是完不成的。这部小说，细心阅读体会，时时都会发现有非虚构的成分存在。能让一生从事革命工作的邓颖超读得废寝忘食，足可证明其真实性，能把一个真正的革命者带入革命的情境中，这本身就是对小说真实性的最权威的验证和鉴别。

刘大姐把握大方向，懂得斗争的策略和原则，但她不是大学生，不了解大学生的情况，所以，党组织派林道静来北大工作。其中也可以看出党组织运作的高质量与高效能，每个执行者在执行组织做出的决定时，就像一个人为个人做事那样殚精竭虑，操心负责，这就避免了集体做事中看似人人操心实则人人不操心，看似人人负责实则人人不负责的弊端，也避免了个人做事时的思虑不周、个人局限、偏见以及百密一疏等不足。总之，党组织像一个大脑那样清晰地思考，像一颗心那样时刻牵挂，但又远比一个大脑一颗心周密得多、全面得多、客观得多、成熟得多、智慧得多。加入共产党，成为共产党员，条件极严格又极宽泛。极严格，指个人需要具备坚定的信仰，钢铁的意志；极宽泛，指不论男女、不论老少、不论阶层、不论学识，从劳苦大众到高官富商，从目不识丁的文盲到高级知识分子，党组织的大门始终敞开着。心在一起，情在一起，目标相同，理想信念相同，斗争的对象相同，但个体的差异极大，多样的统一。在这个庞大的组织中又能做到各尽所能，量才使用。其中个体的负面能量则通过党员的党性修养、思想觉悟、组织原则等过滤和消除。最大限度地消除了因一时的不公而闹无原则矛盾，因一时的不被重用而闹古代文人那种"怀才不遇"的矫情病。

"孩子，这都是为你啊，你可再不能离开我了！"作者较详尽地写到了许宁的亲情，这在其他革命者形象塑造中是少见的。从开头到结尾，许宁的经历一直牵连着母亲。他是投身革命的青年形象中的一个。民族大义与个人亲情，对党的忠诚与对母亲的孝敬，从许宁身上可以看到一些真实情况。还可以看到那个时代的青年对延安的向往、对革命领袖的崇敬。对光明的追求就像向日葵的向阳性一样，这也是人的天性，这在青年中尤为突出，这是青年生命的最美好、最本质特性。从个体来说，抛下相依为命的母亲投奔革命，是不孝的甚至是残忍的。从传统文化的角度看，古人都崇尚孝道，几千年的封建社会也出现了很多抛却了功名回家侍奉父母的孝子，受官府表彰，受世人敬仰。但孝文化的一个局限是不赞成年轻人离开家离开父母的。"父母在，不远游，游必有方。"这有利于家族的繁衍生息与安全巩固，但是，一个民族有了危机，年轻人都在家里尽孝，谁来为这个民族救亡图存？当然，传统文化中还是有出路的，当忠孝不能两全的时候，为国尽忠大于为亲尽孝，封建时代当官员需要为父母守丧而必须下野数年时，皇帝的"夺情"就是这样的操作。从许宁的身上，我们看到的是民族的希望。民族的青年走出来了，这个民族就有了希望。《青春之歌》，就是歌颂这样的壮丽的美好的青春。

"许宁眯着眼睛微笑着刚说完，妈妈却一下子晕死过去……"青春美还在于不世俗、不功利、不苟且。在那个动荡的年代，连教授这样的高级知识分子都靠讨薪艰难度日，"一个科员的差事""薪水不少""可以去过安静而舒适的生活了"，这有什么不好啊，却要抛却母亲投奔物质条件远不如大城市上海的十分贫瘠的延安？你可以说这样的青年不切实际，耽于幻想，考虑不周，做事不成熟等，但这正是青年的最可贵的地方。如果一个民族的青年循规蹈矩，对父母师长一味地俯首帖耳，接受父母师长安排好的道路按部就班地去走，年纪轻轻就世故圆滑，精致利己，那倒是令人忧虑的。

"惨痛的悲愤与深沉的相知的幸福，这时，一齐涌上了她的心头。"信仰的力量、意志的力量战胜了饥寒交迫的威逼。这也是一种考验，眼前没有明显的具体的敌人，这次战胜的或许就是自己。"胜人者有力，自胜者强。"当然，不完全是自胜，除了坚定的信仰、顽强的意志支撑着她外，还有林红、卢嘉川等不死的精神鼓舞着她。

“勇士呵，她拿起了你放下的枪！”饥寒交迫的困顿中不是惆怅百结，牢骚满腹，怨天尤人，心灰意冷。竟然有诗涌上心头，有诗陪伴，今人曰：“生活不只是眼前的苟且，还有诗和远方。”而这样的革命者他们根本就不是苟活着，他们的所作所为应该说全部是“诗和远方”，即革命的理想和必胜的信念，所以，他们的“诗和远方”是人类更加壮丽的图景。

这就是革命的浪漫主义和革命的乐观主义。而浪漫主义的土壤就是青年。20多岁的鲁迅先生就写出了不朽的经典《摩罗诗力说》，既倡导“立意在反抗，指归在动作”的摩罗诗派精神，也呼吁“自觉勇猛、发扬精进”的“精神界之战士”。

革命的歌曲、诗歌在无比残酷的革命斗争中所发挥的积极作用，怎么肯定都不为过。再看看毛泽东的诗词，特别是《七律·长征》体现出的革命的乐观主义精神和革命的浪漫主义精神。联系起来看，就完全明白了。而浪漫主义特别的与青年的关系。可以说，有革命歌曲和革命的浪漫主义在，革命者的血始终是滚烫的、沸腾的。革命生活哪怕是苦如炼狱，而在革命者那里也不全是苦不堪言，生不如死，而是依然能从中感受到美，感受到幸福和快乐。这是常人难以享受到的幸福和快乐。从这个角度入手，也能揭开林红、卢嘉川、刘大姐的丈夫等英烈面对牺牲而感到幸福和快乐的奥秘。鲁迅先生触摸到了这样的高度，在《记念刘和珍君》中写道：“……至于这一回在弹雨中互相救助，虽殒身不恤的事实，则更足为中国女子的勇毅，虽遭阴谋秘计，压抑至数千年，而终于没有消亡的明证了。”林道静和刘和珍君一样，是优秀的民族之花，是这个古老民族的希望所在。只要有这样的优秀的革命者在，民族就不会灭亡，国家就有希望。

第32章

“……前几天，在极端困难中，我就动摇过，想同许宁一起去陕北；今天，我又暴露了许多不好的思想。……”时时自我反省，自我检讨，对组织是襟怀坦白的，对同志是坦荡的，对自我是严厉批评的。共产党人非常厉害的一点，就是批评与自我批评。向敌人斗争，向苦难斗争，更要向自我斗争。时时改造自己的思想意识，改造自己的主观世界。“吾日三省吾身”，这是圣人所为，圣徒所为，共产党人做到了，通过同志的批评与帮助，通过自我的反省与检视。个体怎能不“苟日新，又日新，日日新”呢？一个这样的人是“积善成德而神明自得”的人，是不断打破“我执”的人，是不断自我完善的人，自然是天下无敌的人。

“记得你刚到定县找我那天吗？我叫伕役给你买了一包包的吃的，你也问我为什么买这多。现在，你是来还账吗？”一下子把前面的情景勾连起来了，也把读者带进去了，两人在一起的全部感觉读者也体会得到。经历了好多的人和事，感情成熟了，也沉淀了，但醇厚了、绵长了，更有味道了。

“他在定县偶然邂逅的一度冲动的热情会随着这一对爱人的幸福生活而逐渐消逝的。”在定县就产生了爱慕之情，应该属于一见钟情。“今天，他看出来，她不但是一个坚强的同志，而同时她也是一个温柔的需要感情慰藉的女人。”这样的革命者才是有血有肉的，才是可敬又可爱的。但艺术品创作中，这个度要把握好，在以前的作品中，革命者的革命性、党性凸显得多，普通的人性体现得比较少，于是，红色作品中的革命者形象给读者的感觉是太圣洁、太高大上，好像不食人间烟火似的。“文化大革命”时期，基本上只表现革命性和党性，而极少表现最基本的人性，塑造的人物几乎都是“高大全”式的，于是从圣洁走向了虚假。而近年来的文学作品以及影视作品中的革命者又过多地表现普通的人性，把过去的革命英雄人物从“圣坛”上拉下来，打着揭秘和还原本真的旗号，来消费红色经典、红色艺术和革命英雄人物形象。专写英雄人物不为人知的个人生活，表现他们的“七情六欲”，以迎合今天人们的娱乐需求，于是作品越来越滥情化。结果，英雄人物可亲可爱了，却不可敬了，甚至被扭曲和糟蹋了。而实际上，这样的英雄形象也是不符合实际的。至此，江华的形象因对其内心世界的描写而血肉丰满。热恋、爱情等字眼几乎是青春的标配，最主要的人物形象如果缺少这一笔，《青春之歌》就不能成立。也就不足以真正感动感染乃至吸引每一代青年。主人公就会因为不食人间烟火而只能“风干”在革命的“圣坛”上。

“她像已经知道他要说什么似的。”两人心有灵犀，有心灵感应。“我等你”似乎是多余出来的话，但蕴含着丰富的内涵。

第33章

“燕，这些天你好像瘦了。有什么不愉快的事？”会演能装是戴愉的本事，越过了底线、出卖了良心、丧失了信仰、沦陷了精神的人基本上都一样，都是典型的“双面人”，根据不同的情境，两种截然不同的面孔“切换”得很熟练、很自然。文学是一面镜子，每个人都可以从中看到自己的相貌。

“亲爱的，你是世界无产阶级的先驱者了——我们完全站在一条线上了……”“假作真时真亦假，无为有处有还无。”假的当作真的，时间久了假的就被认为是真的了，真的就成为假的了。把不存在的东西说成是存在的东西时，那捏造的事实甚至比存在的事实更显得“真实”。天使般的纯洁，羔羊般的善良，却遇上了饿狼恶狼！

“你就来找我吧！亲爱的燕姐，来吧！快来吧！什么时候我都在等待着你。”靠理性推断分析弄不明白的，往往凭感觉能直感。“她不知自己是怎么样一步步远离了所喜欢的人，而同一些不大喜欢的人搅到了一起。”她进的这个“党组织”有一种威逼利诱，她的上级领导王忠做事下三烂，动手打人羞辱人，不是共产党的做派。戴愉再会伪装，阴暗的内心也会有掩藏不住的偶然暴露。所有这些是能感觉出来的，晓燕感觉“同一些不大喜欢的人搅到了一起”，不喜欢是她的心告诉她的。王阳明认为心即理，吾心自足，无须外求。

“说实在的，如果林道静说的是实话，那么戴愉……她简直不敢想下去，她怕想这些。"一方是几十年心贴心的朋友，一方是正在热恋中的恋人，的确不好辨别。但"心"会告诉她，"感动得流下了眼泪"是"心"的呼唤，"认真考虑"是理性的推理和判断。戴愉"恶人先告状"，给她先入为主的判断，要推翻，不容易。但是"见了戴愉时的那种不安、痛苦"以及"入了'党'也不觉得高兴的情形"，分明是"心"在告诉她真假。这是非常真实的，没有深切的生活体验是不能够写得如此之好的。忠实于生活的现实主义的创作手法是本部小说成功的根本所在。

第34章

"等那位陈教授站起身来，开始了低声的讲话时，课堂里静得连掉下一根针也都可以听见了。"找到了心灵的契合点与共鸣点，找到了大家的共同关切。参会的人是"邀请的"，其实是预先选择好的，都是关心国事的有良知的人。没有让搅局的"托派"混进来，活动的成功是必然的。事先要做好充分的准备，这跟林道静前面的活动形成了对照。

"一个伟大的民族是不会没有路可走的。但是眼前中华民族的出路在哪里呢？"开头就很好，高屋建瓴，抓住了人心。肯定有路，这是坚定的不容动摇的信念，但路在哪里？是摆在每个有良知的爱国的知识分子面前的课题。接下来是"引爆"。"中国的人民大众天天在饥寒交迫的死亡线上煎熬、挣扎，怨恨愤怒已达顶点。"只要良知未泯的人，谁的血不会因此沸腾起来！这就是知识分子，被敌对分子蔑称为"丘九"的比"丘八"更难对付的人。

"难道我们就等着敌人来宰割，就等着当亡国奴么？……"青春和民族大义总是紧密相连的，只要没有误入歧途，只要没有坏了良心，只要心智正常，只要眼睛没有被蒙蔽，都是要义愤填膺的。因为这样的演讲不是故意的煽动，只是摆出事实而已。

"……他自己积极在世界语学会里活动，常常搞些讨论会什么的。"宣传马列在北大有传统，"兼容并包"也是北大的传统，在当时的北大，这样的活动不算太出格。

“散兵游勇”指的是未被组织起来的北大的知识分子群众，他们不是劳苦大众，他们不是因为反抗压榨剥削他们的人而起来革命的，他们是因为反抗民族压迫而起来革命的。他们在主观上寻找出路，客观上寻找领导、寻找组织、寻找主心骨。道静和侯瑞不一定有演讲的陈教授、组织的韩林福、发言的李绍桐有学识、有才华、有理论水平，但共产党员的思想觉悟以及党在当时的策略主张让他们俩比这里的任何一位更有洞见、更有眼光、更有办法。这是共产党这个最先进的组织给予每一个成员的智慧、胆略、勇气和见识，它使共产党人每到一个地方都既可以融入其中，又可以出来单独发挥领导作用。

“来北大以后，道静也是第一次那么香甜地熟睡了。”她前面想借助李槐英校花的影响发动群众开展工作的路子显然是不对的。把几个“托派分子”当作革命的对象进行斗争的思路显然也是小格局的。建立最广泛的统一战线是党的大政方针，道静显然是受了影响，从本本出发而不是从实际出发把“统战”李槐英当成了打开工作局面的缺口，但是，统战不成，还暴露了自己，使自己在北大几乎没有立足之地。对于只关心个人享乐的“小资”来说，当你的力量本领很弱小的时候，他是不会跟你走的；当你够强大的时候，不用“统战”他都会来投奔的。在那个时代，真正要革命，阶级不同，革命态度的确不同，那是实实在在存在的现实，谁否认这一点，或者看不清这一点，谁就不是最清醒的革命者。毛泽东1925年12月的《中国社会各阶级的分析》的确是真知灼见。毛泽东指出，中国无产阶级的最广大和最忠实的同盟军是农民，这样就解决了中国革命中的最主要的同盟军问题，并且毛泽东预见到当时的民族资产阶级是一个动摇的阶级，他们在革命高涨时将要分化，其右翼将要跑到帝国主义方面去。1927年所发生的事变，证明了这一点。“谁是我们的敌人？谁是我们的朋友？这个问题是革命的首要问题。中国过去一切革命斗争成效甚少，其基本原因就是因为不能团结真正的朋友，以攻击真正的敌人。革命党是群众的向导，在革命中未有革命党领错了路而革命不失败的。”针对当时党内存在的问题，毛泽东写下《中国社会各阶级的分析》一文，给中国共产党找到了一条光明之路。这一年，毛泽东只有32岁，我们不得不佩服他的非凡。

第35章

“日本人不费一枪一弹占领了中国的东北，而现在，北平——中国几千年来的文化古都，竟也悄悄地无声无息地沦丧了吗？”这应该是卢沟桥事件之前的事，从后文国民党五全会议召开的时间看，应该是1935年。也就是说1937年北平沦陷之前，已经有一部分日军以“友军”的身份进驻北平了，黄梅霜和李槐英见证的应该就是这一批。参看老舍《四世同堂》中日本军队进北京城的描述：

北平陷落了，瑞宣象个热锅上的蚂蚁，出来进去，不知道要作什么好。他失去了平日的沉静，也不想去掩饰。出了屋门，他仰头看看天，天是那么晴朗美丽，他知道自己还是在北平的青天底下。一低头，仿佛是被强烈的阳光闪的，眼前黑了一小会儿——天还是那么晴蓝，而北平已不是中国人的了！

……

把左手也放在桌上，支持着他的身体，他用极大的力量张开了口。他的声音，好象一根细鱼刺似的横在了喉中。张了几次嘴，他并没说出话来。他希望学生们问他点什么。可是，学生们没有任何动作；除了有几个年纪较大的把泪在脸上流成很长很亮的道子，没有人出声。城亡了，民族的春花也都变成了木头。

糊里糊涂的，他从嗓子里挤出两句话来：“明天上课。今天，今天，不上了！”

“心里不知怎的感到一种说不上来的压抑，好像胸口被什么东西堵住了似的”，这是李槐英作为一个中国人的本能反应，她的良知还在。“更多的人还是发出了愤慨的咒骂声……”大多数是有良知有爱国心的人。

“贵妇人、长袍马褂的执政者和日本军官，还有翻译，掺杂地分坐在餐桌边。”入侵者和卖国者，征服者和亡国奴，“欢聚一堂”“其乐融融”“共进晚餐”。

“李槐英本质上是个好姑娘，有正义感、热情。”可惜的是，因为政治上的糊涂，自己亲手葬送了自己。“覆巢之下无完卵”，爱国是一种最朴素的感情，最朴素就是说不是看你说得多漂亮，爱国口号喊得多响亮，而是看你在自己的国家遇到不幸、遭到不公时不由自主的心理反应和情感体验。应该说绝大多数中国人都是爱国的，都有着最朴素的爱国感情，但也有不少人就像李槐英一样因为只关心个人的享乐与安宁，对国事抱着漠不关心的态度，而在关涉民族大义的大是大非面前犯糊涂，结果也是糊里糊涂做了牺牲品。

我们仅仅是在读书吗？为什么要读书？读书是为了明理。读书不明理，读多少书也是枉然。

第36章

“今晚，咱们就要开一个党员会，好好研究研究进一步怎么办。徐辉就要来帮助我们，她也可能来参加这个会。”一个小小的学生会能管得了华北的局势吗？这在今天看来甚至都是滑稽搞笑的事情，但这是真实的情况。为什么会出现这种情况呢？在80多年前的中国，中华民族到了最危险的时刻，亡国灭种的时刻。当政府既无能，又不负责，甚至卖国。偌大的国家没人管了，没人操心了，任外国侵略者糟蹋，任由外国侵略者的队伍在自己祖先留下的土地上耀武扬威，作为主人的国民只能忍气吞声。这时候，军队跑了，政府降了，国事是每个人的国事，正是古人所说“位卑未敢忘忧国”，“天下兴亡，匹夫有责”。到了“地无分南北，人无分老幼，皆有守土抗战之责”的时候，到了“每个人都被迫着发出最后的吼声”的时候，最后的吼声也要发声，临死前至少要发出抗争的声音。谁都不发声，谁都等政府靠军队，那就只能徒然等死。所以，当时有正义感的爱国人士，要做的只有一件事，救亡图存！救亡图存！

第37章

"爸爸，没有什么。今天的报纸你看了吗？蒋介石在五全大会开幕式上的讲话你看到没有？"于1935年11月召开的中国国民党第五次全国代表大会，是中国国民党历史上的一次重要会议，对当时中国政治局势的走向具有相当的影响。从中国国民党第五次全国代表大会开始，国民党自1931年九一八事变以来的对日妥协的外交政策发生了某些变化。国民党内亲英美派和亲日派的矛盾进一步发展，亲英美派势力占据上风，国内政策也出现了局部的松动，国民党在形式上达到了新的统一，这对后来全面抗战的爆发产生了一定的影响。

"王姐姐，只要组织分配，我做什么都高兴。现在，我真高兴极啦！"而且不怕吃苦受累，不怕流血牺牲。"只要组织分配，我做什么都高兴。"这里还有一个疑问，俞淑秀都找到了组织，晓燕却还陷在假组织里，俞淑秀又能来联系晓燕，而晓燕和戴愉还在联系，党组织却早已查清了戴愉。是党组织欲擒故纵还是疏忽大意了？外出是组织机密的事，怎么能随便告诉王晓燕这个组织之外的人呢？

"说得天塌下来，我也不相信她会叛变的！敌人的阴谋诡计多得很，不是你上了什么人的当？反动派是喜欢我们起内讧，喜欢挑拨离间我们的。"一个反应就能看出俞淑秀的镇定和智慧。俞淑秀虽然年龄没有王晓燕大，但她比王晓燕成熟和清醒。不论从年龄还是生活经验来说，晓燕都应该比俞淑秀成熟得多，也不论从认识的时间和相互的关系上看，晓燕对道静的了解和感情都应该比俞淑秀对道静的了解和感情深得多。为什么俞淑秀对林道静的认识判断比晓燕准确又坚定得多？晓燕在相信与怀疑中备受煎熬，而俞淑秀态度坚决，不容置疑，"说得天塌下来，我也不相信她会叛变的！"解释只有一个，那就是俞淑秀和林道静有过一段共同的牢狱生活。

第38章

“……要成立能领导我们大家进行神圣抗日救亡活动的学生自治会！……”革命就是命运相同的人抱成一个团体行动起来的事情。这是一个通理，农民是这样，工人是这样，知识分子的青年学生也是这样。“我代表三年级的全体同学表示我们坚定的立场：我们绝不参加反动的学生自治会！也绝不承认这种学生自治会！”极“左”的主张和言论对革命有害无益，但革命队伍中上至最高领导层如王明、博古等，下至最基层如叛变之前的戴愉，总不乏其人。其中有心向革命的极“左”者，有打着革命旗号的反革命者。这里王忠是伪装的革命者，其言论和叛变以前的戴愉的言论如出一辙，这是真正的革命者必须警惕的。其中有一些道理和深层的原因值得探究，但仅从手段和策略的角度看，这是很厉害或者很高明的。从古至今的破坏、对抗、斗争、消灭，往往最厉害的一招就是钻到对方的内部。孙悟空如果不是钻到铁扇公主的肚子里，怎能战胜威力无比的芭蕉扇？希腊人若不是使用了木马计，怎能轻而易举地打下坚固无比的特洛伊城？

“她仿佛不是在人声鼎沸、充满激烈斗争的场所，却像在一个孤零零的地方，一个人深深沉湎在自己的忧伤中。”是晓燕最终看清真相、彻底觉醒的时候，也是晓燕最痛苦崩溃的时候。一个有良好的家庭教育的文质彬彬的淑女，一个埋头苦学、遵规守矩、好学自律的女子，一个重情重义、善良多情的女子。她重友情、最受道静信赖，多少次危难中都对道静出手相救，非常慎重地对待参加革命的事，却因她的过分善良和纯洁被恶人利用，不自觉地走到了坏人的阵营里。晓燕是一个悲剧性人物，这个形象具有一定的代表性。这个人物能引起读者的深切同情，也能引发读者的深思。

“这一来，不仅在历史系，而且在全校都给了特务学生一个大大的打击。”在当时，中国教育极端落后，在老百姓绝大多数都是文盲的情况下，能成为北京几所著名大学的学生，真是非常不容易的。一般来说，这样的大学生是国家的精英，民族的希望，他们比一般的百姓更多地了解到了国家民族所处的危亡的严峻形势。李绍桐演讲中所讲的国事，王忠这些人应该都知道，但王忠这些人的所作所为与那些真心爱国、为国事真正忧虑并奔走的青年的确不一样，这是让人痛心的。

“……可是，我刚到北大的那些天，却什么也没看见。其实，宝山是早就存在的。”林道静领导下的党组织在北大成功地掀起了轰轰烈烈的抗日救亡运动，这是另一种情形的“星星之火，可以燎原”，试比较一下，这和江华在定县组织的割麦斗争有何异同？我固执地认为，《青春之歌》很大程度上是自传性的，我们用它来做整本书阅读的教材，看重的就是这种自传性，我们把这部小说当作一部历史来读，当作一部艺术化的历史来读。历史性是真实，越真实越有研究价值，越真实读者越受教益；艺术性是效果，通过艺术的方式讲述历史就有一种代入感，能让学生走进去。让学生“走进”那段“真实”的历史是我们的目的，也是阅读这部小说的最大价值。

第39章

“想到这里她有点不好意思了。”道静对江华产生了一种兄长兼恋人似的情感。“王晓燕像个傻子一样在历史系的改选会上低着头什么人也不敢看一眼。”晓燕已经很可怜了，作为曾经最要好的朋友，道静应该想尽办法拉她一把，不能眼看着她上当受骗。晓燕曾经在危难中多次帮助过道静，直至现在，晓燕并没有做过实质性的坏事。总感觉道静还是亏欠了晓燕。

“……她突然害羞地伏在他宽厚的肩膀上，并且用力抱住了他的颈脖。”幸福来得很突然，也很自然。

“照着戴愉的脸颊狠狠地打着、打着，直打得自己的手都麻木了”，真是一个痴情又忠厚的女子，还打什么呀，早就明白的事，还在纠缠。性格决定命运，她的黏黏糊糊，过分善良，略显糊涂的性格，是她误入歧途的根源。

“他被自己一时的怯懦害了终身”“敌人利用了他的怯懦一步一步逼他走了罪恶的深渊，使他不能回顾、不能自拔”。应该说，这都是客观的陈述，戴愉对自己还是清楚的。人是经不住考验的，和平年代，这或许是一个有理想、有抱负、才华出众、积极上进有所作为的优秀青年。在那个风云激荡的年代，要么革命，要么反革命，要么麻木守旧，时代的洪流使青年人没法平静自由地选择自己的政治立场，没法逍遥世外，在各种力量的裹挟下，必须做出抉择。在时代洪流中，无私和自利，勇敢和怯懦，牺牲和苟活，信仰和背叛，像分水岭一样，把青年分为两大阵营。担当救亡图存、民族复兴大任的就是第一类的新青年，这是中华民族的希望所在。教益不仅要从正面人物身上总结，也要从反面人物身上总结。反面人物如戴愉，最大的特征就是"背叛"，把他从参加革命到背叛革命的行迹梳理一遍，就可以发现其背叛的必然性。从他的身上我们可以看到，容易背叛的人，背叛的不仅仅是恋人、朋友、亲人、组织，更是一直在背叛自己或者背叛自己的初衷。什么样的人容易背叛自己的初衷，私心重的、意志弱的、怕吃苦的、胆子小的、目光短的，等等。经不住时间的考验，半途而废了；经不住利益的考验，投机取巧了；经不住困苦的考验，贪图享乐了；经不住酷刑的考验，出卖灵魂了。

"他——不会的！他忍心吗？他，他是爱我的……"糊涂的人啊！旁观者看得非常清楚，而本人却执迷不悟，让人怎么点都点不醒。感情不走道理的路，也不走逻辑的路。

第40章

"她已经爱上了他""诚实而单纯的姑娘"，单纯、善良、痴情，还有些软弱与糊涂，这是戴愉眼里的王晓燕。这是王晓燕误入歧途，被人当作工具利用的原因所在。

"就连我们这些老头子、老教授们，也耐不住一腔热血，也都在一起座谈起国难问题啦！这就叫人心不死，人心不死是不是？"这应该是知识阶层的主流情况。最朴素的爱国感情是有良知的国人都具备的，只要"人心不死"就有希望。

"老伯这大年纪，还这样关心国事，真是了不得。这就激励我们青年人要更加发奋图强了。"戴愉在革命的阵营里学会了这一套革命的语言，由心口一致到口是心非，叛变后这成了他的“护身符”，成了他的“保护色”。今天把这种人称作“双面人”，在台上大讲反腐，迷惑下级和群众，背地里就是贪腐分子。我们的祖先造字，人言为“信”，但前提是“诚”，只有“诚”，“言”才“成”，“诚”应是发自内心的，人为地操弄就成了“伪”。

“说到这里，王教授真地摘下眼镜，微微不好意思地拿手帕去擦泪了。”这是中国青年的主流，是民族的希望。“重整河山待后生”，查阅历史，各个历史时期，尤其是20世纪初中国的这场大革命，不论是精英还是主体，绝大部分都是青年，各个阵营都一样。金一南将军在他的《苦难辉煌》一书中说：“那是一个非凡的革命年代，也是一个颠倒的革命年代。……泥沙俱下，鱼龙混杂。常说殊途同归，说说而已，殊途永远无法同归。殊途远去了四伙年轻人。列宁去世时不到54岁；斯大林42岁当上总书记；中国共产党创始人、北大教授李大钊1927年就义时，不到38岁；毛泽东34岁上井冈山；周恩来29岁主持南昌起义；米夫25岁在共产国际提出中国民族资产阶级的软弱性；聂耳为《义勇军进行曲》谱曲时，还不到23岁；红军中最年轻的将领寻淮洲，19岁当师长，20岁当军长，21岁任军团长，22岁牺牲。那是一个年纪轻轻就干大事、年纪轻轻就丢性命的时代。无一人老态龙钟，无一人德高望重，无一人切磋长寿、研究保养。需要热血的时代，便只能是年轻人的时代。”参照这一段话，我们就能更全面地看待“青春”的普遍价值，更透彻更思辨地理解《青春之歌》的内涵。为林道静、卢嘉川这样的青年唱一曲赞歌，为王晓燕、陈蔚如这样的青年唱一曲哀歌，为戴愉、王忠这样的青年唱一曲挽歌吧。

“也该把他列在名单上。”这是一条会流泪的鳄鱼，不能心存幻想，不能心慈手软。不能当“农夫”和“东郭先生”。

“想到了这里，他伸手摸摸准备就要交上去的黑名单还像宝贝一样藏在口袋中，他放下心来，一缕冷冷的笑意浮上了他的嘴角。”党组织已经给了他一次机会了，第一次没杀他，他不但不思悔改，反而在这条路上越走越急，沉浸在自我美梦中的他哪里知道最终的惩罚即将到来，“人民的宣判”即将兑现。今天的贪腐官员无不是这样。同样的路子、同样的情形、同样的下场。戴愉不单是“怯懦”的问题，极端的自私、贪婪与狠毒才是他的本性。爱情对他而言只不过是一件华丽的外衣，一件暂时满足情欲的工具，只要和自己的私利有冲突，就毫不可惜地抛弃。一切以是否有利于自己来考虑问题。

内奸的危害性比任何外在敌人的大得多，这一点，组织不可能不知道，不可能估计不足，但为什么没有除掉？这要么是全书的一个谜，要么就是全书的一个漏洞。但进一步想，实际生活也不全是按照道理走的，人们努力按照道理把实际工作做好，但做出来的难免有很多失误，革命的整个过程都是一个不断试错、不断地纠错的过程。从小说创作的角度讲，如果早早除掉戴愉，后面的情节怎么发展？至少，王晓燕的形象就没法最终完成。再说，敌对阵营的力量太弱小，也不利于正面人物的塑造。反面角色除了胡梦安，就剩下了戴愉。女特务一直是个侧面，王忠只是个过客，很单薄。而戴愉则牵涉了后面很大一部分内容。

"也许他们还会放掉我——我，我可再不干这种勾当了……"非常典型的叛徒特征，跟死心塌地干坏事的反动派还不一样，生死关头、潜意识中暴露出的侥幸心理、投机心理。没有坚定的信仰，保命至上，个人利益至上。这种人即使在所投靠的阵营里也不被真正信任，特务头子王凤娟对他的判语"无用的蠢才"也是很准确的。革命是人性的试金石，人品人性次一等的根本坚持不到最后，坚持到最后的都是非凡的人。

"送他回老家！给他一个整尸首！"这个情节有一点出人意料，当然，勉强在"情理之中"。为什么最终裁决这个叛徒的不是党组织而是敌人的组织，让他死于为之效忠卖命的特务组织？既不是正义的审判、不是人民的判决，也不是多行不义必自毙，更不是咎由自取，而是以"黑吃黑"的方式结束了这个叛徒可耻、可憎、可怜、可鄙的一生。这个情节设置得好吗？是为了证明叛徒没有好下场吗？从王凤娟那一方看，戴愉虽然无能、废物，但没有叛变，还在卖力地为他们干着，再说，目前只有戴愉知道共产党组织的信息和人物最多，打进学生内部的也只有戴愉。从共产党组织的角度看，留下戴愉危害极大，不除的理由不充分；从国民党特务的角度看，戴愉虽然"斗不了"王晓燕，但还有可利用的价值，至少不至于现在就除掉，所以，就像前面的"放掉"一样，感觉这次的"除掉"其理由也不够充分。

"她一头倒在一张小床上痛哭起来了。"一个纯洁善良痴情的姑娘，被这个狼、奸细、叛徒骗去了感情。这又好像是一个隐喻，千百年来，这样的悲剧一直在上演着。

"让这一切都像噩梦一样消逝掉——永远消逝得无影无踪吧！"从愤怒、痛苦的表现看，晓燕仍不能一下子把戴愉从心里清除干净，这是合乎情感逻辑的。王教授劝女儿，"要是这样，我们又何必气愤呢？"剔除了感情因素，这是很正确很清醒的观点，可是感情是"不讲理"的，女儿的初恋，女儿献出的纯真的感情，不会一下子就消失。《氓》中的妇女到了最后才决绝了对氓的幻想，"反是不思，亦已焉哉！"林道静在接受江华的感情的时候，也有对倾心相恋的卢嘉川的感情的怀恋。

"听说北平学联将要发动一次大规模的游行示威，爸爸你知道了吗？"革命工作及时补充了王晓燕空虚无助的内心，革命事业成了她的精神支柱。有了真正的信仰，王晓燕的精神面貌焕然一新。这是王晓燕的新生，是王晓燕命运的大逆转。《青春之歌》相对于其他红色经典，更多地揭示了革命者除了革命性之外的普通的人性，具有了纯文学的特质，这在红色经典中是很难得的。文学是人学，小说通过人物反映和揭示最普遍的人性，本小说通过革命性也反映了丰富的人性，使小说中的革命者形象丰富多彩而不同质化。

第41章

"华北虽大，已经安放不下一张平静的书桌了！"才明白这句话对当时广大爱国学生的巨大的宣传鼓动作用。语言的力量有时是很大的，革命实践者是真正的语言大师，实践给了他们看穿世事的智慧，人人心中有，而人人口中无的真理，却能被他们一语道破。闻一多先生的诗《一句话》："有一句话说出就是祸，有一句话能点得着火。别看五千年没有说破，你猜得透火山的缄默？说不定是突然着了魔，突然青天里一个霹雳爆一声：'咱们的中国！'这话教我今天怎么说？你不信铁树开花也可，那么有一句话你听着：等火山忍不住了缄默，不要发抖，伸舌头，顿脚，等到青天里一个霹雳爆一声：'咱们的中国！'"

"工农兵学商，一齐来救亡，拿起我们的铁锤刀枪，走出工厂田庄课堂，到前线去吧，走上民族解放的战场！……”很有力量的歌，凝练了轰轰烈烈的活动的目标、价值、意义，让参加运动的所有人的心凝聚在一起，唱着这样的歌，热血就不得不沸腾，人心就不得不凝聚。中国共产党革命的道路上从来没有缺乏这样的歌与诗，这也是值得研究的。“高歌猛进”，众人的“高歌”一旦响起就会产生飓风效应，使参加于其中的人们因感奋而激进而勇往直前而义无反顾。荆轲易水送别时为什么要慷慨悲歌呢？“心头忍不住被撼动了！”“血液同时在血管里奔腾起来”“心脏跳得厉害”，描述的是很真实的情感体验。

“林、林道静，我、我做了多少年的迷梦呵！今、今天才明白啦，明白一个人应当、应当怎样活在世界上。”“一个人应该怎样活在世上”这也应该是小说的一个文眼。第一个是晓燕因道静而感慨说出的话，“难道是信仰的力量？”这一次是李槐英因道静的关怀而情感爆发说出的话，一个人应当怎样活着，指的就是青年。一个人的青春怎样度过？道静是正面，王晓燕和李槐英是侧面，这两人都走了一段迷茫的路，有切身的体验和感悟。王晓燕和李槐英的迷途知返之路各自说明了什么？

“打倒日本帝国主义”李槐英是有一定的影响力和号召力的。林道静刚到北大还没有打开局面的时候，主动找到李槐英，动员她。这种建立统一战线的做法在当时时机不成熟，现在看来，是值得肯定的。但话又说回来，如果没有跟着黄梅霜误入歧途，遭受损害，仅凭林道静的宣传鼓动团结，她是不会彻底醒悟的。每个人的觉悟过程不一样，有的人只有吃一次亏才能真正觉悟，这是一个普遍的道理，王晓燕也一样。

“自治活动”是日寇最阴险毒辣的一招，其基本策略“以华制华”，目的是蚕食中国乃至全面殖民中国。“自治活动”在东北以建立伪满洲国的形式成功占领了东三省后，继续在华北推行，使以“自治”为名的伪政权在华北大量出现。

“青年、妇女、老年人的鲜血涌流着，但是人们毫不畏惧。前面的在血泊中倒下了，后面的又紧跟上来。”这个社会为什么是这样？为什么能够这样？民众的力量，压抑在心里的怒火燃烧起来。可怕的、强大的力量，来自最普遍的民众。“冲呵！冲呵！向卖国贼们冲呵！”一二·九运动是真实的历史事件，这段描述再现了当时的真实情景。置身其中，做何感想？

著名作家、散文家、诗人赵丽宏在其文《为你打开一扇门》中有一段话说得很是透彻：文学是人类感情的最丰富最生动的表达，是人类历史的最形象的诠释。一个民族的文学，是这个民族的历史。一个时代的优秀文学作品，是这个时代的缩影，是这个时代的心声，是这个时代千姿百态的社会风俗画和人文风景线，是这个时代的精神和情感的结晶。优秀的文学作品，传达着人类的憧憬和理想，凝聚着人类美好的感情和灿烂的智慧。阅读优秀的文学作品，对了解历史，了解社会，了解自然，了解人生的意义，是一件大有裨益的事情。

“民众们，组织起来！武装起来！中国人民起来救中国呵！”国不是谁一家一姓的，可是这些可敬的青年学生就像自己的家破亡了一样，不顾一切奋力奔走呼喊，这是一种什么样的情感和精神！共同生存的国土亡了，如果每个人都怕惹事，等着别人出来呼救，自己却保持沉默，那么最终谁都不能幸免。在波士顿的犹太人死难纪念碑前有这么一段话：“当纳粹来抓共产党人时，我保持沉默，因为我不是共产党人；当他们来抓犹太人时，我保持沉默，因为我不是犹太人；当他们来抓贸易工会主义者时，我保持沉默，因为我不是贸易工会主义者；当他们来抓天主教徒时，我保持沉默，因为我是新教徒；当他们来抓我时，已无人替我说话了。”

“侯瑞竟跑到大操场上敲起了下课钟——叮当叮当的巨声……”很具象征性的举动。外校人员闯入学校，提前打响下课铃，对一所学校来说，这是侵犯，这是严重扰乱学校正常秩序的破坏行为，但在民族危亡的关键时刻，这是正义的举动，这是唤醒沉睡者的呐喊声，这是在吹响挽救民族危亡的战斗号角。

第42章

“烽火”一词形象生动地写出了一二·九运动的价值和意义。“全国各地的学生也都起来响应了”，跟历史上的“烽火”是一脉相承的。烽火是古代边防军事通信的重要手段，烽火的燃起是表示国家战事的出现。这次的一二·九运动就像烽火台上的烽火，从北京点燃，就能遍及全国，再次证明绝大多数的青年是有着强烈的爱国之情的。几个人站出来抗议示威力量是弱小的，但北京各大学的学生都出来示威抗议，就有了力量，而波及全国就成了不可抗拒的时代洪流。以林道静为代表的共产党的地下组织所做的努力，所付出的牺牲是值得的。

"难道我们的痛苦和欢乐不是共同的吗？"革命性和美好的人性在这里是融合在一起的。"我是很幸福的。从来没有这样幸福过。"革命同志之间相处的志同道合的幸福感，革命同志男女结合的个体生命的爱情幸福，在这里是水乳交融的。共同的理想、共同的事业、共同的爱情，灵与肉的完美结合。冯友兰先生说："人做某事时，他了解他在做什么，并且自觉地在做。正是这种觉解，使他正在做的事对于他有了意义。他做各种事，有各种意义，各种意义合成一个整体，就构成他的人生境界。"道静、江华他们的"觉解"就是他们确立的共产主义理想，这种理想是有光芒的，理想的光芒照亮他们的爱情，理想的光芒照亮了他们的青春，理想的光芒照亮了他们的生命。

"华，你的伤倒是重不重呀？不要瞒着我——你总是什么地方也要做工作。"革命者林道静尽情地享受着爱情的甜蜜和幸福，享受着新婚的快乐与欢愉，沉浸在美好的爱情里，让我们衷心地祝福他们！古语说，"儿女情长，英雄气短"，但在江华和道静身上，"儿女情长"，"英雄气"也长。看来普通的人性和崇高的革命性并不矛盾，可以完美地结合在一起。这些细节再次展现了革命者的人性。江华和道静是红色经典中两个血肉丰满的人物形象。

"痛苦和欢乐都是共同的"，痛苦和欢乐都是诗，都需要诗。前面已经说过林道静的诗。"我很高兴你能够写诗"，江华喜欢林道静写诗，以后可以抒写他们共同的"欢乐和幸福"了。林道静女性的敏感让她一下子想到了自己曾为卢嘉川写过的诗歌。

"许宁这时再也不能隐藏了，他突然毫不迟疑地站起身来，就这样被捕了。"素昧平生，为什么要舍身相救？这父女俩哪来的勇气？他们不怕死吗？他们为什么敢救这样在逃的学生？今天的人们能做到吗？今天的幸福生活正是那时的革命者抛头颅洒热血要实现的。今天人们确实也过上了幸福的生活，可为什么今天有的人变得如此的冷漠无情？

“他自己说不重，也不叫我看。他说叫钉子钉在腰上了，好像流多了血有点儿弱。您看叫醒他不呢？”她不是为了体现革命事业高于一切的革命性而毫不犹豫地叫醒江华，而是以征询的口吻问老人“您看叫醒他不呢？”道静对爱人的疼爱和一丝“私心”，还有新婚夫妇聚少离多，好不容易相聚又要分离，也有不舍。但又表现得非常含蓄和隐秘。再次体现小说非虚构的真实性，展示出这部作品的自传性特点。

“卢嘉川——林红——他，都是多么相象的人啊！……”生命个体不同，但魂魄是一脉相承的，正如林红所说，这样的人是不死的。

第43章

“你们二位请不要误会……挽救民族危亡于倒悬之中，我们青年学生当然责无旁贷，不过——不过……”《论语》中讲爱国吗？讲“忠”“孝”“守礼”，极力维护统治者的统治地位，即使当下的统治者做了坏事，也要“怨而不怒”，还要为之“遮掩”，“为尊者讳”，坚决维护现有的统治秩序，反对“犯上作乱”。“老夫子的脸霎地红到耳根”，孔子讲礼义廉耻。脸红说明良知告诉他，国家危亡，知识分子不问国事，在救亡图存的大义面前，他感到羞愧，但怎么做，圣人没有告诉他。

“……不去为他自己的学生伸冤报仇？却反而诬赖我们堂堂正正的爱国行为是越轨行动？……蒋校长，请您回答！”质问得很有力量！“赤手空拳”是个很关键的词语。请愿也好，示威也好，只要是“赤手空拳”就是合法的，但若拿起哪怕只有一件武器，那性质一下就变了，就成了“越轨行动”了。

“我是堂堂政府委任的大学教授，我为什么要滚？……我就是不滚！就是不滚！”令人尊敬的专家、权威是怎样失去权威性和人们的信任的，跟今天那些站在民众对立面的所谓专家失去公信力的情形何其相似。

“群众一旦起来了，你们看，什么样的魑魅魍魉能够不一扫而光呵？”群众，群众，还是群众，放手发动群众，充分依靠群众，革命无往而不胜。

第44章

"只为自己渺小的生存而虚度一生，那么，即使他高寿活到一百岁，又有什么价值和意义呢？"王鸿宾教授也是一个典型，一个进步的知识分子的典型。他正直善良，有朴素的爱国情感，从同情革命到追求进步，到人生观发生重大转变。是那一代正直善良的知识分子的典型代表。

"世界上有九十岁的青年，也有二十岁的老头"，这句话丰富了《青春之歌》中"青春"一词的内涵。"九十岁的青年"是一种不朽的青春精神。就像梁启超的《少年中国说》的"少年"一词一样，可以仿词为"青春中国说"。

"这些东西都是我心爱的宝物，我把它交给你。万一……"都做了牺牲的准备了！那是个什么样的年代啊！这样的老人都热血沸腾，都参加革命不怕牺牲！"这老头子真的忽然变成了小孩子"，用行动抒写着时代的"少年中国说"和"青春中国说"。"鸿宾，我和你一起去！"出人意料！这样的一个善良柔弱的家庭主妇，也不怕牺牲。

"好！好！去吧。救亡战线上又多了一位老女战士。可是，我这些东西谁替我保存？"让人想起了《石壕吏》中的情景，但这里的"老翁"不是"逾墙走"，而是要去"参加这流血的斗争"，这里的"老妇"也不是"出门看"而是追随"老翁"也要去"参加这流血的斗争"。"老妪力虽衰，犹得备晨炊。"在这里，没有逼迫而是自愿。这样的老夫妇走出书斋，去参加"这流血的斗争"，这说明什么？救亡图存，这不仅仅是一人、一家、一团体、一党派的事情，这是民族大义。在民族大义面前，人们开始觉醒了。这样一个一生都"温顺柔弱"家庭主妇都义无反顾地走出家门，去参加"这流血的斗争"，这是一种巨大的力量，蕴藏在民众中的巨大的力量。共产党最贴近民众，最懂得这种力量的威力。

"一阵热烈的鼓掌声暴风雨般冲着教授这边飞过来。"抗日民族统一战线策略的伟大。李槐英、王鸿宾的参加产生了积极的效应，王忠代表的势力的破坏及其失败，也证明了这个策略威力。毛泽东说："政策和策略是党的生命，各级领导同志务必充分注意，万万不可粗心大意。"共产党除了不怕牺牲，大公无私，联系群众这些天下无敌的优势外，制定正确的、高明的、有远见的政策和策略也是其最大的优势。

"他频频向人群挥着手，一边挥手一边拉着妻子，像个小学生似的，慢慢地羞怯地走进排好了的队伍当中去。"莫嫌自己老迈，莫嫌自己弱小，走进青年的队伍，就是莫大的鼓舞。本章以王鸿宾教授走进青年学生的游行队伍作结，意味深长。

第45章

"……再一次号召全市的大中学校来一次规模更大的示威游行。"特务王忠攻击学生爱国示威游行活动说"……在街上转一转喊两句口号管个屁用！"剔除了他的别有用心，单纯就事论事，王忠的话有道理吗？手无寸铁的学生的徒手"请愿""示威"有用吗？鲁迅先生对此有过深入的思考，在《记念刘和珍君》一文中他说："至于此外的深的意义，我总觉得很寥寥，因为这实在不过是徒手的请愿。人类的血战前行的历史，正如煤的形成，当时用大量的木材，结果却只是一小块，但请愿是不在其中的，更何况是徒手。"意思是说，学生这样的"请愿""示威"基本上没有什么意义，但这是鲁迅先生的愤激之言，他还是看到了意义。他又说，"然而既然有了血痕了，当然不觉要扩大。至少，也当浸渍了亲族、师友、爱人的心，纵使时光流逝，洗成绯红，也会在微漠的悲哀中永存微笑的和蔼的旧影。陶潜说过，'亲戚或余悲，他人亦已歌，死去何所道，托体同山阿。'倘能如此，这也就够了。"有意义，意义在于"要扩大"，至少"浸渍了亲族、师友、爱人的心"。"至多"的意义他没有说，但如果还有"至多"的话，那就是唤醒有良知、有正义心的民众。前一个意义是确切的，如王鸿宾教授这样的老夫妇走出书斋，去"参加这流血的斗争"就是明证，后一个意义，非共产党人的鲁迅先生一时还看不到。但是现实又逼迫鲁迅先生不得不进一步思考，面对国土的沦丧，民族的危亡，如果连这样意义"寥寥"的"请愿""示威"都没有，那么，"中国女子的勇毅，虽遭阴谋秘计，压抑至数千年，而终于没有消亡的明证”在哪里体现？怎么体现？残酷的现实让鲁迅先生不得不承认学生这样的徒手“请愿”和“示威”有着巨大的价值和意义。只要“真的猛士，敢于直面惨淡的人生，敢于正视淋漓的鲜血”，那就有可能摧毁“这似人非人的世界”，至少，沉默是不行的。“失了东三省谁也不响，党国倒愈像一个国”，沉默正中了侵略中国的帝国主义的下怀，“‘友邦’要我们人民身手宰割，寂然无声”。（鲁迅：《“友邦”惊诧论》）所以，“请愿”“示威”已经是这个民族的新生代最本能的挣扎和喊叫了，“放下书包来请愿，真是已经可怜之至”。所以，挣扎和喊叫是有意义的，至少让人看到了希望，否则，“谁也不响”，一味沉默，结局就是灭亡。“沉默啊，沉默啊！不在沉默中爆发，就在沉默中灭亡。”当鲁迅先生在这样痛苦地感慨与思索的时候，共产党人已经在实实在在地行动了。

“第一队由东北大学领导；第二队由中国大学领导；第三队由北京大学领导；城外的一队由清华大学领导。”此时的大学生把自己定位为国家的主人。国家的事应该这样不应该那样？“指点江山”，国家的事我们不管谁来管？学生确实不是政治家，不是当权者，可那些政治家、当权者靠得住吗？学生突破了学生的身份干起了政治家的事，这确实是不守本分，但是国家是大家的不是那些政治家的，当国土沦丧而那些政治家靠不住的时候，青年学生们以一种舍我其谁的姿态站了出来，这就是那个时代的青年学生们的风采——“指点江山，激扬文字，粪土当年万户侯”。

“林道静！今天我可要做一个普通的战士啦，再不叫他们光拿鞭子打别人啦！嘿，王晓燕怎么没见，你见着她了吗？怎么，你的脸色白得这么难看？”李槐英，无论是外形还是精神状态，都是全新的形象，一个找到了方向的青年。“一件蓝布棉袍衬着她雪白红润的脸，越发显得苗条俊秀。”真正的青春的色彩和青春的气息。

“把一撮握着亮晶晶刺刀、明晃晃大枪的军警吓得目瞪口呆，毫无办法”，跟人聚集太多时容易发生踩踏事件的道理是一样的，只不过踩踏事件是无意识、无目的拥堵造成的，示威游行是有目的、有方向、有怒火、有内在动力的冲击造成的。从法理上讲，“军警”虽然“握着亮晶晶刺刀、明晃晃大枪”，但他们的职责是维护治安的，庞大的学生群体虽然“不守秩序”，但他们仍然是民众，而不是手拿凶器的暴徒和犯罪分子，更不是前来进犯的敌军。从世界范围看，示威游行是世界各国公认的民众的权利。冲突的实质就是阻止与反阻止。共产党看重这一点，国民党恐惧这一点。虽手无寸铁，但爆发起来却有不可遏止的力量，可以瞬间让拿着武器的阻止者失去力量。它不是用武器攻击前进，它只是庞大的群体如潮水般朝一个方向的涌流，所以，一般情况下，阻挡者没有用武器攻击的正当理由，阻挡者瞬间会被淹没。这就是学生"请愿""示威"的"看得见"的力量，还有更大的"看不见"的力量，那就是"唤醒民众"，这才是它的真正威力所在。就是在两军对垒的战场上，"放下武器，缴枪不杀"，是全世界的通则，而这些学生不是"放下武器"的事，而是根本就没有拿武器，真正的"手无寸铁"。拿着武器的阻止者如果对他们动武，就是冒天下之大不韪。阻止者手里拿着武器，可以轻而易举消灭游行者，这是它的最强，同时也是它的最弱，而"手无寸铁"是游行者的"最弱"，同时又是它的"最强"。

"工人兄弟们！欢迎你们呵！全中国人民一致团结起来呵！"把自己从书斋里放出去，把自己从谨小慎微、胆小怕事中释放出来，也没有什么大不了的，生命焕发出了前所未有的青春光华。王鸿宾教授形象的塑造丰富了《青春之歌》的内涵。"红色基因"就是为正义而战的斗争精神和牺牲精神。

"联合起来了！全中国就要这样团结对敌了。"有知识的青年自然而然地和工人阶级结合了起来，这意味着真正的革命力量的形成。知识分子有了信仰就非常厉害，工人阶级团结起来就非常厉害，两者一结合就特别厉害。

"他们接过了学生递给他们的旗子，仿佛开赴前线的士兵，忘掉了个人的安危，毅然和学生们挽起手来。"请愿游行、示威游行的作用及其价值和意义，至此全部体现了出来。它的威力、它的力量至此充分地显露了出来。从林道静初到北大时开展工作的艰辛，到党组织力量的逐渐壮大，再到震动全国的"一二·九"以及"一二·一六"运动，再次证明了"星星之火，可以燎原"的伟大预判。"中华民族到了最危险的时候，每个人被迫着发出最后的吼声。"请愿游行、示威游行就是民众集体的呐喊，不以这样集体呐喊的形式表达情感和情绪，当权者何以知道真正的民意？何以知道真正的民心？侵略者如何知道这个民族集体的不满、愤怒和反对？这时候以集体的形式呐喊的民众就是这片土地上真正的主人。手无寸铁的民众以自己的血肉之躯聚集起来，以愤怒呼喊的最本能最原始的方式来守护祖辈留下的生存之地，在道义上是完全站得住脚的。不是逆来顺受、任由宰割，而是团结起来斗争；不是贪生怕死、苟且偷生，而是不惜流血牺牲。

“于是时间不大，零乱的队伍又列成了整齐的行列。虽然人们行进得很慢，但还是在前进、前进。”一盘散沙的人群是最无力的，组织起来的人们的力量是无穷的。革命是有组织有纪律的集体行动。

“……说到这里，他用袖子擦去眼角的泪水，恋恋不舍地扭头走开了。”人间是有正义的，正义在每个有良知的人的心里。正义的行动能得到最广大的民众的支持和拥护。这是请愿游行、示威游行中潜在的力量。

“激荡在每个人心头的不是恐惧，而是更大的愤怒……”共产党人将精神力量通过游行传递给了每一个民众，唤醒了民众的抗争意识。这样的游行不仅是唤醒，更是一种有效的全民教育运动，一种对全民的迅捷的启蒙运动。虽不是拿枪的战斗，但其意义已经非常巨大了。民众觉醒了，卖国行径和侵略行为就开始得到遏制了，就为后来的武装斗争打下了广泛的民众基础。民众能以血肉之躯凝结在一起守护祖先留下的土地，就能拿起枪杆子更有效地捍卫自己的国土。只要有真心实意守护国土的政党的组织和领导，民众就能跟着干到底。此时的中国共产党虽然还弱小，但共产党人有着救亡图存的真心实意和坚定的信念，有着舍我其谁的使命担当和不惜牺牲自己性命的大无畏精神。西方研究领导力的学者说，形成一个领导权威的要素有三种，一曰恐怖，二曰权利，三曰信仰。共产党靠的正是信仰。在红色经典的阅读中，《青春之歌》是个特例，其他的绝大部分都是反映共产党领导人民群众进行的“武装斗争”，而这一部反映的是“非武装斗争”的情景。这是值得注意的。

“表示我们真正的民意！”这就是示威游行的价值和意义。它的力量，“开了锅的沸水”“移山倒海的狂呼”；它的口号，“打倒日本帝国主义！……”“打倒汉奸卖国贼！……”民意的具体内容，民众的情绪凝练在这两句口号里。告诉当权的卖国者，告诉外国的侵略者，你们的行径这片国土上的主人不答应！

下篇

『走心读写』

实践

这一章的主要内容是学生“同步作业”的答案选录和我对学生答题的点评。基本上处于原始资料的状态，但其价值也正在于此，有志于此的读者完全可以把它当作第一手资料进行深度发掘与研究。一次完整的“同步作业”容量很大，由于篇幅所限，无法就每一道题都进行展示，只能就每次“同步作业”中的一两道题进行展示和点评，如本章第七节，只选了第一大题第3小题和第三大题进行了展示和点评。

“同步作业”是疏导学生流淌真情实感的渠道，这个渠道只有“有感而发，平心而论”8个字，为的是让学生的真情实感从心泉里自然流淌出来，最终汇聚成蔚为壮观的“走心写作”的瀑布与湖泊。“同步作业”共设计了15次，由于篇幅所限，不能全部呈现，下面只附录“同步作业7”供大家参看。

附：“同步作业7”

革命传统作品（小说）整本书“走心读写”　　《青春之歌》同步作业7

学校：　　班级：　　姓名：　　时间：

读完第一部第十九、二十、二十一、二十二、二十三、二十四章后，完成下面的“同步作业”。

一、下面语段后的小括号里有片言只语的批注，你可以就此引发思考，接着说下去，也可以不受其影响，根据个人的感触独立批注。

1.“好啊！”罗大方按了一下电铃，过了一会儿，从里院走来了一个四十多岁胖胖的女管家模样的人。她系着白围裙，卷着头发，样子精明利落。没等她进屋，卢嘉川赶快又穿上了西装上衣，藏起了那不能登大雅之堂的破袖子。

女管家托着托盘端来一壶热茶、几样糖果点心放在茶几上。罗大方装出严肃的样子对这女人说：“阿妈，谢谢你！把东西放在这里吧。来，我给你介绍一下：这位是吴先生，他是老爷的学生，刚从美国留学回来，就要在北平荣任厅长大人。”（过着非常优裕的上流社会的生活啊！）

____

____

____

2.“谁全像你这样！”许宁愤慨地瞪着母亲，“她们都明白爱国的道理，都想做一个真正的母亲。……敌人打来了，什么儿子、家，还不是一齐完蛋！”

母亲不再出声，摇摇头叹口气，就去洗碗了。许宁吃过饭，看了一阵书，没有再理母亲就闷闷地睡了觉。睡到半夜，一阵唧唧喃喃的声音把他吵醒了。他侧耳细听，原来母亲又在神像前祷告着：“菩萨呀，大慈大悲的观世音！保佑——保佑那些去打东洋人的青年人全平安——平安无事，结结实实，早点回来。……菩萨呀，不要见怪！我，我，我实在舍不得儿子呀……”（母亲悄然发生着变化！什么是“真正的母亲”呢？）

____

____

____

3.“嗯！”道静小心翼翼地接过那个半旧的古铜色的小提包，好像母亲接抱自己初生的婴儿。顷刻间，她的心头充溢着一种幸福的、欢乐的感情，这感情是这样激越和有力，竟使得她忘掉了刚才的紧张，紧紧把提包搂抱在怀里，眼睛燃烧似的瞅着卢嘉川。（这是一种怎样的心境和情感，今天过着富裕祥和、平稳安定的生活的人们还能体会得到吗？读到此处，你产生情感共鸣了吗？）

____

____

____

4. 在敌人的威胁利诱下，他开始动摇了。过去的温暖的世界和眼前这个舒适的世界不知怎的却像两极的磁石一般自然地互相吸引在一起，有力地冲破了他薄弱的抵抗力。仅仅经过了半个多小时，戴愉终于和那两个人一起坐在小圆桌旁喝起了他最喜爱的茅台酒。（因为接受“灌输”而确立了信仰，也不可谓没有为信仰而付出过行动，但“仅仅经过了半个多小时”就背叛了信仰。革命的历程中一直不乏其人呐！）

______

______

______

5. 要说的话说完了，血似乎已经流完了最后的一滴，但是卢嘉川的脸上却浮现出一种安详的、和谐的从未有过的幸福的微笑。直到这时，他好像一桩心事已了，肩上的千斤担子已经卸了下来，他的头渐渐耷拉下去，身体一动也不能再动了。（“革命者”，一个熟悉又陌生的形象，说熟悉是因为我们从小在书本上、影视作品中常常见到过，说陌生，是因为现实生活中很难见到这样的人，现在，你真的相信世界上有过这样的人吗？）

______

______

______

6. 中国共产党——这是个多么亲切、伟大的名字啊！道静望着这几个字，紧紧捏着这些红绿纸片，一种沉醉般的崇高的激情，把她多日来压在心里的愁郁一下子冲开了！好像看见了久别的亲人，她可舍不得烧掉这些珍贵的物品。她抱住这些纸片激动地想着，忽然想到她的命运经过这些红绿纸片、经过这些招恼反动派的字迹，已经和中国共产党的命运联结在一起了！他们已经不可分割了！她感到能够被信任保存这些东西乃是她无上的光荣和幸福。……想到这里，她高兴了，她又有了生活的希望了。（就“没有信仰的感情和没有感情的信仰”有感而发吧！）

______

______

______

二、阅读下面内容，根据提示，写一段不少于200字的感言。

“啊，你现在在哪里呀？……”她呆呆地望着纱窗外面的蓝天，许久工夫动也不动了。后来当她猛然看见墙上挂着的她和余永泽同照的照片，看见衣架上他的蓝布长衫时，她忽然清醒过来了。她站起身向屋里各处望了望——难道真的就要和自己曾经热爱过的男子分手了吗？难道这个曾经度过多少甜蜜时光的小屋永远也不能再回来了吗？……她看了看那个捆好了的铺盖卷，看了看将要带走的小皮箱，又看看屋子里给余永泽留下的一切什物，她的眼睛忽然潮湿了。“赶快离开！”一霎间，她为自己的彷徨、伤感感到了羞愧。不知从哪儿来了一股力量，她拿起被卷就往外走。可是走到门边，她终究还是回过头来坐在桌边，迅速地写了一个条子：

永泽：我走了，不再回来了。你要保重！要把心胸放宽！祝你幸福。

静

一九三三年九月二十日

（读到这里，你的心情是怎样的呢，触动了哪些思绪，能说一说吗？）

____

____

____

三、一个动荡不安的、急剧变动、严酷的时代会把青年推到时代潮头，抉择、痛苦、煎熬、追求、毁灭、成长、成熟、新生……现实会让他们明白一些道理，快速地成长成熟起来。在书中“生活”了这一段时间，你都产生了哪些想法，明白了哪些道理？请给你的一位知心朋友写一封信，聊一聊你最近阅读这本书的感触、感悟、心情、心得等。（口语化一些，随性一些。如：这几天，我一直在思索着……；伴随着阅读的深入，这几天我的心情……；在读到……的时候，我就想……；读到此处，我突然想起了……；特别是读到……我的心里真是……；一般都会认为……但在我看来……；我还以为……此刻，我才明白……；在书中人物的映衬中，我似乎突然看清了自己……；如果那时是我，我会……）

____

____

____

同步作业1

读完第一部第一、二、三章后，完成下面的“同步作业”。

一、对一位很想读《青春之歌》但还没有读到的知心朋友，就下列的语段做一点解说，也说说你读到这里时的判断、猜测、担忧、牵挂、欣喜、释然等心理反应或你的情绪变化、联想和思考等。

4. 她的小腿被拧肿了，胳膊被咬得透出一个个红血印。但是小道静不哭，不求饶，没有一滴眼泪从她倔强的眼睛里流出来。

学生答案选录：①“小腿被拧肿，咬出红血印”，这对于一个不到10岁的小女孩来说相当于酷刑，而她却坚决不求饶，这对成年人来说也很难做到，她身上的刚强坚毅让人为之惊叹。这也为后文写她一个人走出家去谋求生路埋下了伏笔。她是这样的坚强，不屈于命运，似乎能够挑战一切不可能。

② 小道静的母亲被后母赶走后，小道静被后母虐待，生活在水深火热之中。后母对她非打即骂，但是小道静在后母的毒打下，不哭也不闹，反映出了她的倔强性格。写出道静这种自小就有的倔强性格，也为后文写林道静成为不屈不挠、英勇顽强的革命战士做了铺垫。

③“小腿被拧肿，咬出红血印”可见林道静童年生活的黑暗，以及残酷社会对人民的毒害之深，而“小道静不哭”，可以看出林道静的坚强、倔强性格，写出了林道静在吃人的家庭和社会中表现出的反抗与不屈的精神，为后文写林道静选择走上革命道路做了铺垫。

④ 用“拧”“咬”“透”等一系列动词，写出了狠毒的后母对道静这样一个小孩的虐待，其狠辣、不计后果的形象展露无遗，而小道静却“不哭，不求饶”，

体现了她坚韧、不屈服的性格特征，这为后文塑造林道静的形象奠定了基础。

教师点评：写出"埋下伏笔""做铺垫"等词语是真正理解了还是"万能答案"的惯性使然？让人想起了《装在套子里的人》中描述别里科夫行为的一些语段："总而言之，这个人永远有一种难以克制的愿望——把自己包在壳里，给自己做一个所谓的套子，使他可以与世隔绝，不受外界的影响。""在教务会议上，他那种顾虑重重、疑神疑鬼的作风和一套纯粹套子式的论调，把我们压得透不过气来。"

社会生活是丰富多彩的，套子思想是单调乏味的，用单调乏味的套子去套鲜活的社会生活，会让生活无聊、无趣、无生机。每一篇文章都有各自鲜活的内容，都可以让人读得"惊心动魄"，但如果阅读鉴赏者有了一套定型的阅读鉴赏套路，那么多精彩的文章都会读不出兴味、读不出感动来，更不要说"惊心动魄"了。

高一学生形成了套子思维，问题出在中考的应试训练上。一方面，考前训练强调用有限的篇章对准考题模板反复进行答题训练；另一方面，有限的阅读量没有充分地"哺育"学生的思维。于是，到了高一，学生的阅读思维已经套路化了。从这个角度上看，整本书阅读的价值和意义首先在于通过大量的阅读来冲破学生已经固化了的阅读套子。

原来有一个提法，就是课内得法，课外延展。现在我们很清楚地看到，这种课内得到的"套子法"只能用于应试。若把课内在单篇阅读中得到的"套子法"再延展到整本书的阅读上，那简直是一种灾难。

我们的革命传统作品整本书"走心阅读"采取"普通读者"的视角，而不是鉴赏家的视角。我们要把学生从应试的套子中解放出来，让他们像正常人一样读书与说话。

"应试语文"与"走心语文"的区别到这里就一目了然了。

9. 一个中年的、脸色好像黄蜡般的瘠瘦的女人，坐在一块岩石旁边的柳树底下，她一边给一个瘦小的婴儿喂奶，一边还拿着细绳补缀着破烂的鱼网。孩子吃两口奶又哭起来，她还是不停地补。道静走到她跟前，她紧蹙着双眉，并不觉得有人在跟前。

学生答案选录1：“中年”……说明了她的专注。（省略部分见上篇“革命传统作品整本书‘走心读写’实验”成效研判“五、在破除套路化语言上取得了较大的突破”。）

教师点评：这位同学的批注……正常的“人”在读书。（省略部分同上）

学生答案选录2：“脸色好像黄蜡”“瘠瘦”对逃荒女人的外貌描写，写出了女人的窘迫；“一边喂奶，一边补缀破烂的鱼网”暗示了女人的不幸遭遇；“有人走近而没有察觉”可见逃荒女人对危险已经置之不理，可见她的绝望，暗示了女人投河自尽的结局。逃荒女人与那些娱乐的富人形成对比，突出了社会的黑暗。

教师点评：与上一位学生的答案如出一辙，比互相抄袭的更像抄袭。比上一位的更高明一点，那就是点出了“暗示了女人投河自尽的结局”，这就算更有“创意”的答案了。

学生答案选录3：反映了当时中国沦为半殖民地半封建社会后民不聊生的状况。华人被歧视，穷人不仅生活艰难还没有尊严。而洋人在海滩上极尽享乐，羞辱歧视华人。贫富对比鲜明。

教师点评：调子极高，概括能力极强，却对这对母子的苦难无动于衷，看不到一点点对可怜至极的母子的同情与怜悯。能悲悯是一个人保有良知的体现，孟子说：“恻隐之心，人皆有之。”

学生答案选录4：心寒！同是在一个沙滩上的女性，一边的凄惨悲伤，无法存活，而另一边的灯红酒绿，尽情享乐，两个世界近在咫尺却又相差万丈。还有，同是最底层的贫苦人，他们之间却互不关心、麻木冷漠。这样的情境，使人如同身在六月，心在寒冬。

教师点评：可以感觉出这位同学心底的愤怒，这就是有“我”的阅读。这样的阅读注入学生灵魂深处的是社会的公平正义，唤醒的是悲悯情怀和做人的良知。这不是因灌输而知晓的大道理，而是心灵被触动后自然产生的认知，是心告诉她的。

学生答案选录5：望着眼前这个景象，看着这个骨瘦如柴的女人，又看那奄奄一息孩子，我想，道静心里一定很难过，一定在为她们母子俩担心。原来，这个世界，社会最底层的人会被命运逼得更紧，直到喘不过气。可能，道静由她们母子俩想到了她自己，她自己何尝不是那样的漂泊者呢？身处一个亲人都没有的地方，道静内心深处一定很悲伤。

教师点评：以道静的视角观察这对深陷苦难的母子，能体察道静的心理与情感。字里行间是无限的同情和深切的牵挂。读者走进了书的世界，已经成了书里的一个独立的"人物"，这个"人物"不是作者塑造的人物形象中的任何一个，而是"钻进"书中的这个"真我"，这个"真我"是在当下的现实世界和书的虚拟世界中共存的一个"人物"。

二、写一段不少于200字的感言。

学生答案选录1：①林道静从小到大的生活一直都很坎坷，虽然出生于一个大地主的家庭，但是在那个家里，她过得一点都不开心。她只是一个中学毕业生，为了反抗封建家庭的束缚，毅然离家出走，孤身一人来到了北戴河谋生，满怀希望却扑了个空。林道静不甘心当地主小姐，不甘心去当官僚特务的玩物，一直在为自己的命运挣扎。林道静的生母被迫害致死，林道静又深受后母的凌辱和虐待，这一切使林道静从小养成孤僻倔强的反抗性格。她厌恶地主家庭的愚昧，从而踏上流浪之路，几经波折，投亲不遇，做了代课老师却又被校长算计。在海边她看到了自由，但是也看到了社会的腐败和政府的无能。

② 青春是什么？青春是一张洁白的画纸，等待着我们去画出它的风采；青春是一首诗，等待着我们去品读它的韵味；青春是一首动听的歌，等待着我们去唱出它活泼的曲调。告别了美好的童年，来到了青春的大门前，门的这边是幼稚，门的那边是成熟、稳重。我们怀着一颗好奇的心，推开了那扇通往青春的大门。每个人的青春都是美好的，都是值得去回忆的。所以，我们不必去羡慕别人的青春有多么的华丽，每个人的青春都是一首独特的"青春之歌"。

教师点评：小说鉴赏的路子。以上两篇，第一篇基本上是紧贴文本的故事概述，离文本太近，这是大多同学写读后感的路子；第二篇，运用了排比手法，像是演讲稿的开头，是应试作文的路子，离文本太远了。

从套路化的答题中可以看出，学生的思绪是萎缩而干瘪的。长期的套路捆绑已经使学生的语言生命"奄奄一息"了。想起了朱光潜先生《咬文嚼字》中的一段话：“一件事物发生时立即使你联想到一些套语滥调，而你也就安于套语滥调，毫不斟酌地使用它们，并且自鸣得意。这就是近代文艺心理学家所说的‘套板反应’。一个人的心理习惯如果老是倾向于套板反应，他就根本与文艺无缘。因为就作者说，‘套板反应’和创造的动机是仇敌；就读者说，它引不起新鲜而真切的情趣。一个作者在用字用词上离不掉‘套板反应’，在运思布局上面，甚至在整个人生态度方面也就难免如此。”

学生答案选录2：③对于幸与不幸，泰戈尔说过：“只有经历地狱般的磨炼，才能拥有创造天堂的力量，只有流过血的指头，才能弹奏出世间的绝唱。”文中的林道静无疑是一个不幸的人，可是幸与不幸永远不是绝对的。拥有这样的身世是不幸的，可是遇到王妈这样的人她又是有幸的。林道静在举目无亲的北戴河举步维艰，她的命运又该如何发展？作为一个读者，我不能左右书中主人公的命运，我能做的只是跟随作者的脚步一点点地走进主人公的内心世界。其实，我有过抱怨，作者为什么要把道静的命运写得这样的凄惨，可是，我又想到自己也会在作文中把主人公写得无比悲惨，于是，明白了作者的内心。不管主人公的命运如何，我想我都会欣然接受。

④ 在这三章中，我的心情起起落落，悲喜交集。有对林道静童年生活的怜悯，有对林道静悲惨身世的同情，有因林道静有了新去处的欣喜，还有因看到了“华人与狗不得入内”的牌子的愤怒，有因看到海边光鲜靓丽的阔太太和处境悲惨的补渔网女人巨大的差别而产生的悲愤。幻想自己成为林道静时，或许在被养母打骂时会放声大哭，或许在被养母包办婚姻时会选择妥协。但文中的林道静让我明白，对于不公平的对待就要起来反抗。有了反抗才有了社会的进步，有了反抗才有了共产党的产生，有了反抗才有了我们现在的世界。为什么不学着说“不”呢？

⑤ 那是一个令人痛心、无奈、无助的黑暗年代。国内，国民党掌权，消极抗日，官员整日吃喝玩乐；国外，各国入侵，洋人在中国的地盘上为所欲为。道静从小遭受到太多的打骂与不公平的对待，长大后也被恶势力逼得走投无路。这样的世道对女性的偏见与不公也太过可怕，多数女性为了生存嫁人为妻，整日洗衣做饭，失去了自己的理想，失去了前进的方向。道静是个不服命运、敢于反抗、追求梦想的女孩，她对上层社会的女人的生活方式不感兴趣，

她不想让自己像她们那样成为有钱男人的玩物。她眼里有光，心中有梦，脚下有路，她注定会成为一个不平凡的女人。

教师点评：以上三位同学的阅读可以说是走心了，从书的世界里"走了个来回"，能把自己摆进去，切己体察，读出了自己，也得到了教益。因为对那个"世界"里的黑暗压抑有了很感性的认知和"切身体会"，所以才能真切地感受到新社会的幸福，才能在精神上成长一大截。

苦难教育之于今天的学生是有切实的价值和意义的。我们不能无端地制造一场灾难，但完全可以使学生以阅读的方式走进一个灾难深重的虚拟世界，用心灵"经受"一场场磨难，从而提升精神的高度。

人不应为了"书"而读书，这三位同学读书也在读自己。这样的读后感可以因人、因书、因书中不断变化的内容而变化无穷，书触动了心，于是心田里有了"意"的无限的生长。这样的语言建构是一个开放的态势，建构的来源有书中不断变化更新的内容，有因书的不断更新变化而触动的情感、引发的思考、激发的兴趣。情动而辞发，思动而辞发，趣动而辞发，学生的语言潜能被最大程度地开发。短短的200字是学生的真思考、真认知，也是学生以现有的语言词汇最大程度的呈现与表达，更是在书中所描绘的世界里"生活"了之后，掩卷走出，回到现实，向现实中的他人和自我所做的描述和倾诉的东西。

"走心阅读"的最大特点是生成性，它的生成是无限的。而套路化的表达，不管阅读的书是怎样的，书的内容是多么的启迪心灵，书中的情节是多么的触动人心，总之，不管阅读的内容是多么的千差万别，但到了"应试化"阅读者眼里，全成了试卷上的阅读材料，都可以拿固定不变的一整套语言系统"框定"。因为这样的阅读者的眼里和心里事先就有了"框子"，阅读所做的工作就是先用"框子"框定，再用"套子"语言呈现。这样，一味地高度概括与提炼，就架空了语言建构的丰富实践，使语言建构失去了肥沃的土壤，在"凌空高蹈"中失去了生气和活力，因而也就难以生长和发展。

同步作业2

读完第一部第四、五、六章后，完成下面的“同步作业”。

一、对一位很想读《青春之歌》但还没有读到的知心朋友，就下列的语段做一点解说，也说说你读到这里时的判断、猜测、担忧、牵挂、欣喜、释然等心理反应或你的情绪变化、联想和思考等。

1.“唉，她呀！”老头儿停止了烧火，扭脸对道静说，“完啦——投海死啦。……这样人死了也好，看她受的那份洋罪。可惜了那个孩子，还是个小子呢！前几天她抱着孩子一块儿跳了海。……一家子算全完啦。”几个渔人，好奇地拥过来围住了林道静。奇怪一个女学生，怎么会关心起这受苦的穷女人。闹得道静又窘又难过，她像逃脱似的赶快走开了。

学生答案选录：①我很惊讶！读到那个女人抱着孩子一块儿投海死亡的时候，开始惊讶后来感到害怕。因为那老头儿说话的时候，没有丝毫的感情波动，那几个渔人也像是冷血动物一样，因为道静的关心与询问对他们来说是一件好奇的事，这体现出了当时社会人心的冷漠。

②前一脚还看见那个妇人在努力生活挣钱，养活孩子，填饱肚子，后一脚那妇人带孩子已跳海轻生了。是怎样的社会环境生活压力压垮了这样一个坚强的努力生活着的妇人！这个社会是多么黑暗多么邪恶！身边的人听闻了这件事见怪不怪，因为他们已经对这样的环境和这样的事麻木了。

教师点评：两位同学读得真走心！第一位同学的解答有着非常浓厚的主观色彩。竟然直感“老头儿说话的时候，没有丝毫的感情波动”，竟然还“看到”那几个渔人像冷血动物一样。这些，是作品中没有直接呈现的，这位同学在阅读中将之还原了出来，或者说是再创作出来了。第二位同学回答得更有道理，更符合作者的本意。"走心阅读"是一种有"我"的阅读，阅读者主体不是旁观的、俯视的、冷静的，而是介入的、参与的、在场的。感言是再创作式的、建构式的。

就像现实生活中小孩子往往不理解大人"识尽愁滋味"后的漠然与无语一样，这些可爱的同学对书中老人的表面麻木显然没有更深的理解。

这个经历了无数苦难的老头儿对穷人的惨死见得太多了，已经没有什么过于强烈的反应了。在那样的世道，穷人因活不下去而自杀的事已经司空见惯了。老头儿一句"……这样人死了也好"包含了多少的辛酸无奈和悲愤。那母子的今天或许就是老头儿的明天，因为他们都是那个时代挣扎在死亡线上的人。

这是一个和洋人的世界相对立而存在的另一个世界，其中的人都在受"那份洋罪"，都在生死边缘挣扎，都叫天天不应，叫地地不灵，没有任何人管他们的死活。那一个世界里的洋人、富家公子、年轻小姐，对于穷苦人只有打骂与呵斥，怎么可能关心一个受苦的穷女人？从外表看，道静是一个洋学生，富人家的千金小姐，对穷苦人来说是属于另一个世界里的人，她怎么会关心起这受苦的穷女人，所以，他们会非常好奇。

不像鲁迅先生文章中侧重表现民众的麻木和冷漠，《青春之歌》主要体现底层人们蓄积的苦难、仇恨和愤怒，但大多同学读出了麻木和冷漠。这是一个不谙世事艰辛的孩子应有的悲愤，是一个有悲悯心的孩子应有的悲愤。"走心读写"最看重的不是是否正确，而是是否动情。

> 3. "敬唐那方面不成问题，我父亲在村中很有威望——他在外面做过知县，现在告老还乡，敬唐还听他的话，而且鲍县长他也认识。我和父亲说说，也可以和敬唐说说，他们是不会怎么你的。对敬唐那一套把戏，你只管放心，他不过是痴人说梦。你表哥一走，小学校里还缺教员，我想你就留在这里教书。这样不是更妥善些吗？"

学生答案选录1：不幸和有幸从来都是相对而言的，生逢乱世，投亲不遇，还遇到余敬唐那样的卑劣小人，林道静是多么的不幸啊！可是就在道静走到一种艰险境地时，却遇到了余永泽这样体贴又善解人意的男孩。他悉心地照顾道静，解除道静的烦恼，道静又是多么幸运啊！余永泽是道静黑暗人生中的一束火光，无意间温暖了她一整个春天。

教师点评：这里有一张网，涉世未深的同学们跟林道静一样暂时还意识不到。一些初读者，字里行间体现出了纯洁的心态、善良的意愿和幼稚的幻想，跟书中的林道静一样清纯、幼稚、浪漫、美好。这位同学此时对余永泽越欣赏，后来可能就越失望。随着阅读的深入，自然与林道静灵魂合一，自然会失望着林道静的失望，纠结着林道静的纠结，痛苦着林道静的痛苦。

对于余永泽，同学们的态度和看法大致可分为两种：一种是充分感受到了余永泽的温暖善良和细心，这些同学一般没有超前阅读；另一种是过分看清余永泽的真面目，过早地给余永泽定性，这些同学应该是超进度阅读了的。“同一同步策略”是必要的，不能让部分心急的同学超进度阅读。

学生答案选录2：读到这，我替道静松了一口气，因为余永泽很想帮助她解决当下的困难，当时道静心里应该十分温暖，因为有人担忧她、牵挂她。但同时我又很担心，因为余永泽是一个什么样的人，谁都不知道，万一他在道静面前的样子是伪装的，那道静以后该怎么办呢？

教师点评：人书合一，这位同学产生了跟真实生活中一样的心理。歇后语“看三国掉泪——替古人担忧”，解释为“为古人所遇到的困难、危险而担忧、发愁。比喻不必要的担心和忧愁。”而在“走心语文”的语境里，感书中人物所感，忧书中人物所忧，不仅是必要的而且是必需的。

学生答案选录3：余永泽似是道静生命的一道光，我既对道静此时的境遇感到些许开心，也对道静的未来有了些许担忧，我从余永泽一口一个“敬唐”中听出了些许“野心”，暗夜里潜伏的猎手最为致命。

教师点评：难得有这样一位同学注意到了杨庄复杂的社会环境以及余永泽的社会背景。余敬唐已经是一个公开的坏人了，而且与余敬唐沆瀣一气的县长也似乎不是什么好人，但这个“坏人”却听“我父亲”的话，“我父亲”与鲍县长“也认识”，这又是一张多大的网？这位同学从“余永泽一口一个‘敬唐’中听出了些许‘野心’”，他与作者的心通了，与作者发生对话了。余敬唐一开始也对道静很关怀，很热情周到，也彬彬有礼，并没冒犯道静，后来我们才知道他的“好心”是有企图的。跟余敬唐、鲍县长“皆联络有亲”的余永泽，谁能保证他的热心背后没有企图呢？这位同学的感觉很敏锐。

> 4.“假如为了贪图物质享受，我早就去做姨太太少奶奶，也就不这样颠沛流离了。可是，那叫什么生活！没有灵魂的行尸走肉！”
>
> 他惊异地看着她，半晌张口不得。两个人又都沉默了。半天，余永泽灵机一动，突然转了话题：“你喜欢文学？读过不少书吧？”

学生答案选录1：林道静那柔美的外表下藏着一个刚强、倔强的灵魂，她没有因为生活在一个地主家庭中便有了父亲那样的腐朽的思想，她为了自己的未来，为了自己的自由而奋斗，她希望过一种真正有意义的人生，有一段充实的生活，而不是如行尸走肉般马马虎虎地生活。

教师点评：这个答案有代表性。有一部分同学，只把注意力放在了林道静身上，忽略了余永泽表情和心理变化的重要细节。这些同学，在情境之外，他们的感知是不全面的。而这位同学注意到道静出生于地主家庭却没有沾染剥削者腐朽的人生观这一点，是独到的。

学生答案选录2：这时可以看出，道静那种不愿向伤害过她的人认输，敢于斗争的高贵的品质，更看出了余永泽对道静的关心。为了不让道静回想过去那悲伤的往事，余永泽特地转移话题，来使道静内心获得平静。

教师点评：虽然误判了余永泽转移话题的真实心理，但也不失为一份好的答案。因为他在书“里面”，是“走心读写”，表达的是他在情境中的真实认知和感受。同学们看问题有深刻的、成熟的，也有肤浅的、幼稚的，但不论是深刻还是肤浅，也不论是成熟还是幼稚，都是阅读中真实生命的自然投射，都很可爱，都是很珍贵的。

学生答案选录3：余永泽很惊讶，也很诧异，在他心里有哪个人不贪图物质呢？哪个人不追求富贵呢？但这是他喜欢的女孩呀，他只能压下惊异，转移话题。我觉得余永泽并不是一个很好的男人，他是喜欢林道静的，但他却不了解林道静，这样，以后会产生很多矛盾的，我不是很赞同他们在一起。

教师点评：凭直感，这位同学“不是很赞同他们在一起”。正如上一位同学所言，“从小生活处境不一样”，余永泽从小的生活处境告诉他“哪个人不追求富贵？”所以，他心里很不认同林道静这一番慷慨激昂的陈词。这两人只是人在一起，心却隔着几重山，余永泽永远无法理解林道静，林道静也永远无法理解余永泽。“不是很赞同他们在一起。”跟老朋友一样的忠告啊！可以说，与作者的心通了，也与作者发生真正的“对话”了。

学生答案选录4：道静表面上文文静静，而内心却如此刚强，她认为生活并不是为了贪图物质享受，她不喜欢那样虚度人生，把大好的青春年华白白浪费。但是，余永泽仿佛不太能理解这样的想法。可是，余永泽正是因为林道静能有这样的想法而喜欢她，道静与他人的不同点深深地印在余永泽的心里。

教师点评：若是“应试语文”的答案，显然得分不高，但在“走心读写”的语境中，却不失为好答案，因为是真读所得，是用心感知得来的，是真心让他这样认为的。既然小说是一个世界，学生是一个生活在这个世界里的人物，那就应该容许他们的幼稚、懵懂、不谙世事。

子曰：“辞，达而已矣。”（《论语·卫灵公》）是说语言能够达意即可，没必要那么精彩和美妙。“走心语文”的语言标准是达意第一，只要表述是真情实感的，是学生用心感知出来的，那就是好的答案。跟“应试语文”的答案标准不同，“应试语文”的答案侧重绝对性和客观性，“走心语文”的答案则侧重相对性和主观性。若再往语言建构的上游追溯，表意的那个“意”从哪里来？怎么产生？是书籍和生活，即从阅读书籍和观察生活中得到。在阅读书籍和观察生活中激发情趣，触动感情，启迪思想。

同步作业3

读完第一部第七、八、九章后，完成下面的“同步作业”。

一、示威游行结束后，李孟瑜 、卢嘉川、罗大方、许宁他们召开了一次会议，对这次赴南京示威游行活动进行了总结。请你以此为主要内容对第七章进行续写。不少于500字。

学生答案选录1：“这次的示威游行无疑是失败的，卢嘉川、许宁陷入困境，中大和北大示威游行的同学也陷入了险境，虽说我们化险为夷，但是我们不可能每次都这么幸运，没有一个伤亡。”李孟瑜说道。

“我认为这次的示威游行也不算是完全失败的，这次的示威游行或许存在很多的危险，也让很多示威游行的同学们陷入了危险的境地，但却让我看到了示威游行的人那坚定不移的心，让我看到了祖国的未来，看见了曙光。同时，此次示威游行也让我们也从中获取了经验，当再次游行时，我们就会更加谨慎，不会再让大家陷入困境。我们不能因小失大，这样是得不偿失的。”卢嘉川道。

此时罗大方高声说了句：“对，我认为有斗争就会有牺牲，我们也不曾害怕过，畏惧过，这次的示威游行虽说让我们置身险境，但是我们的力量不是也让他们感受到恐惧了吗？”

“是，伤亡是不可避免的，但是有充分的准备总是可以减少伤亡的。俗话说，计划赶不上变化，当面对突发状况而提前做好的准备用不上时，我们要沉着冷静，不要慌张，要善于随机应变，慌张只会让我们再次陷入困境，冷静地面对突发情况，才会让我们更快更好地想出应对方法，将自己和同伴从困境中解救出来。”卢嘉川应道。

许宁又说道：“我们虽不怕牺牲，但是没有意义的牺牲是愚蠢的，不要做无谓的牺牲，所以我们应该谨慎对待每一次任务，将伤亡降到最低。”

“同志们，让我们一起打倒日本帝国主义，打倒卖国政府吧！”李孟瑜说道。

随着时间的流逝，本次的会议也落下了帷幕。

教师点评：人物形象有明显的错位现象，特别是李孟瑜、许宁。李孟瑜作为总指挥，显得很悲观，对他提出的“到卫戍司令部”去的策略只字不提，最后，只喊了几句口号，根本看不出总指挥的胆识和智慧。关键时候当机立断，避免了伤亡，这些归于卢嘉川是准确恰当的。营救卢嘉川、许宁虽然使游行队伍整体置于险境，但看到了示威游行本身巨大的力量，暴露了国民政府的真面目，看到了游行的青年们的“坚定不移的心”，能看到和感知到这些的，应该是在外面指挥和带领示威群众的李孟瑜和罗大方。对于如何有理、有利、有节地进行“合理”斗争，对反动军队的狡诈与凶残有充分的估计和认识，对此深有体会的应该是卢嘉川和许宁。这位同学的创作对人物特征的拿捏还不到位，甚至有错位的现象。

卢嘉川说的话内容虽然与原文吻合，但在这个场合似乎不是他应该说的，说出来好像在表扬自己，借机表白自己的功劳。而许宁的话似乎在指责李孟瑜和罗大方的鲁莽，怎么看不到大家为营救战友团结一心、不惜牺牲的那种精神？

这些，若放在课堂上点评和辅导，作者本人和其他同学才会更受益，才会在后续的阅读中更走心。这样的点评和辅导，虽是针对学生的作品（答案）进行的，但也自然而然地牵涉了书中的相关内容，顺势也解答了学生阅读中的疑问，但这种“解答”只是一种旁敲侧击的点拨，而不是替代学生感悟的讲解。

在阅读的过程中，适当的时候，要拿出一两节课进行辅导。形式可以多样，但这种分析与鉴赏是最好的导读方式。对一两个典型案例（答案）进行分析，虽不是直接辅导，却胜似直接辅导，就像侧面描写往往比正面描写更有效果一样。

学生答案选录2：把卢嘉川和许宁救出来后，他们来到了每次进行秘密集会的地点，针对此次赴南京示威游行活动一事召开了会议，会议的主要议题是对此次活动的总结。首先，他们排查了此次活动人员的伤亡情况，其次，都对此次活动发表了自己的看法。

罗大方稳稳地说道："人员伤亡暂时是没有的，那些军官个个都拿着枪，但也不敢轻易开枪。3万多人举行示威游行，这么大的阵仗，遭到大批国民党军警的武力阻拦是必然的，但要是伤害了这些学生，是没有办法向中国政府和四万万同胞解释的，我们的抗日救国工作就更加难做了。"

李孟瑜接着说："我们这次示威游行活动是非常成功的，政府虽然有各种阻挠破坏，但不能减弱同学们示威的决心，从那坚定有力的呐喊声中可以体现出他们是多么希望自己的祖国蒸蒸日上啊！但下次我们就要格外注重同学们的安全问题了，大家不要在反抗时失去理智，只要时刻保持清醒头脑，尽力而为就好。这次真的很抱歉，是我莽撞了，我不该让你们去司令部的，你们可能被盯上了，以后一定要更加小心。"

"李孟瑜，你不必自责。去司令部好表示我们示威的决心，让敌人知道我们是不好惹的，况且我们也没有受伤。"卢嘉川说。罗大方又说："这次活动也算不上失败，同学们被组织得很有序。另外，许宁你们的标语，告民众书也做得很好啊！"许宁哀叹道："示威活动也有好几场了，希望政府可以为我们四万万同胞考虑，东北已被攻占，我们要更加团结守住我们中国的每一寸土地。"这时，他们每个人都对未来充满希望。

"总的来讲，1931年是一个比较有标志性的年份，一方面，九一八事变爆发后，国民党采取不抵抗政策，或许不到半年，东三省就会沦陷；另一方面，中日之间的民族矛盾逐渐上升为主要矛盾。在中华民族生死存亡之际，中国共产党一定要勇敢地大步向前走。"李孟瑜激昂地说道。

教师点评：李孟瑜的自我批评和卢嘉川的回答，基本上回应了小说的相关情节。靠近了小说的基本情节，是一个合理的再创作。如果他们的反思再深刻一些，就可能会涉及斗争的策略问题，即如何有理、有利、有节地斗争的问题。去卫戍司令部的策略是李孟瑜先提出来的，卢嘉川赞同，而当时罗大方没有弄明白。"罗大方稳稳地说道"，"稳稳地"就不是罗大方了。罗大方第一次的讲话与原文中的人物形象出入很大，说话的内容也让人费解。另外，许宁的讲话与人物形象也不是很吻合。这两个人物的塑造是个败笔。把这些不同的创作拿到课堂上选典型进行分享交流讨论非常有意思，对引导学生“深度阅读”是非常有作用的。这就是“走心语文”整本书的“导读”法。就着学情导读，顺着学生的理解思考“导读”。

这一部分是阅读中的难点，要引导学生仔细研读，特别注意一下两个细节。

第一，在卫戍司令部已经将他们的示威行动定性为“违法”的情况下，“会议决定，不管卫戍司令部如何恐吓，示威团仍决定在五号上午十一点全团出发游行示威。同时派副总指挥卢嘉川到卫戍司令部去找司令谷正伦解释，并请他们加以保护。”注意，这里主动去司令部是“解释”，有了误会才谈得上“解释”，那么“误会”到底是什么？“解释”的核心内容是什么？其实就是“向谁示威？”的问题。

第二，卢嘉川的智慧体现在当时的回答上。“向谁示威吗？向压迫中华民族的日本帝国主义示威！向出卖中华民族利益的日本帝国主义的走狗示威！”回答非常漂亮。有理、有利、有节。向帝国主义示威，是正当理由；向“日本帝国主义的走狗示威”则大有文章。当时，“日本帝国主义的走狗”在政府、在民间都大量存在，特别是东北的沦陷与这些人不无关系。因此，“日本帝国主义的走狗”应该是人人得而诛之的，而示威团并没有把“日本帝国主义的走狗”与南京国民党政府画等号，逻辑上没有任何漏洞。如果卫戍司令部说第二条不对，那就是间接承认了南京国民党政府就是“日本帝国主义的走狗”，是自己对号入座。

本来可以在法理上站得住脚，可是，人家从标语上抓住了把柄。

学生答案选录3：“此次南下示威游行，过程中有新情况不断发生，但我们都能迎刃而解，大家付出了艰辛。虽然结果不理想，但我们凝聚了爱国的力量，我相信我们肯定会唤醒沉睡的民众和政府。作为爱国的青年，我们都做出了我们该有的样子，在屈辱面前我们没有低头，面对敌人我们没有退缩。”李孟瑜激昂地说。在一旁的同志们都振作起来了，而李孟瑜又接着说：“日本人在中国横行霸道，而国民党政府坐视不管，我们要坚决反抗国民党政府的这种软弱行为，更要反抗日本占领中国领土的侵略行径。我们还要作出计划，以更大的规模，更大的声势，更昂扬的斗志再举行一次示威游行，哪怕再次失败我们也在所不惜。只要我们还活着，就要抗争到底。”李孟瑜说完这番话，激昂的心情慢慢平静了下来。

这时，卢嘉川说道：“这次游行大家的表现都很好，那铿锵有力的呐喊仿佛在与死亡做斗争。”此刻，卢嘉川语速快了起来，又说道，“但在营救的同时你们要先冷静下来，想好计划再行事啊！我们不能在不应该流血的地方流血。如果当时真的发生了惨案，我们心怀热血的青年最后就所剩无几了！”大家都沉默了一会儿，思考着这事情的确有点太鲁莽了。这时，有一位同志说道：“对啊！我们不能再犯同样的错误了，我们还要凝聚一股更大的爱国力量来感染和唤醒更多的民众。”大家纷纷点头。这时，夜黑了，南下游行的同志们都慢慢地有了睡意。一屋子人互相靠着彼此，在等待明天的阳光照进来。

教师点评：人物的语言神态、动作跟原文基本吻合，突出了人物的身份和性格。李孟瑜是这次示威游行的总指挥，卢嘉川是副总指挥。他们讲话的内容、口气、神态，都跟原小说很吻合，跟原文的在火车上的对话的情节中，李孟瑜成熟老练把握全局，卢嘉川理智冷静注重细节的人物形象一脉相承。由于原文在这一章中，写李孟瑜的篇幅不多，而写卢嘉川在司令部的篇幅相对多，而且，对李孟瑜用的是侧面描写，对卢嘉川用的是正面描写，所以，很多同学受这一章结构的影响，续写中过分突出了卢嘉川而忽略了李孟瑜。而这位同学把李孟瑜在原作中的侧面调整为正面，这是这篇续写的一个亮点。

这一段续写，不是对原文的照抄，却很像原文，是一种再创作。这样，以“同步作业”的形式不动声色地一步步诱导学生走进文本，与其中的人物“灵魂合一”，是“走心读写”中“人走文心”策略的具体运用。这位同学在创作这一小说片段的时候，是能够“看见”所有的讲话的人和听话的人的。当这位同学化身为“李孟瑜”来鼓动大家，对大家讲出这一番道理的时候，小说中人物的思想、观点、信念、精神以及智慧才情潜移默化地影响着他，这就是“文走人心”的最好体现。

三、以第八章为基本依据，写一则“林道静日记”，不要复述小说的内容，要合理发挥想象，侧重心理描写。300字左右。

学生答案选录1：我叫林道静，出生在一个地主家庭里。从小我就生活在一个压抑、令人恐惧、没有爱的氛围中。我也想过要改变这一切，可是我想反抗却没有人帮助我，我的反抗就如同石子投入湖水。打骂、侮辱、折磨快要吞噬我了，我竭尽全力地奔向光明，终于，我逃出了这个折磨了我整个童年的“家”。

我来到了杨庄，本以为这能给我带来新的生活，可是表哥的消失，余敬唐的龌龊，让我再一次有了窒息的感觉。我开始怀疑，我林道静就只能如此了吗？我逃不过命运的摆布了吗？我对生活已经失去了希望，这个时代为什么要如此地对待我？我做错了什么？我很委屈。这个社会是怎么了？这群人又是怎么了？迷茫、无助、痛苦充斥在我的心头，唯有一死才能解脱。我准备像那个中年女人一样跳海，结束这苦难的生活，可是余永泽救下了我，他告诉我，这里还有柳暗花明的道路。我开始有了新的念头。美好的时光总是那么短暂啊！余永泽走后我开始苦闷起来，我也不知道我在苦闷什么，为什么不开心，迷茫再次涌上我的心头。

卢嘉川的出现带给了我不一样的色彩，他，为什么几句话就能让我苦闷的心情消失？这是和余永泽不一样的人。我变得不一样了，但是我自己也说不出来哪里不一样。我有了勇气，开始给那些孩子们讲述国家面临危难的事，给他们讲有坏蛋正在入侵我们的家园。看着孩子们眼中的担忧与激动，我的内心是满足的，自豪的。

教师点评：这位同学以自述的形式写出了林道静对自己悲苦命运的控诉，突出了林道静的命途多舛，突出了林道静的迷茫和绝望。“余永泽走后我开始苦闷起来，我也不知道我在苦闷什么，为什么不开心，迷茫再次涌上我的心头。”这位同学笔下的林道静情感有点脆弱，很依赖余永泽，看不出林道静的倔强性格和独立自强的品格。所写跟原文贴得太近，没有“飞”起来，没写出林道静的高洁和傲岸不屈，因此就没有写出林道静的心魂。所塑造的形象更多的是书中的林道静而不是有“我”的林道静。

学生答案选录2：啊！我受不了了……余敬唐像一只苍蝇一样……从未如此心动过，我相信他！（省略部分见上篇“革命传统作品整本书‘走心读写’实验”过程“三、开发校本教材”。）

教师点评：这位同学对人物的理解真是入木三分了，一句"我的心中却没有目的地"就深入林道静灵魂深处了，这是林道静此时处境和心境的真实写照。其笔下所呈现的是又一个版本的林道静，比原作中的更细腻、更悲情、更纠结、更多愁善感。的确，亲情是一个人潜意识深处第一位的情感，是先天的，而林道静缺的就是亲情。她现在孤零零地一个人在世上，"举目无亲"，北平虽是故乡，但那里却没有她真正的家，"投身革命即为家"，这是后话。这位同学，准确而独到地感知到了这一点，在这则日记中碰触到了道静内心深处的这一个"情结"。相比上一位同学笔下的林道静，这一个林道静的愤恨少了，抗争少了，关心国事少了，多愁善感多了，成了林黛玉式的林道静。跟上一个林道静一样的是，保持高洁品质不向污浊现实低头的志节未变。

"可是这样的话会不会打扰到她呢？"这是原文中没有写出来但却潜在地存在着的。后来，余永泽一句"寄人篱下"的挑拨或刺激，一下就击中了林道静的软肋。这位读者参与了创作，丰富了作品，为后来余永泽"寄人篱下"的话做了铺垫。突出了感恩和不安并存的心理。

"投靠""收留"两个词含义也很丰富。"这时永泽叫我去和他同居，我很生气"，与原文第八章中道静"你再说，我真怀疑你是乘人之危……"的话呼应上了。与余永泽热恋的感觉写得似乎更"真实"到位。

这样的感知是无限的，才是真正的"一千个读者就有一千个哈姆雷特"，而套路化的概括是有限的，就是把一千个读者心中的一千个"哈姆雷特"统一成一个标准的"哈姆雷特"。

学生答案选录3：来到北戴河的日子，我没有一天是开心的，这里的生活像一只无形的大手掐着我的脖子，让我喘不过气来。余敬唐的那副奸诈丑恶的嘴脸让我觉得恶心，我多么想逃离这个地方，我渴望自由的生活，向往安定，我该怎么办呢？

不行，我回北平吧，毕竟那是我的故乡呀！不管怎样总比这个黑暗的杨庄要好得多吧！对，就是这样的。我要回到北平，即使有母亲在，但那也阻止不了我，我还要回去，那里还有王晓燕，对啊，我有好朋友晓燕哪！还有那个善良淳厚的男子余永泽。是啊，有他们我也不是很孤单的。等回去我一定要向他们讲讲我这几个月来的遭遇，包括我的想法，他们一定会支持我的，对，就是这样的。

回到北京，踏上这片故土时，我的心情既沉重又愉悦，想到可以见到亲爱的朋友王晓燕了，我是多么的开心啊！

见到晓燕的那一刻，我心底翻涌而来的情绪像是得到了释放。晓燕，你不知道我这几个月生活得多么痛苦，我是那样痛恨这个社会！还好，如今我见到了你！我多么希望时间可以倒回以前的学生时代，那个时候我们无忧无虑，没有烦恼，那是多么好啊！可是，现在工作的事让我着急，四处打听都没有结果。还好有晓燕陪着我，王教授和王夫人对我也是极好的，给了我家庭般的温暖。

唉，我真是太难过了！比起难过更多的是愤怒。我无意看到的一份工作招聘，没想到竟是给日本人教书，我堂堂中国青年，怎么可以为了工作去给日本人教书呢？当然不可能！

我多么希望永泽能够理解我，我一直以为我和他的思想、灵魂早已紧密联系起来了，可是他好像并不理解我。他让我理智，可这更让我难过。但他依然爱我，他的爱热烈滚烫，让我又感受到了温暖。我控制不住自己，想向他靠近，可能这就是爱吧，慢慢来吧，他会理解我的。会好的，我们以后一定是幸福的，对，就是这样的。

教师点评：当初义无反顾地走出去，如今不得不回来，其中的矛盾心理，这位同学都写出来了。经历了一番磨难碰撞的道静，比前面成熟了很多，有点“早岁那知世事艰”的味道。情感、心理、个性基本与道静吻合，符合小说中的林道静，同时又投射着读者的心理感受。这个道静有着读者的影子，是“我”与道静灵魂合一的结果。

道静回到故乡却没有真正的亲人，这是令人心酸的。一个女孩子从没有父母疼爱的“家庭”中被迫出走，不得不回来时，幻想中出走后的美好幻灭了。亲情是心灵的归宿，再贫贱的人，也有父母亲人的牵挂与疼爱，也能得到亲情的温暖。一个不懂事的女孩子跟母亲闹矛盾离家出走了，回心转意后就回来了，迎接她的仍然是她最亲爱的妈妈，可道静没有。给予道静“故乡”与“家”的爱和温暖的，只有朋友和恋人，这虽美好，但还是无法替代亲情的。道静是孤苦的，内心是悲凉的。这位同学把握得很准啊！

除了这些，道静不是一般的柔弱的女孩子，她爱国，有民族气节，独立刚强，追求自由，这是她性格的主流。所以，苦闷、烦恼、伤感没有压垮她，她的心里一直有光亮。林道静就是林道静。所有这些，这位读者全都把握住了。能如此，就是她"走心阅读"的结果。沉潜在小说中，在小说中"生活"了一段时间，写林道静，就是写自己。其叙事抒情都是自然而真实的，人物语言都是林道静化了的，不是编造的，而是从"林道静"心里自然流淌出来的。走心了，语言就不需要技巧了，没有技巧却句句发自人物的肺腑，这样的语言就是最好的，这样语言才是真正"建构"起来的语言。

同步作业4

读完第一部第十、十一、十二章后，完成下面的“同步作业”。

一、阅读中时时会有感叹、感慨和感悟或者疑问和困惑，请就下面的语段抒写自己的阅读感言。

1.这老头儿的神经忽然紧张起来，他拿着烟袋的手有点儿哆嗦。但他克制着，慢慢地把烟灰磕打出来，和烟荷包一起收拾好了，装在腰里，然后所答非所问地说道：“大少爷，您是念书人，什么不明白……我种您家那东洼的地，连着三年闹水，子粒不收，老伴儿饿死啦；您五福兄弟饿的跑走当兵去啦；家里只剩下我跟狗儿娘、小狗儿……还有五福的妹子玉来——她，她叫我狠心卖给人家，也不知山南海北的哪儿去啦！……”

学生答案选录1：知道余永泽要走，所以老头儿“神经忽然紧张起来”“哆嗦”，他害怕余永泽要走，不听自己说话，害怕他不帮助自己。老头儿的一席话，明里暗里都在表现他生活条件恶劣，生活十分艰辛，同时，我也认为其中还有卖惨的行为。

教师点评：这是一位悲苦的老人，而这位同学读出的不是同情而是厌恶。好像老人为了要钱在这里“卖惨”，在耍心计表演给余永泽看。此刻的余永泽很不想听老人诉苦，很不耐烦，只想让他赶紧走人。这位同学在批注中自然流露出的情感态度跟余永泽很相似，这值得我们深思。对悲苦的劳动者的真切同情，有的孩子和当时的余永泽一样是没有的。最多只能“理解”，却很难真正走心。

学生答案选录2：穷老头来借钱时……凭什么别人穷了就一定要给他钱呢?

（省略部分见上篇"革命传统作品整本书'走心读写'实验"案例考察"二、'表达与交流'以及'争鸣'维度"案例二。）

教师点评：虽然是对待小说中的人物……还振振有词地替余永泽极力辩护。（省略部分同上）

学生答案选录3：百姓苦不堪言，民不聊生，地主的压榨，高利贷的重压，自然灾害的侵扰，让百姓的生活雪上加霜。田地里谷物颗粒无收，一幅荒芜凄惨的场景。饿死了一批老人，卖走、送走了一群可爱的孩童，在这个黑暗的时代，农民、工人真的好可怜，可他们却又是无可奈何的。他们在准备着，也在等待着一个光明时代的到来。

教师点评：这位同学真正地与作者心碰心了，"人走文心"发生了。作者借老人的口揭示的就是黑暗的社会现实，老百姓生活都已经苦到了何种地步？今天，在优裕生活中的孩子能从书中的"生活"中有这样的"切身体会"和深刻认识，真是难能可贵啊！"他们在准备着，也在等待着一个光明时代的到来。"这正是作者的期待，真正的文心、生心合一了。

学生答案选录4：老头儿来找余永泽说家里的事，而余永泽却爱搭不理的。此时，我感到很着急，因为老人一家都吃不上饭，快要饿死了，而余永泽爱搭不理的，根本不管老人一家人的死活。那么余永泽会给老头粮食吗？余永泽会可怜他们吗？

教师点评：看到余永泽对老人"爱搭不理的"，感到很着急，书外的"我"介入书中了，把自己读成了书中的一个"人物"。由于在书中"生活"，就像在现实生活中一样，面对着当下的境况，着急地思索着、判断着、推测着，"那么余永泽会给老头粮食吗？余永泽会可怜他们吗？"可见，"同一同步"策略是"走心读写"的重要策略。如果由同学们自己决定阅读进度，着急的同学就会急切地往后翻看，那么事件的结果他自然会知道的，何苦在此时还要着急地发问？这样的阅读，会有一个现象，那就是当时的判断推测或对人物事件的评判，随着阅读的进展会发现是不对的或者是误判的。比如，刚还对这个人物的做法有些不解甚至埋怨，但往下读了一段，却又改变了看法和态度，开始赞赏了。读完全文，看看随时写下的批注，也会发现有很多自相矛盾的地方。所有这些，都是"走心读写"的正常现象，而且都是值得肯定的。

6.“我想，我想……”余永泽喃喃着，“静，我想，这不是我们能够为力的事。有政府，有军队，我们这些白面书生赤手空拳顶什么事呢？喊喊空口号谁不会。你知道我也参加过学生爱国运动，可这是过去的事了。现在——现在我想还是埋头读点书好。我们成家了，还是走稳当点的路吧……”

学生答案选录1：①余永泽此时就如同一个胆小鬼，他怕道静被抓，也怕自己被抓，毫无勇敢可言，满嘴仁义道德，到关键时刻却退缩。他只想埋头读书，但没想过在这样的处境之下怎能安心读书？稳当点的路就能走长久吗？他思想落后，只考虑小家，而不顾大家，一个男人还不如一个女人，他的行为让我为他感到羞愧！

②一个一心只想着生活的男人，他并无不好，可能道静是他真正深爱的人，他不想让道静陷入危难，他只想与道静平静而幸福地生活，但是道静并不是个只顾自己的青年，她心怀祖国，心怀人民，在国家没有安定下来时，她是不会把个人的幸福放在主要位置的。

教师点评：第一位同学一气呵成地对余永泽表示了失望与指责，字里行间都能感觉到这位同学在阅读中饱满的情绪。直截了当地说出了林道静的心里话，与林道静灵魂合一了。观点可以多元，思想可以交锋，但阅读激情是可贵的，要精心呵护。第二位同学的说法也是平心而论，不无道理。“一个一心只想着生活的男人，他并无不好”，在大家一边倒地指责余永泽的时候，他给余永泽这样一个肯定性的评价。能看到“道静并不是个只顾自己的青年”，这也是有见地的，林道静不是笼中鸟，与余永泽不是一类人，用今天人们常说的一句话就是三观不同。课堂分享中，让这两位同学都分享交流一下，估计课堂会很活跃的，同学们的大脑会被“点燃”的。

学生答案选录2：①余永泽与林道静比起来，格局真的太小了，一天只顾着自己读书，胆小自私，只顾自己，躲在自己的象牙塔中，觉得革命的事情不需要参与。思想狭隘的余永泽与思想广阔的林道静背道而驰，他们的爱情也是不会长久的。

②余永泽的话表面上看确实很有说服力，但是只靠政府军队的话根本是不可能赶走侵略者的，国民党一直不抵抗，警察也在镇压示威游行学生，所以这是余永泽在为自己的懦弱找理由。

教师点评：第一位同学清楚地看到了余永泽“格局真的太小了”，而且预见两人的爱情“不会长久”。这位同学明事理，看问题透彻，体现了他本人的大格局。从“文走人心”的角度看，林道静的大格局已经潜移默化地影响到了这位同学，对她产生了积极的影响。第二位同学说“余永泽的话表面上看确实很有说服力”，也是中肯的，抛开现实情况，抛开政治立场，余永泽的话的确不无道理。但余永泽在心底里或许也觉得国民党的政府和军队靠不住，但他还要拿来劝说林道静，这是自欺欺人，所以，这位同学一针见血地指出，“这是余永泽在为自己的懦弱找理由”。

学生答案选录3：①余永泽要过一份安稳的生活，这难道有错吗？在我看来，这并没有错，只不过林道静与余永泽追求的不同罢了，我们不能因为他人与自己的选择不同而去强求他人与自己相同。但这也反映出了余永泽的目光短浅，此时的余永泽与之前的他形成强烈的对比。

②余永泽担心林道静会有危险，不想让林道静去，可以看出余永泽还是很喜欢林道静的，只是二人所走的道路不同，注定不能一直在一起，迟早会分开。尽管余永泽在各方面都会迁就林道静一点，但这于事无补。

③余永泽应该很爱林道静，不想让她去，怕她受伤，不想让她加入革命里面，只想和她好好过日子。但道静认为他就是一个胆小鬼，怕受伤。我和道静的观点一样，喊口号又不是什么，余永泽你就那么怕吗？我觉得你应该勇敢一点，做一个有血性的中国人，而不是去当一个胆小鬼。

教师点评：第一位同学是一个很有思想和个性的孩子，有独立的认识，自始至终都不人云亦云。我们可以不同意他的观点，但要捍卫他说话的权利。班里有这样的孩子在，是“走心读写”之幸，这样的同学和他的立场观点都是全班阅读教学的最好资源。

第二位同学，站在余永泽的角度上理解和感知，很能理解或者体贴余永泽，不管怎么说，余永泽对林道静的爱是不能否定的。跟大多数同学不一样，这位同学没有受作者创作意图的影响，而是平心而论，有感而发，独立思考，合乎情理，态度中肯。

第三位同学，把自己读成了小说中的一个人物，直接和余永泽对话，让人感觉她就是余永泽和林道静共同的同学或朋友，既让林道静体谅和理解余永泽，同时又劝说余永泽勇敢一些，对余永泽有一种哀其不幸、怒其不争的心理。

学生答案选录4：①余永泽说这些话时，道静惊讶了，原来这个人心里竟然是那么自私，他只为自己，他一心只想的是安稳。道静有一颗爱国之心，还结识了一群上进的青年，面对这样的恋人，她的爱情已经破灭了，她也醒悟了。原来她和他从来都不是一路人，那么，道静下一步会做什么呢？她有什么打算？会离开他吗？我真替道静的前途感到忧虑。

②林道静像一匹小野马，永远都是敢想敢做敢闯的，她的思想是独立的，不会固定到死板的生活之中。她的信念与余永泽是相背离的，余永泽更安于现状，不会去冒险拼搏。这一切，都是两人的性格使然。

③读到此处，我觉得林道静与余永泽在思想层面上完全是两种人。林道静永远都充满着青春的热血，对祖国有赤诚的爱。而余永泽却只想着自己，只看眼前，只想过安稳的日子。我觉得他们俩以后注定会分开的，因为他们不是一路人。

教师点评：第一位同学，深深地介入小说的情境中了，而且很有激情。第二位同学读出了自己的体会，心中有了一个清晰的林道静形象，“像一匹小野马”的比喻很贴切。注重从人物性格方面看问题，这本应是读小说的常规视角，但这里需要辨析一下。文学名著以揭示人性为主要特征，但革命传统作品以揭示人的革命性、阶级性为主。应该说，人性是第一性的，革命性是第二性的，而革命传统作品中的人物形象往往革命性大于人性。仅仅站在普遍人性的角度看革命者的革命性、阶级性是看不透彻的，这是阅读革命传统作品要特别注意的。第三位同学，我们从字里行间都能感受到他阅读时用心灵触摸文字的样子。他用最朴素的语言，写出了自己最真切的感受。

三、以第十一章为基本依据，写一则大年三十这一天的"林道静日记"。不要复述小说的内容，要合理发挥想象，侧重心理描写。300字左右。

学生答案选录：①今天是大年三十，收获非常多。我被好客的白莉苹邀请去一同过年。今天过得异常热闹，即使这里很多人我都不认识。我听着他们一起讨论国事，心里不由得激动，他们每个人都怀揣着一颗爱国的心。听着他们说关于爱国的事，我的心里升起一份敬佩。虽然我没有和他们一起去做这些事，但我仿佛身临其境，心中有一团火在燃烧。我越来越激动，想知道更多关于国家的事。

今天最开心的还不是这些，而是我再次遇到了那个给我留下深刻印象的人——卢嘉川。虽然和他只是短短的交谈，但他的形象却深深地刻在了我的脑海中，可是我不好意思和他打招呼。听他讲着最近的形势，我不由自主地想要靠近他，想向他打招呼，但又有点害羞。他仿佛有光环绕着，他的演说充满愤慨之情，富有鼓动性，让我对他更加好奇，想多多了解他。在屋子里再次掀起议论时，他过来向我打招呼，我又害羞又激动。她问起我的近况，我也很自然地告诉他，就像相识很多年的老朋友一样。今天的收获很多，我也更加深刻地认识到了革命的重要性。希望有朝一日我也可以成为像他们一样的革命者。

② 今天是一个令我难忘的日子，因为就在今天，我仿佛再次找到了人生方向，我不再像之前那样迷茫了。卢嘉川一行人，就像明灯，照亮了我的内心，使我再次看清了我内心到底想追求什么。从他们的对话中，我深深地感受到，作为爱国学生，他们的信念是那么的坚贞不移，对祖国的爱是那么的赤诚。我想要成为他们那样的人，可是我什么也没有，我有的不过是这颗充满热血的心罢了。我憎恨我所处的那个家庭以及我所在的这个社会，我想摆脱这一切。我要加入他们，我要追求自由，我也要奉献我的那份坚贞与热爱。

我相信我们的国家不会亡，我们的人民不会被压垮，我们要奋起反抗。希望我也可以加入卢嘉川他们之中，他们值得我去加入，他们身上那种热血是余永泽所不具备的。我担心如果我真加入了卢嘉川他们，我的永泽又会怎样呢？他会不会支持我呢？会不会和我一起去呢？不管怎么样？我都不想再继续沉默了，我也该加入其中，奋起反抗了。

③ 每逢佳节倍思亲，今天是大年三十，我的亲人在哪里啊！我一点也不喜欢热闹，可被那位热情的小姐姐拉到这里参加"流浪者聚会"。因为日本鬼子占了热河，他们这才成了有家难回的流浪者，我虽然生在北平，可无家可归，也是一个流浪者。面对这一屋子陌生人，我倒像一个异乡人了。

卢兄来了，真让人激动呀！他还是那么俊朗，那么魅力四射，他的话题也那么新鲜，大家都围着他，簇拥着他。卢兄还记得我吗？真不好意思，我至今还没有工作，曾经好歹还是个教书先生，现在却秘密地做起家庭主妇了，卢兄会怎么看我呢？欣喜的是卢兄还记着我，还牵挂着我，这可真让人脸红。

卢兄与我谈了很多，我好像真的懂了好多道理，我开始反思自己了，难道我一直要把自己困在家庭中吗？我一定要走出家门融入社会之中。卢兄劝我多看书、多思考，这让我觉得有人能真正懂我了，从此，我也要往救国的路上走了，这多么令人兴奋啊！卢兄说得对，青年就应该这样。

多么难舍与留恋啊，多希望今天能再久一点……

教师点评：虽然有"不要复述小说中的内容，合理发挥想象，侧重心理描写"的提示，但绝大多数同学离开复述小说内容就没啥可写，相对而言，这三位同学都能抒写心声。

第一位同学，将林道静对卢嘉川的喜爱和倾慕写得最突出，情感也很炽烈。第二位同学，字里行间都能感受到那份热度，"人走文心"和"文走人心"都真实地发生在这样的读写中了。第三位同学，塑造了另一个版本的"林道静"。自言自语，跟自己倾吐心声，是一篇"形神兼备"的日记。用心触摸了文字，又从心里自然流淌了文字，字字句句都是原汁原味的心声。结尾含蓄，耐人回味。

心窍开了的同学，不论是读还是写，总能最大限度地进行感知和表达。

以上三位同学的"林道静日记"，再次提醒我们，学生的语言建构，是需要花大气力的。通篇看，他们的文字思路清晰，情感饱满，字里行间流淌着真情，没有套路化的弊病，但从语言的规范性上来说，还有很多不合语法和表达欠妥的地方。这就需要指导学生进行修改病句训练，做法是这样的：先放手让学生写作大量的语言文字，待其积累到一定量时，再集中开展修改训练；这种修改病句训练跟我们应试教学中的做法是不同的，应试教学中的训练只能使学生在考试时做对试题，但在实际运用中却效果不佳。

同步作业5

读完第一部第十三、十四、十五章后，完成下面的“同步作业”。

一、试对下面的细节作出你个人的评说。跟平时的答题不一样，没有标准答案，你可以完全忠实于你的内心，怎么想就怎么评说。

7.她真不愿意和卢嘉川分别。和这样的人在一起，她就觉得心安，觉得有勇气、有力量。可是他们只好分别了。卢嘉川回头望望道静默默含愁的面孔，微微一笑说：“好！一定去找你。不过……”他没有说完要说的话就大步走开了。今天，许多人遭到了逮捕屠杀，许多人负了伤，他有许多紧急的工作必须赶快去做，因此伴着道静走了一段路，他就急忙走开了。

学生答案选录1：①自认识卢嘉川以来，林道静变化很大，她从一个只想过安逸生活的人开始变得开始为国家着想了。她在卢嘉川身上学到的太多了，她学到了他的爱国情怀，学到了他的做人准则，学到了他不屈不挠的精神。可以说，卢嘉川就是林道静走上革命道路的引路人，他带着道静走上了抗日救国的道路。卢嘉川身上有余永泽没有的东西，林道静更加敬佩卢嘉川了。

②卢嘉川在林道静的心里是启蒙者、是朋友、是恩师。在林道静陷入迷茫和无助的时候，是卢嘉川给了林道静以希望和鼓励。卢嘉川在林道静的家里尽力安排好每一件事情，完成组织交给的任务，现在，林道静要和卢嘉川分别了，这一分别很有可能是永别，林道静是多么不舍啊！

教师点评：两位同学的发言，中规中矩，全面周到，教科书一样，让人无可辩驳。但这类批注总感觉缺少了什么，就像和一个不能推心置腹的朋友聊天一样，虽相谈甚欢，但没有多少心里话。说到底，这样的话一般是在正式场合发言时说的话，是演讲的话，是考试的标准答案，不是知心朋友之间的心里话。言为心声，言语的刻板僵化说到底还是思想的刻板僵化，追溯起来，恐怕与长期的应试训练分不开。

一般来说，这就是"过脑"的文字而不是"走心"的文字，其特点就是概念、判断、推理、概括和归纳。不是用心体验和感悟的文字，是用"脑"读的，而不是用"心"读的。

学生答案选录2：①在这里可以看出，林道静对卢嘉川的感情已经不仅仅是简单的朋友关系了，可能她已经喜欢上了他，只是她不敢面对自己的感情。卢嘉川是一个非常温暖的人，在他心里搁着很多事的时候，还不忘给愁眉苦脸的道静一个微笑。

②卢嘉川因为工作的原因与道静分别，看到分别，我的心也不禁伤感起来了。但我也开心，"听着"卢嘉川和道静的对话，想象着当时的情境，我的心里真是五味杂陈。道静虽然很不想分别，但她必须面对残酷的现实，只能将希望寄托于他的归来，她相信那道光会回来的，她内心的光明并不会因此变回暗淡，她会等他归来的。

教师点评：多心细的孩子啊！多么走心的阅读啊！具有毫发毕现的感知能力。书中两人的内心世界书外的她全懂，"可能她已经喜欢上了他，只是她不敢面对自己的感情"，这样幽微难明的情感都被这位可爱的读者揭示出来了！"卢嘉川回头望望道静默默含愁的面孔，微微一笑"，这样一个不经意的细节都没有逃过这位同学的眼睛，她由此判断卢嘉川是一个"非常温暖的人"，因为"在他心里搁着很多事的时候，还不忘给愁眉苦脸的道静一个微笑"。明显地，卢嘉川的这一个微笑，不仅温暖了书中的林道静，也同样温暖了书外的这位可爱的少女的心。"走心读写"就是在这样的心灵悸动中感知和体验从而进行语言建构的。第二位同学比书中的道静还倾心痴情，真的是感同身受，沉浸在书的世界中了。

学生答案选录3：①和余永泽生活在一起，道静虽然摆脱了漂泊的痛苦，却陷入了另一种痛苦。面对余永泽的自私狭隘，道静日渐颓丧。卢嘉川为苦闷中的道静打开了新世界的大门，使道静有了新的精神支柱，道静对这个热血青年产生了一种崇拜感。在道静心里卢嘉川是偶像一般的存在，而卢嘉川对这个涉世未深的女孩儿也颇有好感，想到把她引领到革命的道路上来。

②此时，林道静的内心是波涛汹涌的，卢嘉川在她的心里既像老师更像朋友。他心怀国家不顾个人的安危把反侵略求民主作为航标，勇敢地向着心中的梦想前进，这一切都使道静对卢嘉川产生了崇拜与敬仰之心。卢嘉川或许才是道静迷茫人生中的一座灯塔，而余永泽是匆匆过客。

③卢嘉川真的是一位真正的无产阶级革命者，他刚刚脱离敌人的捕捉，心里面就全装满了人民和战友，争分夺秒地赶去下一个地点领导工作。这样一个有责任心的帅小伙儿，也难怪林道静愿意依赖他。我想不仅仅是林道静，全天下的人都不会拒绝他吧！

教师点评：“偶像一般的存在”，一语道破。如果说，余永泽是同学们的一面镜子，那么卢嘉川就可能是同学们的青春偶像，林道静则是所有走心阅读者的眼睛和心灵。阅读《青春之歌》大家都会感觉到“林道静视角”的存在，于是，在整本书阅读教学中，少男少女们不知不觉就与林道静“灵魂合一”了，林道静的喜怒哀乐、爱恨情仇都在不知不觉间影响着同学们。那么，教益就自然而然产生了，一般来说，女同学们由衷地喜爱卢嘉川，不喜欢或者讨厌余永泽，这就会对男同学产生影响，男同学们都觉得应该把自己塑造成卢嘉川这样有人格魅力受女生喜爱的人。

第二位同学揭示了卢嘉川被林道静崇拜与敬仰以及喜爱的真正原因，也不忘拿余永泽做对比。这也是阅读对同学们情感态度价值观产生的影响。

第三位同学说得更直接。书中的卢嘉川真正感动或者征服了这位书外的热血青年，他直接站出来热情洋溢地颂扬卢嘉川，倾心拥护和追随卢嘉川。在他的倾心颂扬中可以看出，卢嘉川的人格、气度、精神等已经在该同学的心里潜滋暗长了。相信“文走人心”在他这里真实地发生了。

三、以第十五章为基本依据，写一则三一八惨案纪念日这一天的“林道静日记”。不要复述小说的内容，要发挥想象进行再创作。500字左右。

学生答案选录1：天气：晴　日期：3月18日

昨天问余永泽愿不愿意去参加示威游行活动，他断然拒绝了，还劝说我不叫我去，我的心里是很气愤的，又去问晓燕，她犹豫不决，最后也没答应。身边最爱的两个人都拒绝了，我的心情瞬间跌入谷底，感觉没有了底气。

今天一早，我来到北大红楼后面的操场上，左右看看，没有一个人是我认识的，我内心又兴奋又懊恼，兴奋的是我真的来参加此次游行了，懊恼的是自己一个人孤零零的，不知该怎么办，有点束手无策。渐渐地，人越来越多，大家都激动地喊起了口号，我不知怎的，慌悚地喊不出来，此时，我是多么的悲凉无助。可后来有一个叫徐辉的女生带着我一起喊，使我有了底气。

看着台上讲话的卢嘉川，我的心情非常激动，他是那样的真诚勇敢，他当初用富有鼓动性的语言唤起了我的爱国之情。突然，一声枪响，大家都依然坚持喊口号，无所畏惧，后来，我们和那些警察打了起来，我们一个个都冲锋陷阵，不害怕敌人。最后我们在一个地下室集合，卢嘉川总结了此次游行活动。我们在今晚就要分别了，我是那么的不舍，和这样的人在一起，我觉得心安，觉得有勇气、有力量。可以说，卢嘉川就是我的精神导师，也是我成长的引路人，他让我懂得了我们只有投身到集体斗争中，把个人的命运同广大群众的命运连接在一起的时候，才能得到解放。游行示威活动使我感到激动而充实。

教师点评：这篇具有代表性，不少同学的日记基本上就是这位同学所写的样子。尽管有"不要复述小说的内容，要发挥想象进行再创作"的提示，但大多数同学还是难以摆脱对内容的复述，看来，真正发挥想象再创作真的很不容易。

学生答案选录2：时间：1931年3月18日　天气：阴　心情：沮丧

今天是非常特别的一天，昨晚兴奋得我一夜也没有睡着。直到外面暗黑的天空慢慢地露出了鱼肚白，我意识到是时候行动了。我轻轻地爬了起来，生怕将永泽吵醒，可看着永泽那副睡死的模样，不禁可惜刚才的小心翼翼。简单地收拾了一下，我就出了门。

本来是想着和苹苹一起去的，但不巧的是她还要去表演，那只好由我一个人去。隔着老远，我就看到了卢嘉川那俊美的背影，我向他飞奔而去，不小心差点摔了一跤。我急忙地看了下卢嘉川，发现他并没有看向我，我心里莫名地有些失落。我过去拍了他一下，他看着我，脸上露出了笑容，我心里面乐开了花。大家聚集在一起听卢嘉川分配任务，他的话我根本一个字也没听进去，因为我只顾着看他的脸了。之后我们的游行就开始了，大家都兴奋地喊着口号。正当我们喊得热情高涨时，突然一声枪响，众人惊恐地开始奔跑，虽然我知道哪条道可以顺利逃脱，但我偏不走，就要跟着卢嘉川，哎，我就玩儿。卢嘉川怕我有危险，一直示意我撤退，但都跑来了，撤退也不太好，终于是追上了他。看到他口袋有一块红旗，我一把扯来，就跑回了家。

真是有惊无险啊！

教师点评：这位同学笔下的“林道静”，是一个幼稚、轻佻、无脑、娇气的小女生。“本来是想着和苹苹一起去的，但不巧的是她还要去表演，那只好由我一个人去”，在这位同学的笔下，一场发生了激烈冲突的示威游行活动，变成了爱凑热闹的少妇爱逛的庙会。这位同学的笔下的“林道静”全部的心思就是偷偷跑出来看自己喜欢的男神，你看她“隔着老远，我就看到了卢嘉川那俊美的背影，我向他飞奔而去，不小心差点摔了一跤”。而且“发现他并没有看向我，我心里莫名地有些失落。我过去拍了他一下，他看着我，脸上露出了笑容，我心里面乐开了花”。感觉就像一个花痴，“大家聚集在一起听卢嘉川分配任务，他的话我根本一个字也没听进去，因为我只顾着看他的脸了”。

但从形式上看，这是一篇很典型的日记，有时间、天气、心情等表述。从所写内容看，这位同学又是沉浸在书中的，是忠实于内心的，笔下的“林道静”是从书中走出来的但又带着阅读者鲜明印记的人物形象。

与书中的“林道静”形象比较，该同学笔下的林道静是变形乃至走样的。这真是一个有趣的现象。真没想到，林道静在今天的一些孩子们的心中会是这样一个形象。

学生答案选录3：时间：3月18日　天气：晴

我踏着清晨的露气来到了大操场，人挺多，我一个个扫视过去，竟没有找到一个与我相识的人，他们都有人来，而我没有叫来一个人，王晓燕、余永泽的脸浮现在我的眼前，孤独感笼罩着我。这种情绪没有持续太久，就被一声声的口号声带动了情绪，第一次参加活动的我，迷茫，张不开口，紧张。他们一个个慷慨激昂振臂高呼着，而我只能跟着走，发不出声音来。那个女孩子其貌不扬，却爆发出惊人的气力，我如果有她一样的胆子就好了。那个女孩注意到我，和我说话了，教我，鼓励我去呼喊。慢慢地，我不再拘谨，随着人们大声呼喊，这一刻，我的心是沸腾的，自由的！春风带来了新的生机，也让人们看到了希望。

枪声在我们的头顶响起，可没有一个人离开，看着那些坚定的眼神，奇迹般地，我的慌乱和惧怕都已消失，坚定的信念在这一片天空中扩散，暴力不能使我们屈服。一场混战开始了，我的身影穿插在小巷中，我将石头都丢完了，再无武器了，却见那个姑娘手撕一名纠察队的人，啧，多么勇敢的姑娘，注意保护好自己啊！

惊心动魄的一天！不过我很开心，生命的意义就在于此，青春的敢作敢为满腔热血是最美的！我永远也忘不了这一天。

教师点评：强烈的感受体验就发生在"激烈的战斗"中，"我"的变化也真实可感。开头，因没有动员到人而自卑自责，"他们都有人来，而我没有叫来一个人，王晓燕、余永泽的脸浮现在我的眼前，孤独感笼罩着我"，继而紧张甚至羞怯，张不开口喊口号，"而我只能跟着走，发不出声音来"，那个女孩勇敢的表现感染了我、鼓励了我，"慢慢地，我不再拘谨，随着人们大声呼喊，这一刻，我的心是沸腾的，自由的！"火热的斗争让"我"觉悟了，对青春和生命的意义也有了深刻的认识，"生命的意义就在于此，青春的敢作敢为满腔热血是最美的！"心理的发展变化乃至成长成熟的过程，显得真实自然，毫无矫揉造作之感。

学生答案选录4：时间：3月18日　天气：晴

昨天晚上，我激动得久久不能入睡，怕吵醒永泽……我带着满满的成就感返回家中（省略部分见上篇"革命传统作品整本书'走心读写'实验"案例考察"四、'审美鉴赏与创造'维度"案例二。）

教师点评：这位同学笔下的"林道静"既是从书中走来的又是从该同学心里走来的"林道静"，真正的书我一体，灵魂合一了！这个孩子非常用心，写了好多，又修改增加了不少，修改增加的部分都在小括号里，成了正文有益的补充。这一篇"林道静日记"成了本次作业中最有特色又最像"林道静日记"的日记。

同步作业6

读完第一部第十六、十七、十八章后，完成下面的“同步作业”。

一、阅读小说，对其中的每个人物都要设身处地地给予深切的理解。三一八惨案纪念日这一天余永泽虽然没有参加示威游行活动，但也经过了惊心动魄的一天。请对下面语段做一些批注。自由选点，平心而论即可。

4.他的脚像钉在土堆上挪动不得。他竭力按捺住慌乱的心，定睛向大操场上混乱的人群张望，他希望在人群中看出林道静来，如果她逃了出来，他就扑上去接应她，可是，看了一会没有她。她到哪儿去了？是被打倒了？还是……他愈不安，脚就愈不能动。

学生答案选录1：从一连串的心理变化可以看出，余永泽真是胆小怕事的人，“如果她逃了出来，他就扑上去接应她”，一个女生都不怕，而一个大男人却心中充满恐惧。道静心中有信念，她明白自己想要什么，所以不怕，而余永泽心中只有他自己，只在乎自己，所以恐惧。

教师点评：“一个女生都不怕，而一个大男人却心中充满恐惧”，可以看出，今天的孩子们对男人应该是什么样子，还是有一种角色期待的，这在“娘炮”“妈宝”“巨婴”盛行的今天是有积极意义的。“道静心中有信念，她明白自己想要什么，所以不怕，而余永泽心中只有他自己，只在乎自己，所以恐惧。”这话说得实在是太到位了！

学生答案选录2：①虽然林道静瞒着他偷偷地去参加了活动，但是他还放心不下林道静，毕竟他还是非常爱林道静的，不想让林道静受伤。但是，他却也一点行动都没有，胆小害怕挡着他去找林道静。他只知道在一边干着急，这让我很讨厌余永泽。道静一个女生胆子都比他大，他却像一只缩头乌龟一样，能躲就躲。

② 是你不安吧？那只是你害怕罢了。在这里去接应她？真好笑！那为什么你不扑上去呢？真可悲啊！你将自己的退缩说得真是冠冕堂皇啊！真是玷污了"爱情"这个词。

教师点评：第一位同学，义愤之情溢于言表，恨不得走进书中对着余永泽痛骂一番，也理解了林道静不喜欢余永泽的原因了。第二位同学已经怒不可遏了，可见，他阅读的过程是多么的走心啊！

学生答案选录3：①他懦弱，他害怕，他不是被钉在那儿不动，而是不敢去。可是，他越看不到道静就越害怕，内心越发不安。他不想失去他深爱着的女人，又不想加入革命，他两边不住地选择，他的内心越来越惶恐。他在这两者之间来回选择，他的懦弱打败了他。

② 余永泽很爱道静，但又很胆小，"他希望在人群中看出林道静来，如果她逃了出来，他就扑上去接应她"，从这点可以看出余永泽心里还是有道静的。可是后面显示出他很胆小，在这点上，他是没法和卢嘉川比的，卢嘉川的英勇豪迈，估计他这辈子都无法达到了。

教师点评：第一位同学突出了余永泽的矛盾和纠结。同学们大多肯定了余永泽对林道静的爱，但是，真正的爱是可以为之牺牲的。余永泽不愿为革命而牺牲，当然不可过分指责，因为人各有志，但他在关键时候也做不到为爱而牺牲，这样的人就不值得一提了。他的爱以占有为主，还算不上真正的爱。

第二位同学把余永泽和卢嘉川做了对比，说出了两人的差距，说法是客观公正的。也有不少同学对余永泽抱着哀其不幸、怒其不争的态度，当最终看清了余永泽跟卢嘉川的真正区别后，对林道静的选择就完全理解了，其中还涉及爱情观和人生观的问题，对于高中生来说，应该是受益匪浅的。

学生答案选录4：①余永泽寻找着林道静，他心里想着如何救道静，但操场上的情形使他害怕。他这个自私的人，想做的事必须要在确保有利于自己的情况下进行，他想挽回他的爱情，但因胆小自私而无法做到。

② 余永泽对林道静是有过真心的，但这份感情经不起考验。在生死面前，余永泽没有选择林道静，而是选择了活下去。这种爱是非常廉价的，就像一盘

散沙，风一吹就没了。

教师点评：的确，这是一次挽救爱情的好机会，试想，如果此时余永泽不顾一切地冲进来，救出林道静，林道静将会是多么的激动和兴奋。可惜，一次机会，只因胆小自私而丧失。如果说以前读者对余永泽还有不少同情和谅解的话，那么，现在则对他彻底失望了。余永泽这个人物形象塑造得很成功，是一个典型的形象！典型的形象是不朽的，因为任何时候，现实生活中都不会缺少"余永泽"。

第二位同学说得太透彻了！一个人的真知灼见往往体现在知人论世上。同学们的阅读批注，能做到平心而论，有感而发，体现了同学们知人论世的能力，这样的能力不同于鉴赏表达的能力。前者与生活经验、人生智慧、成长需求等相通，后者与考查检测、应试评价、学术研究相通。从立德树人根本任务看，这样的知人论世，相当于现实生活中的社会舆论，会潜移默化地影响到同学们的情感态度价值观。

二、至此，你已经在书的世界里"生活了"一段时间了，对那个时代你有了哪些感性的认知了？对于"革命者"你现在有了哪些更具体、更真切的感知和更感性的认识？设想一下，假如处在那个时代，你的人生会是怎样的？忠于内心，平心而论，真实抒写即可。

学生答案选录1：首先，我认为那个时代是十分混乱的，社会动荡，民不聊生。革命者和反革命者并存，他们在不停地斗争，不停地流血，而革命者是大无畏的，他们不怕牺牲，不怕流血，他们要用自己的流血牺牲唤醒更多的人，他们的奋斗是很艰难的。

如果处在那个时代，我想我大概是个革命者，因为我的性格适合成为一个革命者。可能因为父母的反对和朋友的不理解与不支持，我会很痛苦。父母和朋友只想我平凡安稳地活着，可我不愿意啊，我怎么甘心看着国家危亡而袖手旁观呢？所以我会很痛苦。对于我成为一个革命者，他们不理解我，甚至因怕我连累影响还会离开我，这些会让我十分痛苦，但我会一直坚持自己最初的选择，坚持革命。或许在某一次的行动中，我被捕了，受尽了严刑拷打，或许在某一次战斗中我当场牺牲了……总之，我不后悔自己的选择。

教师点评：态度明确，“如果处在那个时代，我想我大概是个革命者”。还创设悲壮的情景“或许在某一次的行动中，我被捕了，受尽了严刑拷打，或许在某一次战斗中我当场牺牲了”。意志很坚决，“我不后悔自己的选择”，很典型的“文走人心”。通过“走心读写”革命传统作品，该生的情感态度价值观很明显地受到了影响。可爱的孩子，令人欣慰啊！

学生答案选录2：读了《青春之歌》我感触很深。林道静虽然是大地主家庭出身，但她不甘心当封建地主家的小姐，不甘心当官僚特务的玩物，因此遭到很多打击。教书被逐，爱情不如意，寻找职业四处碰壁……在重重打击中，她接触到了革命者，选择了走革命的道路。尽管前行的路充满坎坷，尽管她知道她选择的这条路异常艰辛，可在一次次的坎坷和打击中，她从没有放弃自己的信念，没有放弃自己对党的追求。特别让我敬佩的是在“三一八”游行时，面对余永泽的阻拦她没有动摇，面对军警的棍棒她竟没有一点害怕，她始终坚持自己的信仰。尽管那个时代黑暗势力很强大，镇压来得很残酷，但还是有那么多的不计生命安危的青年走了出来。他们不仅为个人命运抗争，也为拯救苦难的祖国而奋斗。如果我在那个时代，也许会像晓燕一样，开始胆小、害怕、软弱，后来满腔热血地去奋斗、抗争，但一定不会像道静那样坚韧、不屈。

教师点评：将自己定位为王晓燕这样的角色，参加革命有一个较曲折的变化过程，但最终肯定自己会走向革命。对自己有明晰的判断，“一定不会像道静那样坚韧、不屈”，正如老子所言，“知人者智，自知者明”，这位同学是真实而又明智啊！

学生答案选录3：如果我处在那个时代，估计也不会有什么大作为，子弹、战争什么的，谁会不怕呢？不怕自己被杀的人是不存在的，那些人民英雄是我们不能比的。如果我处在那个时代，我应该与余永泽处于同样的状况。如果我是当时的农民或底层人士，我可能只会种种地，打打工，做着能维持我生活的事；如果我是当时的上层人士，我可能会移民到其他和平的国家，从而逃离这混乱不堪的社会。我并不会像卢嘉川、罗大方、林道静这样的英雄人物一样反抗、斗争、革命，因为我并没有勇敢到连失去生命都觉得无所谓的程度。

教师点评：很真实的表达，他的基本意思可以概括为，穷则独善其身，达则移居他国，如果处在那个时代，他跟余永泽会是一样的人。唯其真实，我们才可能了解到今天的孩子们情感态度价值观的真实状况，我们也才能看清楚今天教育面临的问题。虽然这样的孩子并不占多数，但我们不能不高度关注。从孩子的真实表达中可以明显地看到我们这个时代的印记。教育面临的形势是严峻的。

“走心读写”的核心精神就是真实和自由，不做道德绑架，使学生在宽松自由真实的氛围内阅读和书写，这道题题目要求“忠于内心，平心而论，真实抒写即可”，即要求学生的文字是真心的，而不是故作姿态。“走心读写”是实打实的，对于学生的偏颇言论，我们的态度是，我虽然不同意你的观点，但我捍卫你说话的权利。传承革命文化，赓续红色基因是我们革命传统作品“走心读写”在立德树人方面的主要任务，但是我们的德育理念近似于卢梭的“自然教育”法。真正的教育是润物无声的，我们的教育目的越隐蔽，教育效果则越真实有效。

想起了“修辞立其诚”的古训。“修辞立其诚”出自《周易·乾·文言》，指作文、为人都要说真话、讲实话，表达自己的真实情感。在这里，我们的“走心读写”正是这样的。

同步作业7

读完第一部第十九、二十、二十一、二十二、二十三、二十四章后，完成下面的“同步作业”。

一、下面语段后的小括号里有片言只语的批注，你可以就此引发思考，接着说下去，也可以不受影响，根据个人的感触独立批注。

3.“嗯！”道静小心翼翼地接过那个半旧的古铜色的小提包，好像母亲接抱自己初生的婴儿。顷刻间，她的心头充溢着一种幸福的、欢乐的感情，这感情是这样激越和有力，竟使得她忘掉了刚才的紧张，紧紧把提包搂抱在怀里，眼睛燃烧似的瞅着卢嘉川。（这是一种怎样的心境和情感，今天在富裕、祥和、安宁的生活中的人们还能体会得到吗？读到此处，你产生情感共鸣了吗？）

学生答案选录1：道静接过卢嘉川的小提包，就像接过了一件宝物一样，因为这是党组织给她的第一个任务。道静心里可能觉得她终于得到了党的信任，接受的任务就是再小，她也会觉得非常重大，更何况是自己所仰慕的人交给她的，她的心里肯定是万分激动。她终于从郁闷和消沉中走出来了。卢嘉川都到了来找林道静的地步，也说明当时的情况真的非常危急。

教师点评：这个同学读得很细心，理解得很全面，表达得很到位。“卢嘉川都到了来找林道静的地步，也说明当时的情况真的非常危急。”情况严重到如此地步，只有这个同学体会到了。此时的林道静还没有进入党组织，而卢嘉川能将如此重任托付给林道静，一是对道静的信任，二是说明当时的情况真的很紧急，大多同学只看到了两人之间的感情，而没有看到这一点。

学生答案选录2：在道静的眼里，这个皮箱是多么的珍贵啊！这个皮箱是道静走向革命的开端，也是道静成长的标志。道静一直都想加入共产党，希望自己能够为党、为国家出份力，如今梦寐以求的事情终于实现了，可想而知她的心情是多么的激动啊！我也为道静感到开心。

教师点评： 这个孩子以心感心，因为体验到位，因此表达也就自然到位了。“我也为道静感到开心”，这就是共鸣！

学生答案选录3： 任务派发下来了，说明党组织把她看成了自己人，这是党组织接受她的开始，这是信任也是希望，道静即将破茧成蝶获得新生了。此刻的林道静，在革命队伍中就像新生的火苗，微弱但富有热力，她将温暖和照亮更多人走上相同的路。

教师点评： 这孩子说得太好了！“任务派发下来了，说明党组织把她看成了自己人”，让林道静最激动的就是终于成了党组织的“自己人”，她终于找到了一个温暖的“家”。

学生答案选录4： 道静从小就失去了母亲，父亲与继母都对她十分苛刻，她从来没有被人爱过，被人信任过，而卢嘉川这次坚定不移地选择她，无条件地信任她。她可以亲手为党组织做一些事情了，那种满足感与幸福感是难以言喻的。党组织像一道光照进了道静的心灵，照亮了她前进的方向。

教师点评： 这个同学从道静悲苦的身世说起，说出了林道静激动的更深层的原因，这只有跟书中的人物“灵魂合一”才能做到。林道静实际上就是一个孤儿，心灵深处渴望被爱和被信任，渴望找到家的温暖。此时，通过卢嘉川她找到了革命这个大家庭，她长期漂泊的心灵找到了归宿。

学生答案选录5： 卢嘉川、革命、共产党给了林道静又一次的新生，道静感谢卢嘉川，尊重卢嘉川，所以当卢嘉川信任她，交给她任务时，她非常开心。现在的人们可能很少会体会到这种感觉，但也并非没有。我读到这里时，真切地感知到了道静那种因获得了为党做事的机会而激动的心情，也感知到了道静此时感知到的那种被尊重被人认可的幸福感和满足感。

教师点评： 话虽不多，但句句在理。“卢嘉川、革命、共产党给了林道静又一次的新生”，细想，这位将三者并列并排序，实在太有道理了！林道静的确因喜爱卢嘉川而喜爱革命，因参加革命而最终成为一名合格的共产党员。

三、一个动荡不安的、急剧变动、严酷的时代会把青年推到时代潮头，抉择、痛苦、煎熬、追求、毁灭、成长、成熟、新生……现实会让他们明白一些道理，快速地成长成熟起来。在书中“生活”了这一段时间，你都产生了哪些想法，明白了哪些道理？请给你的一位知心朋友写一封信，聊一聊你最近阅读这本书的感触、感悟、心情、心得等。（口语化一些，随性一些。如：这几天，我一直在思索着……；伴随着阅读的深入，这几天我的心情……；在读到……的时候，我就想……；读到此处，我突然想起了……；特别是读到……我的心里真是……；一般都会认为……但在我看来……；我还以为……此刻，我才明白……；在书中人物的映衬中，我似乎突然看清了自己……；如果那时是我，我会……）

学生答案选录1：

嗨，老妹：

好久不见，你好啊，最近过得怎么样？还记得我之前给你推荐的那本《青春之歌》吗？它真的精彩，好看极了！这几天，我一直在思索着，什么才是革命？什么样的人生才算有价值有意义的人生？当我看到书中的林道静、卢嘉川、罗大方等人的事迹，我便明白了青春的价值和意义，那就是为了理想而奋斗，为了理想而奉献牺牲。

伴随着阅读的深入，这几天我的心情跌宕起伏，书中情节无不吸引着我。在读到林道静投海被拯救时，我以为她遇见了爱情，到后来发现那所谓的爱情不过是墙角的蜘蛛网，黏得林道静苦若挣扎。但是，看到后面的卢嘉川、罗大方等人带领着大家一起革命，我仿佛看到林道静脸上的笑容，特别是读到“三一八”游行时，我真是激动万分。我看到林道静找回了自己的生活、自己的理想，找到了生存的价值和意义，也找到了生活的乐趣。此刻，我才明白书中所表达的思想，青春的激情在胸中激荡。在书中人物的映衬中我似乎突然看清了自己，我也希望我能做到如林道静般的积极向上，向未来前进与奋斗。

快点读完这本书吧，你将有新的收获，期待着你的分享哦！

教师点评：“那所谓的爱情不过是墙角的蜘蛛网”，比喻非常贴切。“在书中人物的映衬中我似乎突然看清了自己”，心灵真正被触动了。

学生答案选录2：

嗨，朋友！这几天我一直在读《青春之歌》这本书，虽然还没读完，但我很想和你分享一下我的阅读感想。读到现在，我并不觉得它是一本乏味的书，书中呈现的人情冷暖，世态炎凉，黑暗现实，还有一群不畏艰险呼号奔走的革命者，所有这些无不触动着我的心灵；书中人物的命运，故事的发展，都无时无刻不吸引着我读下去。读到某处，我甚至会多读几遍去细细品味其中内涵。我在想，林道静对余永泽的爱是纯爱情还是为了报答、感谢救命之恩？道静是不是喜欢上了卢嘉川？革命者为什么会有前赴后继慷慨赴死的勇气？对此，我扪心自问，假如生活在那个时代，我会不会有这种抛头颅洒热血的决心？对照书中革命者的人生，我看到了我自己胆小的一面，令人厌恶的一面。关于爱情，你说，两个人在一起是为了什么？或者说因为什么而在一起？因为爱所以爱？其实，看到道静离开余永泽我还是很开心的，这是如我所愿的。我觉得故事本就该如此叙写，人物命运就该如此发展。好了，我要去阅读了，去享受阅读带给我的快乐了，下次再聊吧。

教师点评：“看到道静离开余永泽我还是很开心的，这是如我所愿的”，看来，真爱情有其自身逻辑，是符合大众心理期待的。“对照书中革命者的人生，我看到了我自己胆小的一面，令人厌恶的一面。”发生了“文走人心”了，把自己摆进去了，书成了该生映照自我灵魂的一面镜子。这是最好的阅读，这是最好的自我教育，“人走文心”和“文走人心”是相辅相成的。

学生答案选录3：

亲爱的小美：

最近我正在读杨沫的《青春之歌》，这几天，我一直在思索着林道静的命运最后会是什么样的？刚打开这本书，看见道静悲惨的命运，我对她非常同情。伴随着阅读的深入，当我看到林道静被迫辍学，离家出走，来到陌生的杨庄时，我的心为她很是担忧，她来到这个人生地不熟的地方，没有吃住，没有依靠，没有金钱，只能默默地流眼泪，我觉得她是非常可怜的。

在我读到道静回到北平并和余永泽一起生活的时候，我的内心很沉闷。当看到道静过着洗衣、做饭、碌碌无为的中年妇女的日子时，我就在想，这么优秀的一个女孩子，难道后半生真的要这样度过吗？有一天，余永泽老家的贫苦佃户——一个老爷爷来找余永泽借钱，因为遇到灾年，老人一家逃走的逃走，饿死的饿死，没法活了，而余永泽连救济的钱都不愿意给，读到此处，我突然看清了这个男人的自私和伪装，心里非常愤恨。

特别是读到余永泽不敢去示威游行时，我的心里对这个男人又看低了一层，并且心里替道静难过，难过她当初选错了人。林道静又遇见了卢嘉川，这使林道静对革命产生了热爱，从这以后，她的生活状态也发生了很大的改变，后来每次的示威游行活动她都是那样积极勇敢地去参加，林道静获得了新生，我真替她高兴！

亲爱的小美，赶快读一读这本书吧，你一定会有意想不到的收获的。

教师点评：围绕林道静的爱情来叙述的。可以看出，大部分同学在阅读中，追踪的还是林道静的情感世界，最感兴趣的还是林道静的爱情经历。就跟林道静是因为喜爱卢嘉川而走上革命道路一样，阅读这本书，大部分学生也是因为喜欢林道静而接受她的爱情选择、政治选择、信仰选择的。

学生答案选录4：

亲爱的晓伟：

你好！好久不见，近来可好！我最近十分地忙碌……赶快拿起这本书吧，你将获益匪浅！（省略部分见上篇"革命传统作品整本书'走心读写'实验"案例考察"一、'情感态度与价值观'维度"案例二。）

教师点评：非常鲜明的爱憎情感与态度！……这是难能可贵的。（省略部分同上）

同步作业8

读完第一部第二十五、二十六、二十七、二十八、二十九章后，完成下面的“同步作业”。

一、对一位很想读《青春之歌》但还没有读到的知心朋友，就下列的语段做一点解说，也说说你读到这里时的判断、猜测、担忧、牵挂、欣喜、释然等心理反应或你的情绪变化、联想和思考等。

4.道风听着这奇怪的议论，吐吐舌头，打断了她的话：“姐姐，你不知道我已经有了爱人啦，她叫高玲玲，嘿，可漂亮呢。校花，又是有钱人家的小姐。我们订婚了，父亲说：只要我们能到口外弄回一笔钱，他就拿这钱给我结婚。‘人不为己，天诛地灭’，我一个人也没法子叫那些穷佃户全阔起来，还是叫他们一人拿出一点钱来帮帮我吧。”

学生答案选录1：道风不喜欢听那些事，也不想让道静讲，不喜欢听就聪明地打断话。道静没想到她弟弟竟变得这么庸俗、丑恶，已经快结婚的人，不自己去挣钱而靠别人，靠压榨贫苦的佃户过奢侈的生活。我想，道静也应该注意到了，道风并不喜欢革命，而是想过奢华的生活。也罢，他们的思想不一样。

教师点评：“不喜欢听就聪明地打断话”，理解得很准确。道静十分认真地给道风讲的革命道理，认为这是真理，是人人都应该懂得的，天真地认为只要及时“教育”，弟弟就会幡然醒悟的。可在道风听来就是“奇怪的议论”，似乎姐姐在说胡话。在道风看来，姐姐本应比自己成熟，却怎么还这么不切实际，但他不想让姐姐难堪，就“聪明地打断话”。亲情上的血缘关系，政治立场上的阶级对立，小说的作者要揭示的就是阶级斗争的真理。最后这位同学说“也罢，他们的思想不一样”。这是一个很明白的孩子，虽然感知到了，但一时又说不清其中的道理，只能这样说。在这里"人走文心"发生了。

学生答案选录2：道静在最危险的时候还不忘给弟弟讲阶级斗争的道理，但是道风和道静怎能一样？林道风特别自私又特别胆小，又被金钱和权力迷了眼，一门心思逼穷佃户出钱，哪管什么公平不公平的事。道静说得再有理，道风还是不会听的。

教师点评：这位同学看问题很深刻，看出了阶级矛盾的不可调和性。"但是道风和道静怎能一样？"就像胡梦安对林道静讲的一番道理林道静根本不可能认同一样，林道静讲给弟弟那个革命道理，"说得再有理，道风还是不会听的"。

学生答案选录3：多年未见的弟弟突然到访，道静是惊喜的，忘掉了一切苦恼，且对那个家流露了怀恋和关切。但弟弟的目的不是单纯地来看望她，弟弟和父亲是同一种人，即使落魄了，也依旧使着地主那一套，自私自利，为了自己能娶有钱人家的小姐，就压迫农民。从弟弟的这种极端自私的行为上，道静看出了他的庸俗丑恶，幸好道静离开了。

教师点评："且对那个家流露了怀恋和关切"，这体会应该是细腻而准确的。"弟弟和父亲是同一种人"，一针见血啊！

学生答案选录4：一个林道静，一个林道风，同为青年，同样的血脉，却是不同的思想，一个渴望革命追求真理，一个却是渴望钱财追求美貌。林道风靠剥削压榨农民过着奢华的生活，剥削阶级的思想已经深入其骨髓，他与林道静在思想上天差地别。

教师点评：这也是一个看问题很透彻的孩子，语言表达能力也很强，"一个林道静，一个林道风，同为青年，同样的血脉，却是不同的思想"，虽是亲姐弟两个，但本质上截然不同。一个国家，希望的确在青年，但凡是青年都是进步的、都是好的吗？这是鲁迅先生当年困惑过的，当时信奉了达尔文进化论的鲁迅先生也是这样认为的："我一向是相信进化论的，总以为将来必胜于过去，青年必胜于老人，对于青年，我敬重之不暇，往往给我十刀，我只还他一箭。然而后来我明白我倒是错了。这并非唯物史观的理论或革命文艺的作品蛊惑我的，我在广东，就目睹了同是青年，而分成两大阵营，或则投书告密，或则助官捕人的事实！我的思路因此轰毁，后来便时常用了怀疑的眼光去看青

年，不再无条件的敬畏了。然而此后也还为初初上阵的青年们呐喊几声，不过也没有什么大帮助。"（鲁迅：《〈三闲集〉序言》）

二、阅读林道静写给卢嘉川的那封长信，根据提示，写一段不少于200字的感言。

读了林道静写给卢嘉川的一封长信，你可能会想起林道静与余永泽分手时写的只有几句话的那张纸条。两相对比，你一定很有感慨，能说一说吗？

学生答案选录1：道静与余永泽在一起时，会痛苦、无奈、气愤。……我却不想回忆他。（省略部分见上篇"革命传统作品整本书'走心读写'实验"案例考察"二、'表达与交流'以及'争鸣'维度"案例一。）

教师点评：这位同学认为……他对卢嘉川和余永泽的好恶跟书中的人物林道静是一致的。（省略部分同上）

学生答案选录2：人都是会变的，但是不变的是优秀的人永远只会吸引别人的注意，而差劲的人只会被人们嫌弃、淡忘。就像卢嘉川与余永泽一样，或许本身两个人都不差，但是随着时间的变化前者成为优者，所以吸引了林道静的注意，而后者却渐渐成为劣者，所以遭到了林道静的淡忘。

或许林道静与余永泽曾经很美好，但那早已经成为过去时。随着余永泽的变化，之前的甜蜜成为幻影，迎来的只是一张寥寥几句的纸条，这也是他的改变所带来的必然结果。而林道静与卢嘉川接触不多，但是卢嘉川的形象早已深入林道静的内心。两者相较而言，只会让优者更优，劣者更劣。

教师点评：这位同学有点掩卷沉思的味道，思考已经由个别上升到普遍了。也说明小说中的情感态度价值观对同学们产生了积极的影响。

学生答案选录3：林道静给余永泽只留下了一个条子，而条子上面寥寥几笔，只是说她走了，不会回来了，祝他幸福。就这几笔对道静来说是一种解脱，没错，余永泽给过道静温暖、幸福，可思想不同、追求不同的两个人又怎能走到最后？在一起，对两个人来说都是一种痛苦、一种折磨，离开才是对两人最好的解脱。而她给卢嘉川写的这一封长信，里面表达了她最真的感情和想要再一次与他见面的想法。即使她连卢嘉川现在在哪里都不知道，即使这封信没法寄出，也不知寄往哪里，可她还是选择了写。信中道静诉说到了自己的遭遇和自己这段时间的成长，表达了她一心向党的决心，描述了革命带给她的力量。仿佛她手中的这封长信是远方的卢嘉川给她写的回信。这封信承载了她多种情感，这封长信支持着道静。没错，这封信带给了道静莫大的信心和希望。这前后一对比，自然表现了余永泽与卢嘉川在林道静心中是怎样的存在！离开余永泽对她来说是解脱，而卢嘉川是道静心里特别的一个存在。

教师点评：情理兼备的一段文字，读来让人心服口服。的确，道静给余永泽写信是对现实生活中的一件事务的处理，而给卢嘉川写长信其实是在安放心灵和寄托信仰。余永泽是一个事务，卢嘉川是一个信仰。给卢嘉川的信是带着深厚的情感而提笔写作的，正如这位同学所说，"即使她连卢嘉川现在在哪里都不知道，即使这封信没法寄出，也不知寄往哪里，可她还是选择了写"。借着这位同学的超常感知，我们从林道静的这封长信中感悟到，信仰不是纯抽象的东西，它是带有深厚感情的。它不仅意味着深信不疑，而且代表着深深的热爱，有了这两点的信仰才是坚定的信仰。

学生答案选录4：正如林道静开头的称呼那样，卢嘉川是一个亦师亦友的存在，他引导道静走上革命的道路，让林道静看到了中国的未来。

余永泽对林道静而言只是一个过客，他的出现只是为了让道静在爱情上经历一次痛苦，而后更加坚定地投向无产阶级那一边，也是为考验道静能否经受住安稳生活的诱惑，能否为了革命而抛弃一切。

对一个人来说，有的人的存在是对自己的救赎，而有的人的存在只是拖你入万丈深渊的诱惑，卢嘉川是前者，余永泽是后者。余永泽的出现使道静尝到了爱情的苦，而卢嘉川的出现，像是一束光，温暖了道静的人生。

教师点评：这位同学已经能够掩卷沉思，思考人生，跳出生活看生活了。站在一个高度上来看林道静的人生轨迹，尤其对余永泽在林道静生命中存在的意义看得如此清晰，表达得如此准确到位。

学生答案选录5：平心而论，以我现在所处的这个时代而看她的行为……只有她自己知道。（省略部分见上篇"革命传统作品整本书'走心读写'实验"案例考察"二、'表达与交流'以及'争鸣'维度"案例一。）

教师点评：这是最另类的观点，我想这个观点不是孤立的，或许代表了一部分同学的真实想法，只是其他同学想说而不敢说，想说而又不好意思说，或者想说又有好多顾虑，只有这位同学平心而论，直言不讳地说出来了而已。一出生就在和平、安宁、富裕生活中而且被娇生惯养的孩子，对于革命之事真是太陌生了，因为没有体验过那个时代的苦难感、危机感、压迫感、斗争感等，所以没法感性地理解革命。

站在当下的生活现状和社会现实中，阅读这部革命传统作品，可能会淡化甚至剥离书中革命者革命的正当性、崇高性，革命行动或许在有些人的眼里就只剩下了游行、示威、散发传单、与军警冲突、秘密集会、策划暴动等“事件”，“革命者”或许在他们的眼里就成了没事找事，不好好读书，不好好过日子，不安分守己，喜欢闹事的一伙人。

这是个有趣的现象，其中牵出了一个问题，即阅读红色经典，对作者着力塑造的正面人物形象，能不能允许学生有个人独立的好恶？或者，能不能就其侧面或局部问题进行适度的否定或者批评？这位同学的观点对我们很有启发。学生走心了，教师更要走心。在实验过程中，教师要及时批阅同学们的“同步作业”，发现如上述这位同学表达的这样的观点，就要及时组织大家在课堂上讨论。就学生的观点引导讨论，教师要营造宽松自由的阅读与交流的环境，做到平心而论，有感而发，畅所欲言，否则，大家意见一致，答案整齐划一，说出的、写出的都是正确的废话和漂亮的废话，那么我们该到哪里去找真实的言论并引导他们讨论呢？

学生答案选录6：当林道静给余永泽写信的时候，内心是不舍的，煎熬的同时她也是解脱了。她终于向新天地迈出了第一步，选择分手，对二人来说都是获得了自由。我看到这里，终于松了口气，林道静总算是摆脱了余永泽，她是该有自己的新生活了。

可当我看到林道静给卢嘉川写信时，我觉得我是一个合格的读者，我可能比书中的林道静还激动。少女终于勇敢地说出自己的革命追求以及自己的心迹。信中字里行间满满都是正能量，激昂的语言，炽热的情感。即使这是一封寄不出的信，即使这是一份暗恋的情愫。很可惜也很遗憾，卢嘉川在不久之后牺牲了，如果这封信能让卢嘉川看见，那该有多好啊！

教师点评：真是一个走心的读者，"人走文心"时的激动与喜悦之情溢于言表，阅读给她带来的愉悦与欣喜可想而知。这是一个真正用心在读书，用心灵触摸文字的孩子，书中的人物和事件在她的心里是活生生的，几乎和现实生活中的没有什么两样，"当我看到林道静给卢嘉川写信时，我觉得我是一个合格的读者，我可能比书中的林道静还激动"。可见，她代入得多深啊！"如果这封信能让卢嘉川看见，那该有多好啊！"字里行间都能感知到这孩子的痴情，卢嘉川的牺牲在她的心上也有真切的疼痛感。"走心读写"，怎一个"好"字了得！

学生答案选录7：人与人之间的交往，本身就很复杂，同时也存在着很多不确定因素，喜新厌旧本就是一件合乎常理的事。有人说余永泽与道静三观不合，可是你别忘了，当初两人彻夜长谈，隔着数百里相互写信时，也曾有那种为彼此担心的样子。这是一个死循环，就好比花枯萎的气味是腐臭的，但它盛开的时候，可不是这样的。

我们无须去担忧一些要离开的人，他们本身就是你人生中的过客。换一种角度想，余永泽又何错之有？他用自己的努力去换取自己的前途，一没偷二没抢，只不过现实了一些。相反，林道静当时所追求的看不到丝毫希望。他们都是可爱的人，道静是，余永泽也是。

教师点评：真正的"平心而论，有感而发"！真是一个有心的孩子，林道静经历的感情，或许此时林道静自己都忘了，而这位读者他没有忘。他就像是林道静心灵深处的另一个理性的自我一样。因为余永泽的种种不堪，大多同学和书中的林道静一样，早已把当初两人热恋的美好情景忘掉了，但这位同学，一个认真的读者，他没有忘记，你听他怎么说"可是你别忘了，当初两人彻夜长谈，隔着数百里相互写信时，也曾有那种为彼此担心的样子"。强悍的思维，独立的思想，鲜明的观点！"换一种角度想，余永泽又何错之有？他用自己的努力去换取自己的前途，一没偷二没抢，只不过现实了一些。"课堂讨论，应该很精彩的！

同步作业9

> 读完第二部第一、二、三、四、五、六章后，完成下面的“同步作业”。
>
> 一、给下面的语段做一点批注，小括号里有片言只语的批注，你可以就此引发思考，接着说下去，也可以不受其影响，根据个人的感触独立批注。
>
> 6. 姑母点点头。她总是微眯着的眼睛张开了——这双憔悴的暗淡的眼神突然变得年轻人似的热情激动：“闺女，别难受。咱们到胜利那天再跟反动派算账……你知道，我那小子——你听说过李永光吗？他、他最近才死啦，为革命牺牲啦……做娘的，心上的肉，够多痛呵……可是这不算什么，不算什么，孩子呵，不算什么……” 姑母摇着头喃喃重复着“不算什么”，可是眼泪却顺着她多皱的面颊像泉水般涌流出来了。（请理解一个革命母亲的失子之痛吧！与普通百姓很相同，又很不同！请平心而论，有感而发吧！）

学生答案选录1：相同是因为自己的亲生骨肉被害死了，伤心难过是人之常情。不同是因为姑母是一位共产党员，她要坚强起来，不能像普通人一样一蹶不振。她是党员，她有自己的任务，也有自己的使命。在革命的道路上免不了有牺牲。

教师点评：除了缺乏感情之外，这些话说得明白极了，是应试答题的上乘答案。

学生答案选录2：姑母和她的儿子都是真正的革命者，母子二人为了革命甘愿抛头颅洒热血，可是，亲情永远是每个人的软肋，姑母失去自己的儿子，内心是十分悲伤痛苦的，虽说她的儿子是为了革命才牺牲的，他的死重于泰山，可是当妈的心里怎么可能不难过呢!

教师点评：姑母是普通人性与革命性完美结合的典范，一些文艺作品中的革命者形象要么被无限拔高供奉到了神坛，要么被所谓的人性论一味地世俗化甚至矮化，这都是不符合实际的。这位同学对姑母的理解准确到位，"亲情永远是每个人的软肋""儿子是为了革命才牺牲的"，既写出了作为一个普通母亲难以摆脱的心痛，又写出了一个英雄母亲的深明大义和高风亮节，写出了革命精神与人之常情之间的辩证统一关系。

学生答案选录3：姑母在安慰林道静的同时也在安慰自己，她失去了自己的儿子，无法接受儿子牺牲的消息，但她知道儿子是为了百姓、为了人民牺牲的。儿子身上有太多的责任，因为他是共产党员，为革命献出生命，不过是为了完成他自己的使命，姑母只能慢慢接受这个事实了。

教师点评："在安慰林道静的同时也在安慰自己""无法接受儿子牺牲的消息，但她知道儿子是为了百姓、为了人民牺牲的"。多懂事的孩子，话说得多好啊！语言不一定漂亮，辞藻不一定华丽，说出的话却贴心贴肺，能直抵人心。他理解英雄，理解英雄的使命，理解英雄的母亲，他崇仰这样的共产党员。这是对革命先烈最好的告慰、缅怀和祭奠，这就是很纯正的红色基因，先烈地下有知，会深感欣慰的。

学生答案选录4：相同的是每个母亲对自己儿子的爱都是一样的深沉，姑母也是一个很普通的母亲，儿子对她来说也同样重要，是她心上的肉，当她得知儿子为革命牺牲时，她自然是痛不欲生。但不同的是，她是一位革命的母亲，儿子为了革命而牺牲，这是光荣的。

教师点评："心上的肉""痛不欲生""这是光荣的"这样的用词，既有深入人物灵魂的深切体察，也有走出文本的高度概括与评价。能深切地理解这位英雄的母亲，某种程度上也就等于接受了这样一种革命的价值观和人生观。这是一种崇高的情感，走心阅读着的同学们，若在某一刻他们的心被这种崇高的情感攫住了，他们就会暂时跳出世俗和庸常，就会扩充胸襟和心界，就会埋下崇高的种子，就会在灵魂深处留下一道光亮，从而照亮他们成长的路。

学生答案选录5：姑母给道静讲述自己的孩子时，嘴上说着"没有什么"，但我能察觉到姑母的悲伤，哪有母亲失去自己的孩子不难过的啊！但是，姑母说的不只是她的孩子牺牲了，全国还有那么多为国牺牲的孩子们，和全国人民的解放事业比起来，她觉得她的一个孩子的牺牲就"不算什么"了。

教师点评：姑母虽然是一个普通的农家妇女，没有学识和文化，但她是一个有远大理想和崇高精神的革命者，革命是为了推翻那个黑暗的吃人的社会，建立一个公正的、合理的、让千千万万劳苦大众不受剥削压迫的社会，要革命，就会有牺牲，凡是信念坚定的革命者，都是不怕牺牲的。毛泽东主席在《论联合政府》中发出的庄严召唤:"成千成万的先烈，为着人民的利益，在我们的前头英勇地牺牲了，让我们高举起他们的旗帜，踏着他们的血迹前进吧！"革命至今，已经有无数的革命者献出了宝贵的生命。与革命的大目标相比，牺牲个人的生命"不算什么"，这位同学对姑母的几个"不算什么"的理解，虽不是很全面，但在很大程度上，还是合乎情理的。这位同学在深切体察姑母内心伤痛的基础上，对姑母的博大胸襟进行了合理解读，理解了一个英雄的母亲——姑母，就能理解千千万万的革命先烈的付出和牺牲。当然了，这句"不算什么"只能是姑母这样为革命牺牲了儿子的英雄母亲才有资格说的话。

二、革命有大道理，实际斗争又有很多具体道理，阅读中你悟出了哪些具体的革命道理？请以"革命的道理"为题，写一段不少于300字的阅读心得。

学生答案选录1：革命要有领路人，要能经受得住考验。像林道静，刚加入革命时，许多同伴的帮助特别是卢嘉川的指导使她积极投身革命事业，战胜了胆怯，机智勇敢地去发传单被胡梦安囚禁也不屈服，想办法逃了出去最终战胜重重困难，圆满地完成了任务。面对敌人的威逼利诱，她能独立面对，咬牙坚持，不说出任何关于共产党的机密，不论身体上还是心理上都经受了考验。在紧急关头她还能挺身而出。在地主毒打王老增老人时，她站出来为穷人说话，哪怕是暴露了自己也在所不惜。她无限忠诚热爱党，对党怀着赤子之心，把党当成自己的母亲，也像亲人一样对待一起革命的同伴，在革命中逐渐成熟成长起来。

教师点评：可以从这位同学的表述中提炼出以下革命道理：革命不是仅凭一腔热血的单打独斗，革命要找到同志，找到组织，找到领导，找到方向；革命要有阶级感情和阶级立场，要经受住磨难；革命要对党忠诚热爱。“在地主毒打王老增老人时，她站出来为穷人说话，哪怕是暴露了自己也在所不惜。”尽管说这是林道静在革命实践中所犯的错误，但也证明了一个革命的道理，即革命者和最贫苦的民众是心连心的，贫苦的民众是革命的力量之源。

学生答案选录2：哪有什么岁月静好，只是有人替我们负重前行。若没有那些革命先烈的流血牺牲，就没有我们今天幸福美好的生活。那个时代，正是因为有卢嘉川、江华等这样的革命先烈的拼死抗争，才使垂危的祖国起死回生，才让那些侵略者知道，中国还有人在。在党的正确领导下，中华大地孕育了一代又一代优秀的革命人，正如卢嘉川、江华等同志，他们勇敢、正义，心系祖国，才华出众；他们紧密团结又互相监督，一起成为更好的人、更伟大的人。如果问我什么是革命的道理的话，我会回答，如今这么美好的生活就是对革命最好的证明！

教师点评：这位同学的革命道理就一句话：“没有那些革命先烈的流血牺牲，就没有我们今天幸福美好的生活。”这样的表述可能不是第一次，也许是在小学时的主题班会上，也许是在初中时的思政课上，也许是在革命题材影视剧的观后感中，总之，在成长历程中这位同学可能不止一次地听到了这句话或者说出了这一句话。但是，像这样的通过自己的“走心阅读”，从革命者“活生生的事迹”中真切地感知到，独立地自主地自觉地认识到，并发自内心地把自己的认知告诉其他人，这恐怕是第一次。这就是从“问理的道德”发展到了“问心的道德”。红色基因的传承，革命文化的传承，只有到了“问心的道德”层面，才是真实的、可靠的、有实效的。她的语言虽然朴素，但你能真切地感觉到她在用心说着自己最有感触的话：“让那些侵略者知道，中国还有人在”“他们紧密团结又互相监督，一起成为更好的人、更伟大的人”。这就是“走心读写”，既写提炼概括的话，又不会过滤掉真情。

学生答案选录3：读《青春之歌》我感知到了林道静对党像对母亲……让我们看到了最美的青春应该有的样子。（省略部分见上篇“革命传统作品整本书‘走心读写’实验”案例考察“一、‘情感态度与价值观’维度”案例三。）

教师点评：这位同学把阅读红色经典的收获说得清清楚楚明明白白，说出了自己阅读后的真切感受，不是故作姿态，不是为了获得高分，不是为了迎合什么，是真正的“我手写我心”。但是，话说回来，这位同学所写仍然在阅读心得的范围内，对题干中的提示理解不到位，阅读中发现、概括、提炼“革命道理”的意识不强、能力不够。

贯穿在红色经典中的革命道理，是红色经典作品中思想性的核心，是主人公革命行动的底层逻辑。比如，哪里有压迫，哪里就有反抗；最底层的劳苦大众是革命者最可依赖对象；革命者与工农大众相结合；革命者要唤醒民众、宣传民众、发动民众；星星之火，可以燎原；理论联系实际，密切联系群众，批评与自我批评；革命者要不怕失败和牺牲；革命者要不怕牺牲但绝不做无谓的牺牲；革命者要有坚定的信仰、顽强的意志；革命要有党的正确领导，要有严密的组织，要有铁的纪律；等等。

从同学们答题中可以清楚地看到他们阅读理解的最上限在哪里了，这道题学生普遍答得不好，说明这道题已经碰触到了学生阅读这类红色经典的“天花板”。

同步作业10

读完第二部第七、八、九、十、十一、十二章后，完成下面的“同步作业”。

一、对一位很想读《青春之歌》但还没有读到的知心朋友，就下列的语段做一点解说，也说说你读到这里时的判断、猜测、担忧、牵挂、欣喜、释然等心理反应或你的情绪变化、联想和思考等。

7. “报仇？”听到这句话，道静忍不住浑身打了个冷战。她不由得看了还在哭着的宋郁彬一眼，“他要报仇？……”她似乎还不相信自己的耳朵，又自己问了自己一句。当她知道自己真的确实地听到了这句血淋淋的话是从宋郁彬的嘴里说出时，她一下子被悔恨的自责的心情弄得腿都发软了。似乎做了什么见不得人的事，她飞似的跑回了自己的房间里，赶快用被子蒙上了头。

学生答案选录1：林道静在听到宋郁彬说“报仇”时……成为一个热血的爱国青年。（省略部分见上篇“革命传统作品整本书‘走心读写’实验”案例考察“六、‘语言建构与运用’维度”案例一。）

教师点评：“说不定宋郁彬也能……还在沉睡。”（省略部分同上）常言道：“当局者迷，旁观者清。”可这个“旁观者”也迷啊！我们倡导的“走心阅读”要同学们生活在书中，那么，就是在书中，有清醒的人，也有糊涂的人。她比书中的林道静还善于幻想。这也是一种真实啊！“走心阅读”是一种原生态阅读，不同于应试阅读的就在于它能还原出一个真实的阅读者形象。

学生答案选录2：林道静内心的那块柔软永远是那样容易被他人触动。本来没有错的她反而因为宋郁彬的“报仇”两字就变得无比自责，她也不知道自己做的到底是对还是错，所以她的内心是那样的慌张。

教师点评：“内心的那块柔软永远是那样容易被他人触动”，这句话可以说是说到了道静性格的本质上了，然而，将林道静此时的“无比自责”归结为“被他人触动”这个原因，显然是没有读懂林道静。林道静听到宋郁彬“报仇”两字为什么有如此强烈的反应？……赶快用被子蒙上了头。（省略部分见上篇“革命传统作品整本书‘走心读写’实验”案例考察“六、语言建构与运用”维度案例一。）

学生答案选录3：她认为还有点良知的宋郁彬……不愿面对接下来的情景。（省略部分见上篇“‘走心读写’实验”案例考察“六、语言建构与运用”案例一。）

教师点评：在这位同学看来……不愿面对接下来的情景。（省略部分同上）同样的文字投射到不同的人身上，会有不同的感受和理解。

学生答案选录4：她不相信“报仇”二字能从这种和气的人口中说出来，这是让人感觉可怕的，而林道静之前一直觉得宋郁彬十分和气，性格也是好的，不承想这种人竟如此可恶、可怕，而自己一直没有看清他，宋郁彬隐藏得太深了也太可怕了！而这只是林道静的第一项任务而已。

教师点评：“隐藏得太深了也太可怕了”是吻合于林道静的心理的，“而这只是林道静的第一项任务而已”，这位同学比其他同学多想到了一层，难能可贵！的确，之前林道静听了“王先生”的介绍，她先是有些胆怯，等到了之后，渐渐地，她轻敌了，误判了，她对完成任务有了盲目的自信，她也有急切地为革命做出成绩的心理。但现在，被无情的现实狠狠打了脸，她的自尊受到了伤害。这第一项任务就失败了，今后还怎么能得到组织的信任，怎么能为革命做出贡献呢？

学生答案选录5：地主家的粮食被……今天的事让道静被“打脸”了。（省略部分见上篇“革命传统作品整本书‘走心读写’实验”案例考察“六、语言建构与运用”维度案例一。）

教师点评：这位同学的今天的事让……也打了宋郁彬自己伪善的脸。（省略部分同上）

学生答案选录6：宋郁彬之前的表现让林道静认为，他是个温润善良的人，现在，他的真面目露出来了，他欺骗了道静，欺骗了所有的人，宋郁彬要做什么来报仇呢？同时，道静感到自责，她自责自己被宋郁彬那伪善的表象迷惑，自责自己的所作所为。

教师点评：这位同学理解到位，表述中规中矩，拿捏得也恰到好处。"温润善良"这一词用得很好，的确，宋郁彬一开始的确给人一种"谦谦君子，温润如玉"的感觉，否则，经过了一段恋爱婚姻生活已经有了一定见识的林道静怎么会被迷惑了呢？"伪善"一词用得也很好。

学生答案选录7：道静越发认为宋郁彬是一个有知识的善良的人，她甚至认为如果做一些思想工作，宋郁彬也可以加入革命当中，可是，听到宋郁彬要"报仇"，这给了她当头一棒，让她再次认清地主阶级的本性。宋郁彬要"报仇"的对象是革命的同志啊！他的本性是多么可怕，自己是多么的愚昧无知啊！

教师点评："她甚至认为……"这是符合道静心理的。这位同学在阅读中有了自己的再创作，而且是很合理的再创作，是"人走文心"的体现。如果宋郁彬不暴露，继续伪装下去，道静去"发展"宋郁彬不是没有可能的。从实践的角度看，道静已经成功地接近了陈妈、郑德富，和宋郁彬的老婆也处好了关系，从宋郁彬的诉苦中她似乎看到了宋郁彬与他的冷酷无情的老父亲之间的"矛盾"。在宋家工作的一次次成功让她对"争取"宋郁彬有了信心。从认知的角度看，出身并不能决定一个人是否参加革命，道静自己出身地主阶级，却一心想参加革命；罗大方出身富人家庭，也背叛了自己的父亲和资产阶级家庭，毅然决然投身革命。所以，这个再创作是合情合理的。"走心读写"让同学们真正成为自己，用心贴着文字读进去了，想怎么说就怎么说。

众多的题中总有一道好题，这样的题是同学们阅读效果的试金石，它们不仅能检测或反映学生的阅读效果，还能检测或者反映或者折射出很多东西，起到了意想不到的作用。

二、请写出你阅读中的一些发现、质疑、困惑或写一段阅读感言。

学生答案选录1：在第二部中，道静生活在农村，目睹了农民与地主的矛盾越来越尖锐的社会现实。林道静无疑是机智的、勇敢的。在宋家，她用心去伪装自己，获得了宋家人的好感，但一个人面对不断出现的情况时，她又是惶惑的，只有听了姑母的告诫与安慰才会心安一点。道静她不畏艰苦，不怕困难，努力去摆脱自己地主小姐的身份，这是属于林道静的青春，一个充满了荆棘充满了坎坷的青春。林道静在一步一步成长，一步一步成熟，她没有被现实击退，没有失其本心，她逐渐蜕变，逐渐成长为一个革命者，她用年轻的生命谱写了自己的青春之歌。

教师点评："努力去摆脱自己地主小姐的身份"，把自己彻底变成一个劳动人民，这是林道静最不易、最痛苦的事情，这位同学特别地看出来了，所以说"这是属于林道静的青春，一个充满了荆棘充满了坎坷的青春"。"蜕变"一词，真是一语通透！可以看到这位同学在阅读中认知高度的自然提升，从与林道静灵魂合一到了逐渐超越林道静形象，有了象外观象的全能视角。似乎，林道静是她"看着长大的孩子"，她看到了林道静成长的全过程，用了几个"一步一步"和几个"逐渐"，最后非常精准地用了"蜕变"一词，一语中的，道出了道静成长的艰辛与不易。

学生答案选录2：这本书中让我最难以理解的是林道静她是真傻还是假傻？她怎么随随便便就能相信一个人，为什么不能多个心眼？林道静和余永泽分手时，我还挺开心的，说是余永泽的错，但他似乎也没有错，他只是不希望道静去参加斗争，他只想安稳平静地度过一生。即使道静和他分手，他也没做过对道静不利的事，只是冷眼观看却没有告密道静，可见，他也是一个好人。只是两人的思想观念不同罢了。说实在的，林道静真的有点像傻白痴，但她有一颗坚强坚毅的心，让我很欣赏。她屡遭挫折，但从未放弃过决心找一个属于自己的道路，她成功了，这是一条适合她的路，能够让她实现梦想不再迷茫的路，这些都是卢嘉川带给她的。挺希望她和卢嘉川这样的人在一起的！

教师点评：掏心掏肺的话，像对待身边的挚友，像是林道静的闺密，像是林道静的诤友，爱她，真心待她好，"林道静和余永泽分手时，我还挺开心的""挺希望她和卢嘉川这样的人在一起的！"但毫不客气地指出林道静身上的毛病，"真傻还是假傻？她怎么随随便便就能相信一个人，为什么不能多个心眼？"可见阅读中还时不时地因道静的过失而生闲气，小读者的这种痴情让人不由得想起了苏轼的《蝶恋花·春景》里的句子：“墙里秋千墙外道。墙外行人，墙里佳人笑。笑渐不闻声渐悄。多情却被无情恼。”痴迷至此，真正的走心读者。

学生答案选录3：阅读《青春之歌》，我有很多疑惑，也有许多感想。林道静的成长，卢嘉川的牺牲，戴愉的背叛，让我对这本书越来越感兴趣。最让我感兴趣的是林道静，她的经历很曲折，让人既有点心疼她，还有点同情她。道静的内心应该很痛苦吧，当卢嘉川牺牲的时候，我在想，如果余永泽没有写那封信，卢嘉川是不是就不会死？还是说卢嘉川注定会死？我有时候在想，余永泽也并没有那么坏吧，他只是太爱林道静了，他只是思想观念和林道静不一样罢了。他以后会不会后悔他之前所做的事呢？林道静有一天会不会发现她可能从没爱过余永泽，只是因为当她挣扎在死亡边缘时余永泽救了她，从而感动了她呢？我认为林道静没有看清自己的心，没有正视自己的感情。不管是余永泽还是卢嘉川，可能生活在那个时代的他们都有自己的无奈吧！我无法去评判他们每个人，因为我不是他们……

教师点评：多么走心的孩子，阅读后有诸多的牵挂和不舍，让人想起了宋代张先《千秋岁·数声鶗鴂》中的名句“心似双丝网，中有千千结”，以及现代诗人的“心有千千结，结结为君系，心有千千念，念念为君牵”。让我们真实地看到了红色经典占据了少男少女的心灵后所产生的美好情境。“我认为林道静没有看清自己的心，没有正视自己的感情”，字里行间都可以感知到这位同学的走心与沉浸，并且急切地想突破书页穿越到书的那个世界里，然后走到林道静跟前，像一个知心朋友一样提醒道静。这是“人走文心，文走人心”的典例。

同步作业11

读完第二部第十三、十四、十五、十六、十七、十八章后，完成下面的“同步作业”。

一、伴随阅读的深入我们会自然生发情思，有时会感慨万千或思绪万千，这是一种很积极的阅读体验状态，试就下列语段，抒写你的阅读体验。

10.“好哇，跑到这儿装洋蒜来啦！”刽子手等急了，恼怒了，动手了……

就这么着：她挺着，挺着，挺着。杠子，一壶、两壶的辣椒水……她的嘴唇都咬得出血了，昏过去又醒过来了，但她仍然不声不响。最后一条红红的火箸真的向她的大腿吱的一下烫来时，她才大叫一声，就什么也不知道了。

天色破晓了，阴森森的昏暗的刑房里，从高高的窗隙透进了淡淡的青色的微光。两个肥胖的行刑的刽子手用手巾频频擦着汗水，同时望望躺在地上浑身凝结着紫血、面色死白不省人事的林道静。一个家伙先长吁了一口气：“这小娘们倒真行！我真纳闷：怎么中国的男男女女只要一沾上共产党的边，就都好像吃了他妈的迷魂药——为他们的共产主义就连命都不要啦？说实在的，还有什么比命值钱的呀？”

学生答案选录1：革命斗争是残酷的、牺牲的，革命者是忠诚的、有信念的。林道静被捕后受尽了严刑拷打，受尽了惨无人道的折磨，刽子手无法从她的嘴里探知任何消息。革命的信念已融进林道静的骨子里，而这，是只在乎命在乎钱的刽子手们根本无法理解的，他们的酷刑也是不起任何作用的。像林道静这样的革命者还有很多，他们为新中国而奋斗，也为新生活而追求，他们是中国的脊梁。

教师点评：这位同学领会得准确、全面、深刻，其历史感、现实感、全局感都很强。该生将自己融进了书中，完全接受了革命教育。说明我们进行这样的阅读、这样的教育是必要的、可行的、有实效的。也说明革命传统作品“走心读写”是高中语文学科实施课程思政的有效路径。

学生答案选录2：林道静被抓入监狱中，受尽了敌人的酷刑，杠子、辣椒水、火箸……大堆大堆的刑具用在了道静单薄的身体上，却不能使她动摇一分一毫。这一刻，她是一名真正的革命者，我敬佩她也心疼她。我瞧不起那些刽子手，他们不懂什么是信仰，什么是尊严；我痛恨那些刽子手，他们曾经这样拷问过无数的革命者，我们现在所了解的只是冰山一角。有一句话这样说，我们无法替先辈们原谅那些欺辱过我们的人。

教师点评：“我敬佩她也心疼她”“我痛恨那些刽子手”，此时此刻这位同学真正理解了“我们无法替先辈们原谅那些欺辱过我们的人”这句话的真正含义和真实的分量。在这位同学的心里，先辈和今人真实地联通了。在说刽子手“不懂什么是信仰，什么是尊严”的时候，是蔑视的口吻，是俯视的视角，而这种口吻和视角都是因为她站在林道静的“肩膀上”才有了的。再说刽子手“不懂什么是信仰，什么是尊严”的同时，也暗含着自己因林道静而知道了“什么是信仰，什么是尊严”的深意。

从解读中，我们发现书中革命者的情感态度价值观在阅读中潜移默化地影响着同学们。红色经典作品中的是非善恶美丑是非常分明的，不是模糊不清的，这在立德树人方面有独特的优势。但这个特点在一段时间里被人们诟病为人物形象单一、刻板、模式化，反映不出人性的复杂与多元等缺陷。今天的一些作者试图阐释人性的复杂与多元，有意无意地虚无或模糊了真假、善恶、美丑的界限，他们打着揭示真实人性的旗号贩卖滥情、烂俗和低级趣味的东西，因此读他们的作品对于人生观世界观尚未形成的学生来说，是有害无益的。

学生答案选录3：“等急了，恼怒了，动手了”，刽子手的耐心是有限的，他们迷信酷刑，但是面对惨无人道的酷刑，道静咬牙坚持，一声不吭，敌人都打累了，打不动了，而她没有丝毫的屈服，这让我感到十分敬佩又十分心疼。最后刽子手说的风凉话，让我感到十分气愤，他们只想苟且偷生，保住自己的性命，永远不懂革命带给国家和民族的价值和意义。生命也许很重要，但如果像刽子手这样苟且偷生，还不如不活。用有限的生命做一些对国家民族有意义的事，才是正道。

教师点评：没有比这样的阅读更好的价值观教育了！这样的感知和领悟是仅靠灌输的方式所不能得到的。小说的特定情境让这位同学非常清楚地“看见”了人活着的价值和意义“很不同”这个事实。人应该怎样活一生，虽然高中生还稚嫩，但却喜欢思考和回答这个问题。想起了《钢铁是怎样炼成的》中的那段名言：“人生最宝贵的东西是生命，生命对于我们来说只有一次。一个人的生命应当这样度过：当他回忆往事的时候，他不因虚度年华而悔恨，不因碌碌无为而羞愧。这样，在临死的时候，他能够说：‘我的整个生命和全部精力，都献给了世界上最壮丽的事业——为人类的解放而斗争。’”

虽然，同学们对林道静所受的酷刑是感同身受的，但阅读文学作品的过程伴随着审美，当疼痛感、恐惧感被过滤掉后，革命者的形象瞬间升华为阅读者的审美对象，这时同学们的阅读就处在审美阶段了。

学生答案选录4：拷打、酷刑不能使……留下的全是敬佩。（省略部分见上篇“革命传统作品整本书‘走心读写’实验”案例考察“四、‘审美鉴赏与创造’维度”案例一。）

教师点评：这位同学此刻体验到的一种美——壮美……或者说审美体验本身就是阅读鉴赏行为。（省略部分同上）

学生答案选录5：道静被抓到了监狱，冷静的她将身上的信吞到了肚子里，面对严刑拷打，她咬紧牙关，始终不向敌人透露一丝关于党的情报。昏过去又醒过来，再昏再醒，无论敌人怎样折磨她，她总是顽强地与敌人周旋。林道静热爱革命，因此那坚不可摧的意志让她不轻易放弃自己的生命，对有些人来说，生命确实很重要，但对林道静来讲，革命至上。

教师点评：说实话，我一直担心今天的孩子会对将生死置之度外的革命者的真实性产生怀疑，但看了这位同学的答案，可以肯定，同学们对此会真心相信的。这位同学对林道静革命信念超越了自然生命这样的“生命现象”做了透彻的解读，或许这时读到孟子的“……生，亦我所欲也；义，亦我所欲也。二者不可得兼，舍生而取义者也”时就可以不用教师讲解而心领神会了。我们说，传承红色基因，那么红色基因到底是什么？从道静身上，可以看到，红色基因就是一种血性，一种信仰，一种抗争精神，一种牺牲精神。

二、请写出你阅读中的一些发现、质疑、困惑或写一段阅读感言。

学生答案选录1：在第十三章中：郑德富告诉了林道静，宋郁彬要害她。郑德富明明对林道静充满了敌意，可为什么突然之间又愿意告诉她这些？陈大娘说："啊，说你是共产党？他这人就是爱……""爱"什么呢？陈大娘为什么说到一半不说了？那么，没说完的话是什么呢？陈大娘告诉林道静，他表面上挺和气，挺规矩的，但背地里玩弄姑娘，事后就不要了。而少奶奶老东家并不知道这些事，那陈大娘一个佣人是怎么知道的？第十六章中：林道静来找王晓燕，一开始王晓燕十分冷漠，而在林道静转身将要离开时，她却心软了，原谅了林道静。为什么呢？林道静这么对晓燕的姑姑，她都可以原谅她吗？

教师点评：普通读者的视角，沉浸在书的世界里，纠结于书中人物之间的是是非非，而不是关注书中用了什么修辞，用了什么描写，怎么照应，怎么铺垫等。适当地交流一下质疑的情况，非常有利于促进后续的"走心阅读"。

学生答案选录2：林道静再次回到北平，却先见到了白莉苹，但既然她已经发现了白莉苹丧失了对革命的热情，却仍没有想起来隐藏自己，后来才发现有人在抓她，却不跑，坦然等着被人抓捕，她为什么不跑呢？为什么不好好地隐藏自己的行踪呢？她经历了不少斗争，却仍没有在危险环境下斗争的意识，让人不得不感慨革命的危险。希望林道静可以经受住敌人的审讯，真正成长为一个战士。

教师点评：像党小组会议上的批评意见，对林道静很有点恨铁不成钢的味道。很想跳出来批评林道静，毕竟隔着书页走不进书的世界里，但明显地在为道静担忧和焦虑。

学生答案选录3：有时候我在想，如果我在那个时代，我会不会也像林道静那样勇敢呢？也许会，也许不会，但我佩服林道静。和我一样的年龄，她是那么有想法，那么有主见，前方的路很艰难，也有坚持不下去的时候，但她还是打起精神，一次次坚定地向前走。她感谢那些帮助她、引领她走正确的路的人，同样，她也在用自己的做法和行动去感染别人。她勇敢无畏，没有向困难低头。她好像鱼饵一样，所有坏人都在打她的主意，但就在这样的环境中，道静依然勇敢机警。仿佛我在听着她讲她的故事，但同时更多的是替她感到担忧。读到这里时，我觉得，如果我在那个时代，我一定会像林道静一样勇敢，做一个有思想、有主见，勇敢、善良的人。

教师点评：没有置身事外，而是把自己摆进去，设身处地地真思考。切切实实地把自己跟林道静做了一番比较，同样的年龄，但林道静的有想法、有主见、有精神、有毅力，使这位同学非常佩服。这位同学把林道静当成了生活中的同学和朋友，而不是小说中的虚拟人物。“她好像鱼饵一样，所有坏人都在打她的主意”，阅读中我们都有这样的感觉，但不是很明确，经他这样一点，我们都有了同感。不是吗？小说从开头到此处，基本上都是围绕着林道静的“麻烦”在写，的确感觉林道静“好像鱼饵一样”。这或许是小说构思布局上的一个奥秘，被这位同学不经意中一语道破。“仿佛我在听着她讲她的故事，但同时更多的是替她感到担忧”是这位同学“走心阅读”时的真实体验和感受。

学生答案选录4：我在书中陪伴林道静走过了大半时光，见证了林道静从无知的少女到一名成熟的革命者的变化历程，从而明白了壮丽的青春该有的样子。青春是一首歌，高潮部分便是顶峰，林道静的顶峰便是监狱的那段时光，敌人的劝诱她不听，敌人的酷刑她忍受，她是一个真正的坚持自己信仰的并可以为信仰付出生命的人，我由衷地敬佩林道静。青春是一道分水岭，信仰与名利，牺牲与享乐，忠诚与背叛，事业与亲情……在我们的人生道路中，时时考验着我们，逼迫我们做出选择。谁的青春不迷茫？谁的青春无热血？林道静、卢嘉川、江华，他们的青春在那个时代的中国社会里熠熠生辉。

教师点评：有清醒的认知，有鲜明的立场，有强烈的爱憎，有发自肺腑的感慨。“我在书中陪伴林道静走过了大半时光，见证了林道静从无知的少女到一名成熟的革命者的变化历程”，真正走进了书的世界里，与主人公灵魂合一了。“我由衷地敬佩林道静”，在由衷的悦纳中，林道静身上的红色基因已经潜移默化地渗透到该生的血液里了，林道静这样的革命者已经介入该生的生命之中了，这就是革命传统作品的整本书为什么一定要“走心读写”的原因。他把林道静在监狱里的时光看作林道静青春的高潮和顶峰，这是非常有见地的。他的解释也令人信服，他说“敌人的劝诱她不听，敌人的酷刑她忍受，她是一个真正的坚持自己信仰的并可以为信仰付出生命的人"。一个十几岁的中学生，读书能读出如此的认知和见地，这是难能可贵的。而且从他对林道静行为由衷赞叹的口吻中，可以感觉到革命者的人生观价值观已经明显地对他产生了积极的影响。"信仰与名利，牺牲与享乐，忠诚与背叛，事业与亲情……在我们的人生道路中，时时考验着我们，逼迫我们作出选择。谁的青春不迷茫？谁的青春无热血？"他的感慨也是非常真实的、真诚的、言之有物的，而不是套路化、模式化的空洞说教。

学生答案选录5：现在的我们坐在高大的楼房里，坐在明亮的教室里，谁会想到曾经的中国是那样的千疮百孔，摇摇欲坠？谁会想到我们脚下的土地凝固了那么多的鲜血？"滚滚长江东逝水，浪花淘尽英雄"，革命烈士虽然在历史中远去，但是他们的英雄事迹和浩然正气却永留人间。有时候我们也会想，为什么有那么多人为了革命而前赴后继呢？生命在眼前消逝，他们真的不会畏惧吗？想了想，正是因为有过这样一群人，我们的人民才有信仰，我们的国家才有力量。这本书让我强烈地意识到：我们所处的地方就是他们当年浴血奋战的战场，他们将青春奉献于祖国，将青春奉献于战场，他们用热血谱写了一曲青春之歌。

教师点评：一个多么懂事的孩子！一个多么有良知的孩子！一个多么有信仰的孩子！党期待他们的，国家和人民期待他们的，教师期待他们的，以及新课标中通过"革命文化"的学习要达到的立德树人的目标……这个同学都没有让我们失望，革命先烈地下有知，也会非常欣慰！语文有了，缘心走笔，文从字顺，意到笔随，真正的语言建构；历史有了，"谁曾想到曾经的中国是那样的千疮百孔，摇摇欲坠？谁曾想到我们脚下的土地凝固了那么多的鲜血？"这分明是亲历那段苦难岁月的长者的口吻；思政有了，"想了想，正是因为有过这样一群人，我们的人民才有信仰，我们的国家才有力量"。共产党人的初心和使命探寻到了，"为什么有那么多人为了革命而前赴后继呢？生命在眼前消逝，他们真的不会畏惧吗？"；红色基因传承了，"现在的我们坐在高大的楼房里，坐在明亮的教室里，谁会想到……""我们所处的地方就是他们当年浴血奋战的战场"。读出了感慨万千，读出了思绪万千，读出了使命担当，读通了历史现实，读懂了青春真谛，读出了"国之大者"的真实含义，真是太好了！

同步作业12

读完第二部第十九、二十、二十一、二十二、二十三、二十四章后，完成下面的“同步作业”。

一、伴随阅读的深入我们会自然生发情思，有时会感慨万千或思绪万千，这是一种很积极的阅读体验状态，试就下列语段，抒写你的阅读体验。

3.同志们站在监视孔内悲痛地望着他，一个个心如刀割。接着，传来了《国际歌》声——他高声唱着，他唱得多么雄壮有力呵！接着又传来了昂扬的口号声——他高呼着：“中国共产党万岁！”接着砰、砰、砰枪声响了，他的声音在枪声中消失了……可是这时，全体狱里的囚犯，包括普通犯在内——他的妻子也在内，同声悲壮地唱起了《国际歌》。许多同志声泪俱下……

学生答案选录1：这是一种同为中国人民的共鸣。他虽然去世了，但是他的思想将永远指引着我们，他的意志将永远激励着我们，他的精神是我们的宝贵财富。他生命的结束，不会让同志们心灰意冷，只会让人们更加崇尚英雄、学习英雄。英雄安息吧！我们将会一直守护你，也会被你守护。

教师点评：“他虽然去世了，但是他的思想将永远指引着我们，他的意志将永远激励着我们”，书中没有明确揭示，没有明确表达出来的意思，这位同学用心感知到了，表达出来了。这位同学的阅读是走心的，是沉浸式的。因为沉浸在书的情境中，所以就能真实地“听到”“看到”和“感知到”了。“英雄安息吧！我们将会一直守护你，也会被你守护。”这是与英雄隔着时空的对话，仿佛是在英雄牺牲的当下，又仿佛是几十年后在烈士的墓前，这样的对话令人泪目，若烈士泉下有知，也会感到欣慰的。

学生答案选录2：即使在生命的最后时刻，他们的歌声也是雄壮有力的，而不是低沉无力的。同志们的表现，令人十分感动。他们肯定悲痛，但在枪声砰、砰、砰地响后，他们没有一个人失声痛哭，而是齐声唱起了雄壮的《国际歌》，好像是在欢送他似的，用歌声表达对他的感情，用歌声纪念他。是什么样的革命友谊，使他们能有如此的表现！

教师点评：若是一群普通人，面对同类的遭遇，感到自身即将面临同样的遭遇，在枪声砰、砰、砰地响后，要么面如死灰，要么瑟瑟发抖，要么失声痛哭，怎么会齐声歌唱呢？这是不合常情常理的。可是，这位同学对此没有丝毫的怀疑，他有的只是惊叹、震撼、感动和崇仰。灵魂受到了洗礼，生命的境界跃升了层次，三观被强有力地改变着。世界上还有这样的生命样态，对于逝者，没有用哭声送葬而是用歌声欢送，这歌声，不是长歌当哭的挽歌，更不是鼓盆而歌的狂歌，而是踏着血迹继续前行的战歌。"用歌声表达对他的感情，用歌声纪念他。"这位同学说得不错，但是，她还没有看到的是歌声中蕴藏着巨大的仇恨的力量，跟火山一样即将喷发。

学生答案选录3：生命在此消逝，一颗子弹便结束了一个生命，但是灵魂永不消逝。他们向往的共产主义道路永不磨灭，信仰的力量是巨大的。一首《国际歌》唱的不仅仅是希望，更是共产党人的共同目标。李伟的牺牲使歌声也因此变得愤怒、悲壮。胜利在哪？他们能否成功呢？

教师点评："李伟的牺牲使歌声也因此变得愤怒、悲壮"，此时歌声的情感基调就是"愤怒、悲壮"，再没有比这更贴切的词语了。

> 9.道静惊讶地看着江华："写自传做什么？"
>
> "常华英没有告诉你吗？根据你在监狱里的表现，道静，你的理想就要实现了。组织上已经同意吸收你入党了！"江华说着，稀有的欢快洋溢在他宽阔的微黑的脸上。
>
> 巨大的幸福把道静吸摄在地上。她红涨着脸，睁大眼睛一句话也不能说了。

学生答案选录1：这一刻，我也替林道静感到高兴、激动和幸福。她努力了这么久，奔波了这么长时间，不就是为了入党吗？这一刻，她多年来的心愿达成了，她终于成了共产党员。这意味着从这一刻起，她不再是从前那个幼稚的小孩子了，她必须为了自己的梦想变得更加成熟。

教师点评：“这一刻，我也替林道静感到高兴、激动和幸福。”设身处地，感同身受，情感共鸣了。

学生答案选录2：人终究是会成长的，长大是每一个人必不可少的旅程。虽说林道静出身特殊，但出身也不是她自己能决定的，党组织同意吸收她入党，肯定是林道静的所作所为得到了党的认可。林道静在狱中不卑不亢，不屈不挠，在狱外积极上进，不怕牺牲，是一个有上进心的好青年，她会成为一个优秀党员的，我相信。

教师点评：像林道静的入党介绍人说的话。出身确实是林道静入党中的一个关键性问题，“但出身也不是她自己能决定的”，这位同学像一位老党员一样发表了个人看法。“肯定是林道静的所作所为得到了党的认可”，在这位同学的眼里，党组织不是一个抽象的存在，而是一个血肉丰满、情感丰富的“人”，这跟歌曲《党啊，亲爱的妈妈！》中对党的认知应该是一致的。

学生答案选录3：与其说林道静听到那句话时是惊讶的，还不如说她是惊喜的。她简直不敢相信自己听到了什么，她一直追求的梦想终于实现，别提有多高兴了。而江华的表现更是少有的欢乐，这种欢乐足以表现他对林道静的感情，好似他就是林道静一样。“巨大的幸福”指的是什么呢？是林道静听到自己即将入党时的心情？还是她看到江华知道自己将要入党之后脸上的表情？可能两者都有吧，反正此时的她是开心的、幸福的。

教师点评：充分感知到林道静此时的激动、喜悦与幸福。间接地感受到了那个年代一个革命者被党组织接纳是多么幸福自豪的一件事。

学生答案选录4：道静梦寐以求的事终于实现了，进入了一直想要进的大家庭，我很懂那种感觉，也很替道静感到高兴。终于被党组织认可了、接纳了，道静感谢党，感谢江华，感谢革命同志。这一刻，道静有了一种归属感，幸福感。

教师点评：“我很懂那种感觉，也很替道静感到高兴”，话语多么贴切！

"道静有了一种归属感"，好一个"归属感"！一语通透。读者在情境中，以道静的心为心，感知无不贴切，表述无不精准。

> 10.这旗帜那么鲜艳，那么火热地出现在她的眼前。……
>
> "从今天起，我将把我整个的生命无条件地交给党，交给世界上最伟大崇高的事业……"她的低低的刚刚可以听到的声音说到这儿再也不能继续下去，眼泪终于掉了下来……世界上还有比这更高贵、更幸福的眼泪吗？

学生答案选录1：这一刻的泪啊……革命热血在沸腾。（省略部分见上篇"革命传统作品整本书'走心读写'实验"案例考察"一、'情感态度与价值观'维度"案例一。）

教师点评：入党，就是精神境界的升华……书中道静对党的神圣情感潜移默化中变成了同学们的情感。（省略部分同上）

学生答案选录2：这是一个神圣而高贵的时刻，在那面鲜艳的旗帜面前，多少人流下了幸福的高贵的泪水，在这面鲜艳的旗帜面前，多少人郑重地承诺，又有多少人许下了庄重的誓言，林道静在宣言时想到了自己之前所经历的一切，不禁流下幸福的泪水！

教师点评：真切地感知和认识到共产党员的身份，使我想起了总书记的殷殷嘱托，"为党育人，为国育才"。想起了当代青年"听党话，跟党走"的誓言！

学生答案选录3：经历了那么多磨难……我也感到非常欣慰。（省略部分见上篇"革命传统作品整本书'走心读写'实验"案例考察"一、'情感态度价值观'维度"案例一。）

教师点评：这位小读者俨然历经沧桑的长者……能感觉到信仰的种子已经落入心田了。（省略部分同上）

学生答案选录4：林道静一路走来，经历了很多事情，很多磨难，从一开始她想入党到她为入党而努力，到现在她真正地加入党组织，我想，当她说出那句话时，她一定很开心。她流下的眼泪也是开心的眼泪，当然她的眼泪也是自己一路走来，所受的所有的委屈。她终于入党了，她甚至觉得自己流下的眼泪是高贵的，这足以证明她此刻的心情。

教师点评：充分感知到了林道静此时此刻激动幸福、难以用语言表达的心情。激动着道静的激动，幸福着道静的幸福，这就是"走心读写"。"她的眼泪也是自己一路走来，所受的所有的委屈"，这是有经历、有体验、有生活的人才能说出的话语。

学生答案选录5：得知道静入党后……一直勇敢正义地走下去！（省略部分见上篇"革命传统作品整本书'走心读写'实验案例"考察"一、'情感态度价值观'维度"案例一。）

教师点评：道静有"家"了，一语通透！"道静将生命无条件地交给党"，好一个"无条件"！感知到位，理解到位，语言自然到位！语言是情感认知的副产品而已，再次得到了印证。语言建构的原理在此处是"清晰可见的"。金一南将军讲，伟大的革命导师都是语言大师，道理就在此。

二、请写出你阅读中的一些发现、质疑、困惑或写一段阅读感言。

学生答案选录1：卢嘉川将林道静引入革命队伍，江华让林道静在革命中经受磨炼，两位都是林道静生命中浓重的一笔，林道静今日之成功，离不开他们的浇灌，他们所给予的是林道静这一生都还不了的东西。他们都跟林道静没有血缘关系，但他们都像对待自己的亲人一样对待林道静，这便是中华儿女的骄傲。革命中一次次的磨难没有使林道静倒下，反而使她越来越勇敢智慧，越来越成熟稳重，她从那些苦难中找寻经验，努力蜕变自己。中国有许许多多的林道静，为了我们今天的幸福生活献出了自己的生命。人人都想生在和平的年代，但他们生不逢时，遇到了中国最坏的时代，他们用鲜血与生命拼搏未来；人人都惧怕死亡，但他们为了挽救垂危的祖国，觉得死亡没有什么可怕的。他们以青春之笔绘革命宏图，用自己的行动向人们证明了青春绝无虚度可言，理想重于生命，信仰永垂不朽。

教师点评：一部《青春之歌》的要义，让这位年仅十几岁的孩子说得通通透透。今天，我们传承红色基因的目标和期待，也让这位同学说了个清楚明白。他的表态掷地有声："……青春绝无虚度可言，理想重于生命，信仰永垂不朽。"从阅读中，这位同学真真切切地看到了这样一个事实："他们都跟林道静没有血缘关系，但他们都像对待自己的亲人一样对待林道静"，"林道静今日之成功，离不开他们的浇灌"，中华民族有这样的优秀青年，中华民族永远充满希望，自然地，他的认知提升了。"他们所给予的是林道静这一生都还不了的东西。"这一句结合前文的"浇灌"一词，让人想到了《红楼梦》中的"以泪还情"说。

学生答案选录2：在这本书里面，我认识了卢嘉川、江华、林红、李伟、林道静，我喜欢他们，我爱着他们身上那种顽强拼搏，忠于党不屈不挠的精神。卢嘉川、林红、李伟都曾被敌人逮捕入狱，面对敌人的酷刑，他们决不屈服；面对敌人的诱惑，他们也不为所动。他们是那么地爱党，就算在生命的最后一秒钟，也要顽强工作。他们使林道静懂得了很多很多革命的道理，林道静能够如愿加入共产党，少不了卢嘉川、江华、林红等共产党人对她的启发和帮助。

从天真烂漫的小女孩到成熟智慧的革命者，道静经历了很多，当道静扔掉她人生路上的绊脚石——余永泽时，她前进的道路便豁然开朗。被捕入狱是她成长道路上的一个机遇，通过这次经历，她懂得更多了。出狱后，她被组织接纳，终于成了一名共产党员。当然，后面的路更不好走，要面对更多的挑战和考验，但我坚信她不会退缩，她会一步一个脚印地勇敢向前走。

教师点评："我喜欢他们，我爱着他们身上那种顽强拼搏，忠于党不屈不挠的精神"，明明白白"我"的心，明确表达了作为读者的"我"对他们的喜爱之情。近年来，很多有识之士痛批当今的年轻人把富豪和娱乐明星当成了崇拜的偶像，而这里，这位同学显然把书中卢嘉川、江华、林红、李伟、林道静这些革命者当成了崇拜的偶像。这位同学还认为被捕入狱是林道静成长道路上的一个机遇，这是很有见地的，他看出了青春成长的普遍道理，即中国的古训——"艰难困苦玉汝于成"。

学生答案选录3：对照书中这些革命的青年们，想想我们自己，我们的青春到底被我们浪费了多少？就在我们的身边，有很多本该大展宏图却"躺平""摆烂"的青年，有人选择常常买醉，有人选择沉沦，更有甚者仅因一次小挫折就选择死亡。我要质问这样的青年，难道你们就真的这么脆弱吗？买醉的人酒醒后怎么办？沉沦的人责任怎么办？而那些轻生者，你们知道留给亲人怎样的伤痛吗？不要把自己的命运交给“命运”，而是要自己努力改写命运，尽管这条路很艰难，可你有青春、有冲劲、有干劲，还有什么好怕的，跌倒了再爬起来。我们要以林道静、卢嘉川、江华、罗大方等革命青年为榜样，从自身做起，努力工作，积极生活，让青春燃烧出最美的光华。

教师点评：针对现实有感而发。这样的阅读能注入精神，能介入品格，能增强意志，能鼓舞斗志，也能借以批判现实。这样的阅读能干预生活，这样的阅读是有力量的阅读，这样的阅读是有实实在在的价值和意义的阅读。

同步作业13

读完第二部第二十五、二十六、二十七、二十八、二十九、三十章后，完成下面的“同步作业”。

一、给下面的语段做一点批注，小括号里有片言只语的批注，你可以就此引发思考，接着说下去，也可以不受其影响，根据个人的感触独立批注。

4.他是无愧于共产党员光荣称号的好同志，他是默默无声地爱着自己，直到生命的最后时刻还在想着自己的人。这时在绝望的悲哀中她反而感到了深沉的慰藉与温暖。这温暖和慰藉是和那个不朽的人同样永不衰朽的呵！（道静此时感到的“慰藉与温暖”，到底该怎样理解呢？）

学生答案选录1：这“慰藉与温暖”源自卢嘉川牺牲前对林道静的鼓励，希望她能继续参与革命工作，为国家做出贡献。林道静也拥有了新的希望，她要为那些牺牲的革命者报仇。

教师点评：这个同学基本上没读懂作品。在对一些细节、情节的理解领悟上，并不是所有同学的认知领悟的水平都一样，很有必要进行一次交流讨论。整本书阅读中的讨论课什么时候上？讨论什么问题？都应该视学生阅读的实际需要而定，关键是教师要跟学生同步，要及时批阅学生的“同步作业”，从中了解实情，获得第一手资料，有针对性地设计讨论课和活动课。

学生答案选录2：卢嘉川的牺牲，对于林道静来说无疑是一个巨大的打击。在绝望的悲哀中，在面对生死两隔的痛苦中，卢嘉川留下的信给了道静莫大的安慰。卢嘉川虽然已经牺牲了，但他的革命精神和高尚品质给了道静以鼓舞，让她在黑夜中有了一丝温暖。

教师点评：这是一个走心的读者，从整体上看，他的感知是充分的，但关键处还是没有点透。

学生答案选录3：卢嘉川是林道静爱着的人，他们没有好好道别，就阴阳两隔了。他在监狱中遭受了酷刑，但在死亡的前一刻，他还想着林道静未来的革命之路，这让道静感到很温暖，因为自己爱着的人，在生命的最后时刻挂念着自己，爱着自己。

教师点评：“自己爱着的人，在生命的最后时刻挂念着自己，爱着自己。”说到点子上了！

学生答案选录4：这封信是卢嘉川牺牲前的最后一封信，卢嘉川在监狱中受尽了折磨，最后牺牲了。可他坚守信念，无愧于共产党员的光荣称号。这封信也说明，卢嘉川在生命的最后一刻也仍记挂着林道静。虽然林道静在得知他牺牲的消息后悲痛至极，但因这份特别的牵挂而感到温暖。卢嘉川为革命和信仰而牺牲，是活在人心中的，他是不朽的！

教师点评：“虽然林道静在得知他牺牲的消息后悲痛至极，但因这份特别的牵挂而感到温暖。”说到点子上了！

学生答案选录5：卢嘉川面对敌人惨无人道的酷刑时，仍然保持初心，坚守信仰，用尽自己最后一丝力气来为党工作，为党付出，他配得上“光荣”二字。而在他生命的弥留之际，他终于将自己内心对林道静的爱意表达了出来，这让林道静觉得自己的爱得到了回应，这让她在失去挚爱战友的情绪中找到了寄托。

教师点评：“觉得自己的爱得到了回应”，一语通透啊！

10.“君才！君才！”晓燕拉着戴愉的胳膊又哭了，“我要忘掉，忘掉她——忘掉这无耻的女人！你，你，君才，你——我们可永远不能像她那样呀！”（晓燕最终还是相信了戴愉的话，戴愉的欺骗成功了，戴愉的目的达到了，他应该高兴才对，但为什么他“脸像一张白纸”？）

学生答案选录1：戴愉真心喜欢王晓燕，他将王晓燕看作自己人生中唯一的光亮，他不希望将王晓燕变成他这般模样，可上司要求他掌控王晓燕，利用王晓燕在北大的影响为他们欺骗更多无知的学生。现在，王晓燕相信了他的话，他的目的达到了，可他却高兴不起来，因为他知道自己的欺骗让晓燕走上了一条不归路。本不该拥抱爱情的他，却阴差阳错地结识了王晓燕，这也许就是上天对他最大的惩罚。

教师点评：这位同学还没看明白，她把戴愉看成了一个良心未泯的背叛者，觉得戴愉此时"脸像一张白纸"的内心反应是欺骗了王晓燕而受到了良心的谴责的缘故。"他不希望将王晓燕变成他这般模样""这也许就是上天对他最大的惩罚"，以忏悔与赎罪的心理来分析戴愉，显然受到复杂人性、多元解读思潮的影响了。

学生答案选录2：内心善良而纯洁的王晓燕最终听信了戴愉的谎言，戴愉虽然达到了他的目的，但他阴暗丑恶的灵魂在善良而纯洁的心灵面前似乎感到了一阵按捺不住的战栗，他的内心充满了罪恶感，脸像一张白纸。

教师点评：戴愉有这样的道德感吗?

学生答案选录3：戴愉的目的虽然达到了，欺骗也成功了，但他被王晓燕的话打动了，他为自己的所作所为深感愧疚，他深知共产党人为了中国人民的幸福生活付出了多少，而他却做了那个毁灭这一切努力的罪人。他为自己深陷敌人的控制而感到无奈，他羞愧得无地自容，而且他还伤害了最爱他最相信他的那个人。

教师点评：戴愉有这样的觉悟和境界吗？这位同学的表述中不自觉地塑造了他心里的这样一个戴愉的形象。同样一个戴愉，在不同的同学心目中形象大不相同，这是很有意思的阅读现象，也印证了"一千个读者心中有一千个哈姆雷特"的名言。就此，若上一节讨论课，争论会很激烈，课堂气氛会很热烈!

学生答案选录4：戴愉在王晓燕的心中越来越重要，当戴愉告诉王晓燕林道静"背叛"革命的事情后，晓燕气愤、谩骂，用"无耻"来形容道静，而真正背叛信仰享受荣华富贵的人是戴愉。如果王晓燕发现他的真实身份，她会怎么想？她会离开他吗？"我们可永远不能像她那样呀！"一字一句都让戴愉为以后担心。

教师点评："我们可永远不能像她那样呀！"这句话在材料中没有，是这位同学从原文中摘录的，的确是一句最关键的话，字字句句直刺戴愉的心脏，几乎直接揭掉了戴愉的假面具。这位同学读得可细心啦！"一字一句都让戴愉为以后担心"，面部表情是内心反应的直观显现，演技再高，此时也掩饰不了他的真实面目了。这位同学摸准了戴愉的心思，看透了戴愉的心理，戴愉感觉到今天的欺骗有多么成功，明天的结局就有多么失败，这位同学真的读懂了。

学生答案选录5：他已经成了反动势力的走狗，是他利用王晓燕对他的爱意，让晓燕相信道静已经背叛革命，可王晓燕对道静的唾弃，何尝不是一把刺入戴愉胸膛的利刃？一味地追求自我享受而放弃自己的道德底线，这样的人真是可恶又可恨。

教师点评："可王晓燕对道静的唾弃，何尝不是一把刺入戴愉胸膛的利刃？"一语通透啊！

学生答案选录6：戴愉的谎言使王晓燕相信了自己的好朋友是一个反动分子，眼泪流淌在脸上，曾经真挚的友情似乎消散在泪珠中。戴愉用谎言得到了王晓燕真挚而又热烈的爱情，又欺骗她背弃好友林道静，可他内心也清楚地知道，这些都是通过欺骗而得来的，来路不正，终有一天会真相大白的，那时，晓燕对他的爱情与信任也会消散，谎言越多受到的反噬也会越大。他清楚地知道，这些并不是真正属于他的，所以内心恐慌，脸像一张白纸。

教师点评：所谓爱之深，恨之切，晓燕对道静的过激的反应就是这样的，与其说此时的戴愉看到的是晓燕对道静咬牙切齿的恨，还不如说是晓燕对道静刻骨铭心的爱。这份真挚的爱让戴愉感到震惊，也感到绝望，相对于他处心积虑地用欺骗手段获得的晓燕对他的爱，简直不可同日而语，而且，纸里包不住火，一旦真相大白，晓燕会义无反顾地抛弃他而重新站在林道静一边，这是他最不愿看到的结局。但他从晓燕过激的反应中已经看到了这个结局，用这位同学的话就是"内心恐慌，脸像一张白纸"。很多同学对这个问题都说不清楚，相对而言，这个同学的理解非常到位，表述也十分清楚，特别是"反噬"一词用得非常好，证明着高效的语言建构一定是建立在真正理解领会的基础上的。高一的同学阅读中对细微之处的理解和领悟还是有点欠缺，跟高二同学的阅读理解还是有差距的。也提醒我们，"走心阅读"，选择贴合学生年龄与心智的文本是多么重要啊！

> 11.道静感到一阵眩晕，感到比刚才有人打她嘴巴更难忍受的愤怒与痛楚。在这个新的地方有谁知道她林道静呢？只有她——她一生中最好的朋友王晓燕知道。那么，是被她出卖了？被这最好的朋友出卖了？这是多么可怕的想法呀！然而她却不能不这样想。因为晓燕明明站在她面前……她激怒地瞪着王晓燕，顺着嘴角涌流出来的鲜血涂了她一手掌。（道静已经经受了各种磨难，牢狱、拷打、绝食……然而，这次与以往的经历都不同。请平心而论，有感而发吧！）

学生答案选录1：在之前的种种磨难中，林道静都可以咬牙坚持，内心坚定地挺过难关，但这一次，最亲密信任的朋友在她的心口处插了一刀。她这一生中最好的朋友出卖了她，这令她无法接受，肉体上的疼痛远远比不上心灵的创伤。读到这里，我不禁为林道静感到伤心，被自己最信任的人出卖，是一种最可怕的事！

教师点评：感知比较充分，但缺乏一语点透的句子。代表了不少同学的阅读理解状况。

学生答案选录2：道静以往受的都是肉体上的折磨，她可以用坚硬的心顽强的意志防御。可现在，她最好的朋友，她最不设防的人——王晓燕，变作一柄锋利的刀刺入她的心房，她怎样不心痛？林道静面对好友的出卖与背叛，心痛、愤怒以及不可置信，这是一次巨大的打击。

教师点评：说得形象生动又十分透辟。最有效的语言建构就是以深刻的理解与领悟为基础的。

学生答案选录3：比起牢狱、拷打、绝食来，被最好的朋友出卖更加令她痛心。原先经历各种磨难时，王晓燕总是她最温暖的归处，她从未想过王晓燕会背叛她，她也十分坚定地认为，晓燕虽不能和自己在同一个阵营，但绝不至于伤害和背叛她，但这一次王晓燕亲手将她推入深渊，现在，只有革命才是她最温暖的归处。

教师点评：这个同学是个有心人，他真正地走心阅读了。尽管在这个问题上，其他同学说得都有道理，但没有这位同学说得透彻，"原先经历各种磨难时，王晓燕总是她最温暖的归处”，的确，王晓燕是林道静的“软肋”，触碰到了“软肋”，坚强的林道静内心才会真正痛苦。林道静从小缺爱，直到现在除了革命大家庭外，在这个世界上几乎是举目无亲。嫁给余永泽的时候，没有一个亲人为她操办婚事，可怜的她自己为自己置办简单的嫁妆，这事细想起来是令人心酸的。林道静每次无路可走时，晓燕都无条件地收留了她，给她至亲骨肉般的温暖与慰藉，道静的意识深处从未想过晓燕会伤害和背叛她，她心灵最温暖的归处就是王晓燕。这次被王晓燕抛弃，对道静来说就像被亲生父母抛弃一样，所以，王晓燕才是林道静的“软肋”。这些深入人物灵魂的东西被这位小读者全部窥见了，他的表述真是好啊！

4、10、11三道题的设计，对同学们的深度阅读与深度理解来说是一块“试金石”，也是对整本书深度阅读效果进行检测的有益尝试。针对这样的问题，可以开论文答辩会，让同学们写成小论文，陈述观点，回答评委提问。

同步作业14

读完第二部第三十一、三十二、三十三、三十四、三十五、三十六、三十七章后，完成下面的“同步作业”。

阅读下面的语段，回答小括号里的提问。

2.说完母亲又笑了。她欣喜地告诉儿子，他的伯父在上海银行里已经替他找好了一个科员的差事，薪水不少，他们母子就可以去过安静而舒适的生活了。许宁还是微笑着，他不回答妈妈的问题，却打岔道：“妈妈，听说你还向同乡胡梦安求过情，送过礼……现在，你该去谢谢他喽！”许老太太瞪了儿子一眼，好像他就是胡梦安似的，呸了一口：“快不要说他！我可晓得这些狼心狗肺的人了！孩子，咱们快到上海去吧，过去的事情，阿弥陀佛，可不要再想它了，我只是日日夜夜地盼着你能叫我过几天安心的日子。”许宁不理妈妈，过了一会忽然说：“妈妈，我不去上海。我在北平还有事情呢。”许宁眯着眼睛微笑着刚说完，妈妈却一下子晕死过去……（古人说，“父母在不远游，游必有方”。许宁的母亲为儿子经受了无数的惊吓与煎熬，好不容易把儿子从监狱里盼回来，又托人在上海银行里找好了一个科员的差事，薪水不少，从此“他们母子就可以去过安静而舒适的生活了”，在当时，这是多么难得啊！可是，许宁却要抛下相依为命的母亲去投奔延安。后文还写到俞淑秀，情况跟许宁基本相同。对于当时这样的青年以及他们这样的行为你怎么看？请联系相关情节和细节谈谈你的态度和看法。）

学生答案选录1：很赞同他们的做法。余华说，活着是为了活着本身而活着，但当一个人有了所念、所想、所盼，他的生命也就有了方向。天下父母都一样，都想让自己的孩子平平安安的，但我们要为了自己的内心而活，不选择

“苟全性命于乱世”的人生态度，差事可以再找，但国只有一个，亡了国，家也就没了，心之所往，便是动之所向。

教师点评：很有文采的表达。“走心读写”与语言建构的完美结合。

学生答案选录2：我们今天的美好生活来之不易，而为我们创造美好生活的人，正是这些青年。他们年轻，满腔热血，只为人民翻身做主人，只为打破旧社会，创造和平、稳定、美好的新社会。他们前赴后继，无私奉献，没有人催促他们逼迫他们去革命，他们革命的动力是信仰。不信天不信命，只信自己，只有靠自己，才能创造出一个全新的社会。这样的一群青年，无愧于历史，他们的事迹会在历史书上留下浓墨重彩的一笔。

教师点评：非常正的人生观、价值观！对书中的青年进行了热情的讴歌，言辞很感染人、很激发人。这是“走心阅读”激发的结果，是激情被点燃的结果，是对书中进步青年的一曲赞歌！是青春的赞歌与战歌！

学生答案选录3：许宁终于从狱中出来了，狱中的两年使许宁改变了许多，那个轻浮软弱的许宁已经一去不复返了，现在的许宁是一个比较坚强的同志。出狱后的许宁决定跟随党和毛泽东的脚步去陕北，但是，母亲想和儿子先去上海，再找一份薪水高的工作，让儿子过安静而舒适的生活。许宁尽管已经有为革命事业牺牲个人一切的决心，但一想起即将和年迈的母亲长别甚至是永别，他不能不感到深沉的痛苦。只是，许宁已经打定了主意就不会再改变，他不再是以前的他了，他已下定决心毅然奔向党的怀抱，他的爱国情怀是多么的深沉啊！

教师点评：体贴入微的理解，入情入理的表述，是沉浸在书中的人说出的话。虽然还不能联系时代特征对那一代青年的特殊举动做出更高层次的评价，但由于熟悉人物的经历，深通人物的心理，所以评说不拔高，不溢美，紧贴人物实际，恰切自然，令人信服。最后感喟“他的爱国情怀是多么的深沉啊！”是发自肺腑的。

这道题挑战着同学们固有的认知和观念，让同学们通过许宁这个特殊的革命者形象，来真切地体察和感知革命者的艰难与不易。革命者常常要在最难选择处做出选择，在最难舍弃处做出舍弃，这往往挑战人性的极限。这位同学真实地感知到了，也理解到了。“尽管已经有为革命事业牺牲个人一切的决心，但一想起即将和年迈的母亲长别甚至是永别，他不能不感到深沉的痛苦。"这句话说得实在是太好了！当时有无数像许宁一样的青年放弃了优裕的生活来到延安，以前我们只看到他们义无反顾投身革命的一面，却很少关注他们离别亲人时痛苦抉择的一面，这位同学通过对许宁这一人物形象的解读，让我们看到了那个年代奔赴延安的青年不为人知的一面，使其人物形象更加立体可感。

学生答案选录4：对于一个在封建时期生活的母亲来说，她只想要儿子在身边一家子平平安安过日子，这一点，我也表示理解。但许宁是接受过高等教育的大学生，是比普通民众先觉醒的人，何况，大学时期他就深受党的影响，在这国家危急存亡的关键时刻，他怎能关起门来只想着过自己的小日子呢？对于许宁的一系列做法，我也表示理解。

教师点评：对于许宁的矛盾纠结，这位同学也是无力说出一番更高明的大道理，但他分别站在母亲和许宁的角度上都给予了深深的理解，他用了两个"我也表示理解"来表达自己的看法，看似莫衷一是，实则是最真实恰切的表述了。这位同学并不是"站着说话不腰疼"的旁观者，而是与人物灵魂合一的另一个"许宁"。仔细品味，这位同学表达了这样的意思，对于思想已经觉醒的有志青年来说，他们应该是展翅翱翔的雄鹰而不是圈养在小窝的家雀，他们是国家民族的拯救者而非一家一姓的乖孩子。

学生答案选录5：许宁在亲情与大义面前迷茫了。"父母之爱子则为之计深远"，许宁的妈妈希望他一生平淡、顺遂，可是现在的许宁有足够大的勇气和理想。许宁选择了党，他想为这个党奉献他的所有，党是他的另一个母亲。许多青年都会像他一样彷徨，但最终他们都会做出无愧于心的选择。

教师点评：从一开始的赴南京请愿到现在的奔赴延安，许宁的形象几乎贯穿全书。在"走心阅读"中，这位同学对那个时代，对共产党的革命，对中国共产党之于那个时代，之于中华民族的历史意义，都有了深切的感知。这也间接地体现了这样的整本书阅读的效果。不管什么样的语文课，首先要让学生真正读懂文本，只有学生读懂了文本，才可能有教学效果，否则，所谓的教学效果是值得怀疑的。"许多青年都会像他一样彷徨，但最终他们都会做出无愧于心的选择。"这句话的信息量也比较大，小读者看到的不是许宁一个人，而是"许多青年"，那许宁就有足够的典型性。"无愧于心"说明延安的确是当时进步青年、革命青年心之向往的圣地。

4.人们垂下了眼皮。好像突然遭到了霜冻的庄稼，一个个衰萎地痛苦地低下头来。顷刻间，在中国的国土上出现了这样的奇迹：一队队红肩章、大皮靴的矮小而粗壮的日本军人下了火车，凶赳赳地昂头阔步地走过来了。一队接一队地过来了。他们披挂着全副武装——机关枪、步枪掮在肩上，明晃晃地发着耀眼寒光的刺刀握在手里。而“护卫”他们的中国军警呢？

黑衣警察身上只有小小的白木棒；灰衣宪兵的腰间只挂着短短的盒枪。在这些日军以战胜者的姿态迈着大步橐橐地走过这些寒酸的怯懦的中国军警的身边时，被囚禁的人们喘息不安地瞪大眼睛望着那些红肩章，望着红红的像大膏药似的太阳旗……这些眼睛是愤怒的，也是惊疑莫定的。时局将要怎样发展下去呢？日本人不费一枪一弹占领了中国的东北，而现在，北平——中国几千年来的文化古都，竟也悄悄地无声无息地沦丧了吗？（外国军队成建制地进入一个国家一座城市，一般有两种情况，一种情况是打进来的，另一种情况是“请”进来的。被称“友军”说明走的是“请”的路子，但这比打进来的更可怕？请你联系相关情节说说你的看法和理解。）

学生答案选录1：可怕的不是敌人，可怕的是我们对敌人的恐惧、麻木，当每个人都把自己的生命置于国家命运之上时，那么这个国家并不能称得上一个国家了。在面对日本兵们骄横的姿态时，这些警察所表现出的胆怯真的让人心痛。人们的眼中尽是愤怒，但愤怒之下应还隐藏着绝望。当一个国家的未来渺茫时，个人对未来怎么会有希望呢？民族怎么会有出路呢？

教师点评：“可怕的不是敌人，可怕的是我们对敌人的恐惧、麻木”，这位同学从这个场景中清晰地“看到”了人们面对入侵者时的不同表情，一部分人恐惧，一部分人麻木，这的确是可怕的。当然，他还看到大部分民众“眼中尽是愤怒”，这是希望所在，但是只有愤怒，看不到出路，对国家未来感到渺茫的人“愤怒之下应还隐藏着绝望”，这位同学真是“身临其境”，观察十分细致。这位同学能真切地感知到这些，自然能够明白中国共产党在民族危亡之际发挥的中流砥柱的作用。

学生答案选录2：国民政府的不抵抗已经让东北沦丧，让无数家庭破碎，现在，为了打击共产党，竟然堂而皇之地将中国的敌人“请”进来，而中国的黑衣警察居然在保护着那些刀尖上还滴着中国人血的敌人，而对中国公民大喊大叫，多么讽刺啊！竟然“请”日本人来杀中国人，国民政府的软弱无能让人痛心，对待国人的方式让人疾首，将敌人称为“友军”，让人深感讽刺。国民党走向灭亡是必然的。

教师点评：一个十几岁的孩子，把一个堂堂的国民党及其政府看透了，对国民政府在关键时候的表现做了入木三分的评判，而且断言“国民党走向灭亡是必然的”。观点鲜明，语言犀利，义正词严，愤恨之情溢于言表。入其内的“走心阅读”，出其外的“走心写作”。“走心读写”若能激发出这样强烈的爱国之情，能表达出这样鲜明的情感态度价值观，能写出这样气盛的文字，则革命传统作品整本书阅读的目的达到了。

学生答案选录3：国家处于内忧外患中，外部是敌人的攻打，而内部是国民党的软弱和人民的麻木。泱泱中华大国，却被岛国日本按在地上摩擦，那么多人，却在敌人面前装孙子。军警本是保卫国土和人民的，却在矮小的日本军人面前俯首称臣，由矮小的日本人在国土上耀武扬威。那么多的军队，还没有打就说打不赢，他们不抵抗，还囚禁抵抗的人们。共产党人用他们的生命来完成救亡的使命，去打倒这懦弱的政府。人民万岁，共产党万岁！

教师点评：“泱泱中华大国，却被岛国日本按在地上摩擦，那么多人，却在敌人面前装孙子。”这是能点着火的话语，为了表达愤慨，用表现力很强的流行语甚至不惜用粗话。反复凸显日本军人的“矮小”，强调中华之大，战士之多，凸显日本人“耀武扬威”，凸显国民党军警“装孙子”“俯首称臣”，用强烈的对比反复刺痛着人们的神经。“走心读”场景情境很扎心，“走心写”语言很扎心。语言感染力很强，表达效果很好。语言表述有一定的艺术性，但却不是有意雕饰的，而是自然流淌出来的。这段话可以作为语言建构原理的生动范例。

学生答案选录4：“打进来”证明我们中国人的精神仍在，脊梁依然挺直，起码我们抵抗了，我们没有低头，仍有资格站着，有机会翻盘，国还在，家未亡，信念不灭；用手抓，用牙咬，最起码我们要让侵略者脱掉一层皮。而“请进来”这种丧权辱国的行为，会遭人唾弃，会背负千古骂名。这片土地自古以来，就是中国人的，又怎能容忍这些外人在这片土地上撒野。仗打败不可怕，但没有反抗就投降，这样的人不配做中国人。

教师点评：好题是一种导引和宣泄，让孩子们的心泉找到流淌的渠道。你看，这个同学的文字字里行间都能让人感受到愤怒之火的灼热与炙烤。理直气壮，义正词严，好样的！他们的身上血性在，红色基因就在！

同步作业15

读完第二部第三十八、三十九、四十、四十一、四十二、四十三、四十四、四十五章后，完成下面的“同步作业”。

阅读下面的语段，回答小括号里的提问。

6.“不要紧。”江华闭着眼睛慢慢地说，“真是不要紧。如果要紧我还能说话吗？”他突然睁开眼睛笑了，“静，有些地方你还不够了解我，以为我除了革命，就什么也不想？不，有时，我可调皮，有时也喜欢胡思乱想呢。这个，你不知道吧？”

“不知道。你有时乱想什么？”

“我想——想，常常想你！你信吗？”他抱住道静的脖颈，突然在她的脸上吻了一下。他的这个动作，多么像个年轻的热情的毛头小伙呀！道静忍不住笑了。她把他的头扳回到枕头上，轻轻地像抚慰淘气的孩子说：“华，我知道你……相信你。”（在艰苦的革命斗争中，道静和江华还有这样短暂的美好时光，两人沉浸在甜蜜的爱情中，古语说，“儿女情长，英雄气短”，你认为这会削弱他们的革命斗志吗？至此，道静已有三段爱情经历。请联系前后相关情节说说你对林道静个人的情感世界的理解和看法。）

学生答案选录1：在这个艰苦奋斗的时代，有个和你志同道合的人，会让你变得更加坚忍，因为你知道自己身后还有支持着你的人。道静的三段爱情，让她有着不同的成长，也使她因此变成了一个更加坚忍的人。余永泽在她最迷茫无助时拉了她一把，卢嘉川在她想反抗却不懂得怎样反抗时当了她的启明星，而江华在革命最艰难的时候做了她坚强的后盾，这三段感情让林道静从迷茫、无助、艰难中走了出来，最终成为一个真正的革命者。

教师点评：“在这个艰苦奋斗的时代，有个和你志同道合的人，会让你变得更加坚忍”，用第二人称说出来，让人有一种切身体验的感觉，有一种推心置腹的感觉。阅读至此，学生在书中与林道静一起“生活斗争”了几年，已经是有着“革命经历”的人了，潜意识中都有了人生智慧了。对三段爱情的评价准确而凝练。语言是情感态度认知的附属品。看透彻想清楚才能表述清楚。语言表述只要没有苛刻的外在要求，没有强烈的功利目的，忠于内心，有感而发，平心而论，就是很有活力的。

学生答案选录2：道静和江华最后成为恋人是我没有想到的，在看到他俩相互表白时，我感到很惊喜。本以为道静不会再对别人动心了，没想到她会和江华走到了一起，这时我感觉道静是一个拿得起放得下的女孩子。她没有因为余永泽的偏执而对爱情失望，也没有因为卢嘉川的牺牲而过度伤心，她和江华是志同道合的两个人，他们会互相督促对方，一起进步，他俩在一起，不会削弱革命斗志。

教师点评：可以很真切地看到这位同学阅读时真实的心理反应。该生动态地看待林道静的一系列变化，就像对待现实生活中的人物一样，对该生来说，似乎林道静就是一个和自己性格很不相同的朋友。“道静和江华最后成为恋人是我没有想到的”，但是“在看到他俩相互表白时，我感到很惊喜”。在这位同学的心中，林道静是这样一个“拿得起放得下的女孩子”，赞赏中可以感到该同学已经潜移默化地受到了林道静的影响。

学生答案选录3：爱情是一柄双刃剑，成熟的爱情会催人奋进，不成熟的爱情会让人剑走偏锋。林道静的三段爱情有过失败，也有过美好。林道静对于爱情是不成熟的，因为浪漫与幻想，与余永泽在一起，但是三观不合的人怎么能长久地在一起？而她和卢嘉川的爱情还没有开始就已经结束。她在以后的日子里时常想起卢嘉川，这对于江华来说，是不公平的，但是他们的生活也过得很美好，这就够了。这样，两个灵魂伴侣或许才是天作之合，这样的爱情不会削弱他们的革命斗志。

教师点评：明确表示“林道静对于爱情是不成熟的”，在这位同学的意识和观念中，爱情是排他的，爱一个人就专心于一个人，不能见异思迁，更不能现实中爱着一个人，心里却还在想着另一个人，所以这位同学说“她在以后的日子里时常想起卢嘉川，这对于江华来说，是不公平的"。有"我"的阅读和有"我"的写作就是这样的，就是有感而发，平心而论，忠实于内心的。从中可以看到同学们对于林道静的爱情的看法是多元的。

学生答案选录4：余永泽之于林道静，就是内心绝望时刻的希望之火，而后两人思想出现分歧，这份爱反而成了阻碍。卢嘉川，这个青年英勇无畏，让道静十分敬佩和倾慕，可惜他在监狱中牺牲了。江华之于林道静，更像是黑暗与忙碌中的依靠，他全身心地投身于革命事业之中，他们两人短暂温存的时光更是珍贵，爱情是他们紧张激烈的革命生活中的一点释放和慰藉，只会让他们更加努力，以早一点进入安宁的生活。此时的林道静经历许多变得成熟，这时的爱情相对来说也更成熟稳妥。

教师点评：林道静的三段爱情让这位小读者说了个透亮，这让成人读者也不得不叹服。他说"余永泽之于林道静，就是内心绝望时刻的希望之火"，"江华之于林道静，更像是黑暗与忙碌中的依靠"，"爱情是他们紧张激烈的革命生活中的一点释放和慰藉"。说到卢嘉川，用了"敬佩和倾慕""可惜"，字里行间透出的是无尽的遗憾。林道静与江华之间的革命爱情，一般读者除了祝福再也说不出更多了，这位小读者说得细致入微，虽是一家之言，但却言之成理啊！

这位同学，态度诚恳，持论公允，评说入情入理，一番言语真是说了个明白透彻，谁听了不心服口服呢？这提醒我们，我们的学生很成熟，很有主见，读书读得很懂，该放手时要放手啊！如果我们教师自己没有"走心阅读"，就不要轻易以老师自居，以成人自居，在自己没有真切的认知的情况下，搬来一些不着调的专家学者的论断，没完没了地分析讲解给学生，或者凭借相关资料进行所谓的导读和辅导，那么对于这样的孩子来说，他们是不会买账的。

学生答案选录5：林道静与江华都是经受过众多磨难的优秀革命者，在他们心中，个人情感永远要向国家大义让路，他们的结合让双方都可以学习到对方的优秀品质，两个对革命充满热情的人在一起，不仅不会削弱他们的斗志，反而会让他们相互激励，从而使他们更加热爱革命事业。林道静在黑暗中找到了自己以为的骑士，最后也在两人思想观念不同的情况下不欢而散；卢嘉川是林道静的人生导师，是他带领林道静走上了革命道路，但二人并未点破对对方的喜欢，林道静对卢嘉川更多的是一种崇拜；江华与林道静则是相互欣赏，共同进步。在三段感情中可以看出林道静爱情的成长和成熟，林道静就是一个情感丰富的人，而她也成功地找到了适合自己的爱情。

教师点评：“卢嘉川是林道静的人生导师”“林道静对卢嘉川更多的是一种崇拜”，林道静与卢嘉川的一段感情在这位同学的感知中是这样的，与上一位很是不同。细细品味，在每个同学感知中林道静的三段感情各有不同，有的明显，有的细微，这真是很有意思的事情，如果不是这样的“走心读写”，仅凭学生套路化、模式化的答题，我们永远不会发现同学们有如此丰富细腻多姿多彩的内心世界。

“走心读写”对文本而言是一种“对话”，对学生而言就是一种“呈现”，对教师而言则是一种“看见”。

8.“一二·九”之后的一星期内，党紧密地团结了各个学校涌现出来的大批积极分子，广大爱国青年也纷纷投奔到民族解放的战场上来。于是党的力量，人民的力量突然扩大了，迅速发展了。为了继续扩大“一二·九”的成果，为了发动更多的群众涌向正义的爱国之路，为了反对出卖华北的冀察政委会的成立，十二月十五日的夜晚，党领导学联的负责人在长安饭店开了一间房间，一桌麻将牌打了一阵，于是一切计划筹划定了。决定在第二天——十二月十六日伪“冀察政务委员会”正式成立的日子，再一次号召全市的大中学校来一次规模更大的示威游行。（特务王忠攻击学生爱国示威游行活动说“……在街上转一转喊两句口号管个屁用！”，剔除了他的别有用心，单纯就事论事，王忠的话有道理吗？手无寸铁的学生的请愿、示威游行有用吗？鲁迅先生在《记念刘和珍君》一文中说：“至于此外的深的意义，我总觉得很寥寥，因为这实在不过是徒手的请愿。人类的血战前行的历史，正如煤的形成，当时用大量的木材，结果却只是一小块，但请愿是不在其中的，更何况是徒手。”意思是说，学生这样的“请愿”“示威”基本上没有什么意义。你从“一二·九”和“一二·一六”这两次大规模的请愿、示威游行中看到了怎样的意义和价值？《青春之歌》第七章写到九一八事变后，北平大学生奔向南京去向国民政府请愿示威的情景：“老卢，老罗，党交给咱们的担子可够重啊！南京政府一看咱们跑了几千里路前来示威，那，他们红脸做不成，白脸恐怕就要上来啦。……"说话的人名叫李孟瑜，是这次南下示威的总指挥。李孟瑜就是后来的江华。全书基本上从学生的请愿、示威游行开始到学生的请愿、示威游行结束。发动群众进行示威游行活动是江华、卢嘉川、林道静等年轻的共产党人斗争的基本形式，是不同于拿起武器跟敌人真刀实枪干的斗争形式。这种斗争到底有怎样的威力？能发挥怎样的作用？有怎样的意义和价值？请联系前后相关情节说说你的理解和看法。）

学生答案选录1：王忠的话毫无道理可言，在王忠眼中可能只有枪炮才会起作用。武力斗争是一方面，思想斗争也同样很重要，只有民众普遍觉醒，这个面临危亡的国家才会有救。我从这两次大规模游行中看到了中国的希望，巨龙正在觉醒，新青年这一辈人是中国的火种，他们会以燎原之势焚烧黑暗，留下净土。江华一行人正在唤醒那些还在梦中的人，呼唤那些热血青年加入前进队伍中，中国有这样一群好青年，不会亡！

教师点评："武力斗争是一方面，思想斗争也同样很重要，只有民众普遍觉醒，这个面临危亡的国家才会有救。"这似乎是一个经历过无数斗争的老革命表现出的坚定、乐观、自信。"我从这两次大规模游行中看到了中国的希望，巨龙正在觉醒"，似乎是一个饱经沧桑的老者，看穿历史的烟云，对民族的未来充满信心。尤其是最后一句，"中国有这样一群好青年，不会亡！"不仅见识上高屋建瓴，而且充满了激情，字里行间都能感觉到浓浓的欣喜、激动、自豪和自信，真正因为相信而"看见"！这些都是因"走心读写"而真实发生的语言建构现象。令人欣喜的是，整本书阅读至此结束了，同学们仍深深地沉浸在其中，思想认知的深度、高度和广度都达到了我们预期的目的，但都是同学们自我达到的，自我觉醒的，是在书的世界里达到的，符合那个时代的认知特征，是站在了"那个时代"的时代高度上的有识之士所说的话，不是别人外在灌输给他们的。

学生答案选录2：这样的请愿与示威游行，我个人认为是有意义的。如果不去说，不去反抗，不去斗争，是唤醒不了民众的。鲁迅先生说："不在沉默中爆发，就在沉默中灭亡。"如果大家只是一味地沉默，就不会有这么多青年的觉醒，没有这么多青年的觉醒，就不会有那么多的全国各地的民众的觉醒。语言，在特定的时候就是唤醒人心的武器。在那个年代，中国的民众普遍的愚昧麻木，这些愚昧麻木的人需要已经觉醒的人去唤醒，怎么唤醒？鲁迅当年选择了弃医从文的路径。鲁迅的弃医从文是为了唤醒，而这些学生的请愿示威游行更是唤醒。

教师点评："不在沉默中爆发，就在沉默中灭亡。"此时引用鲁迅先生的这句话，真是太是时候，太是地方了！引用名言论证是议论文的写作方法之一，而这位同学在这里的引用名言论证如此之好，不是因为他学了这种手法才用的，是自然而然想起来的。为什么他能在特定语境中很好地从知识储备中提取有用知识呢？是因为鲁迅先生的名言曾经触动了他，给他留下了深刻的印象。不是死记硬背的，而是建构起来的，关键时候才能自然提取使用。

学生答案选录3：特务王忠的话，有一定的道理，学生的示威游行并不会直接影响国家的现实问题，工人罢工，商人罢市会直接影响国家的经济发展，而学生罢课对反动派来讲并无实质性的损害。但是话说回来，学生的思想觉悟比工人农民高，学生上街请愿游行，一是为了向反动派示威，二是为了让工人农民更了解国家的现状，让工人农民也积极加入救国行动。"一二·九"和"一二·一六"这两次大规模的示威游行给予反动派以沉重的打击。青年学生用自己的热血和口号在唤醒麻木的国人，呼吁大家不要一味地屈服、忍让，而要齐心协力挽救垂危的祖国。毛主席说过，枪杆子里面出政权。武力斗争是中国解放的最有效方式，但思想上的解放也是有效的，思想上的斗争是武力解放的前提，人们只有懂得爱国，懂得反抗，才会拿起武器去斗争。

教师点评："为了让工人农民更了解国家的现状，让工人农民也积极加入救国行动"，这是实实在在的话，当时通信落后，信息闭塞，加上国民党反动政府的有意封锁，工人农民对国家的现状知之甚少，任由日本侵略者和国内卖国贼割让国土，出卖国家的利益，工人农民茫然无知。"青年学生用自己的热血和口号在唤醒麻木的国人"，这位同学提到了"口号"一词，这是很关键的。不论是请愿还是示威游行，口号是非常重要的，那么多人轰轰烈烈地起来了，聚集在一起，为了什么呀？要干什么呀？看他们打出的醒目的标语，听他们群情激昂呼喊的口号。“口号”就是手无寸铁的示威游行者最有力的“武器”。

学生答案选录4：这样的行动不是没有意义的，对于当时的中国而言，最大的问题就是麻木。来自民众的麻木，来自高官的麻木，来自政府的麻木，以及整个国家的麻木。当国家危急存亡之时，人们却只是冷眼旁观，这样的国家不用敌人进攻，自己便灭亡了。所以需要有这样一群青年，一群如火一样的青年，烧尽这片土地上的冷漠与麻木。而且这是一种精神上的力量，一种让外来侵略者及其走狗们畏惧的力量。所以国民党反动派收缴传单，打压学生，因为他们畏惧这团火，害怕这团火将他们烧掉。而历史也告诉我们，这样的举动是有意义的，从最开始的学生罢课到带动工人罢工再到全体人民站出来发声，终于，国民党在示威游行的声讨中与共产党合作一致对外。“星星之火，可以燎原”！

教师点评：“对于当时的中国而言，最大的问题就是麻木”“需要有这样一群青年，一群如火一样的青年，烧尽这片土地上的冷漠与麻木。”说得实在太好了，振聋发聩！极其精彩的即兴演讲啊！

学生答案选录5：这种游行示威看似没有拿枪的战斗来得激烈迅猛，看似容易被反动派用强权打压，但正是这样的游行才能激起万千群众的爱国之心，才能揭露反动派的阴谋并有效阻拦反动派的卖国行动。民如水，可载舟亦可覆舟，所谓得民心者得天下。而当时万千民众的心是麻木愚昧的，他们被反动派精心伪造的假象蒙蔽，而学生作为知识分子，他们的眼光及抱负是远大的、超人的，他们更好地洞察了真相，然后进行一次次示威游行，这既是向反动派施压，也是在试图唤醒广大的民众。故而，手无寸铁的学生的请愿示威游行，是从灵魂上向反动派的猛烈攻击，这样的道义上的战斗在某种程度上胜过肉体上的搏斗，是极为高明的。也正是这样的一次次的示威游行从内心深处震慑了敌人，在救亡运动中发挥了极大的作用。

教师点评：“学生作为知识分子，他们的眼光及抱负是远大的、超人的，他们更好地洞察了真相，然后进行一次次示威游行，这既是向反动派施压，也是在试图唤醒广大的民众。”真是后生可畏啊！小小年纪，能有这样的定知定见，真让人感到十分欣慰！这几句话中他说明白了一般成人都难以说明白的事情。哪些人才算是真正的知识分子？就是这些参加历次请愿和示威游行的学生。什么才是真正的知识分子？有远大的眼光和抱负，先于普通民众觉醒，关注国家和民族的命运，有使命感，有自觉担当的精神，并身体力行地唤醒民众的人。